Erstausgabe Oktober 2013
Copyright © 2013 by Tunkashila Verlags-GbR, Lichtenborn
ISBN: 978-3-9815088-8-8

Satz und Umschlagsgestaltung:
Michael Seiler, PERFECTSCRIPTS | text & design, Göttingen
Material Umschlag: © freshemedia, mao/brusheezy.com, fudgegraphics
Fotos: © Pina Ferreiro, Natascha Schmähling
Illustrationen: © Christina Lopez Ferreiro

Gesetzt aus der Brioso Pro & Bickley Script

Druck und Bindung:
FINIDR, s. r. o., Český Těšín (CZ)

www.Tunkashila.eu

Engel im Sternenglanz

PINA FERREIRO

Entsprechend der Energie dieses Buches widme ich es meinen beiden wichtigsten Männern im Jenseits:

Luis Domínguez Dacal
&
Rolf Schlemmer

Ich danke euch, dass ihr mit eurer Liebe immer für mich da seid!

Inhaltsverzeichnis

Prolog

Noch mehr Botschafter

Mit meinem vorherigen Buch „Botschafter des Himmels" habe ich versucht, nicht nur einen Eindruck davon zu vermitteln, wie vielschichtig die Wahrnehmungsfähigkeit der Tiere ist, sondern zudem auch aufzuzeigen, welche Heilungsmöglichkeiten sich durch die schamanische Arbeit eröffnen können. Auch dieses Werk wird Ihnen durch das Wiedergeben zahlreicher Tierbotschaften einen Einblick in die ganz spezielle Sichtweise der Tiere gewähren. Darüber hinaus werden Sie nicht nur anhand ihrer Botschaften, sondern auch aufgrund der schamanischen Sitzungen mit Tieren erkennen können, wie stark die seelische Verbindung zwischen Mensch und Tier sein kann. Dies ist ein wichtiger zu beachtender Aspekt, wenn wir bestrebt sind, unsere Lieblinge wirklich zu verstehen. Dazu gehört aber auch, dass wir mehr über die wahren Hintergründe ihrer Verhaltensweisen und vor allem über die ihrer Erkrankungen erfahren. Welche Möglichkeiten wir diesbezüglich geboten bekommen, möchte ich gern näher erläutern, denn nur so werden Sie in Erwägung ziehen können, diese für sich und Ihren Tiergefährten in Anspruch zu nehmen, wenn es die Situation erfordern sollte.

Eine Möglichkeit, um von unseren geliebten Schätzchen zu erfahren, welche Belange für sie von Bedeutung sind, ist die Tierkommunikation. Es geht hierbei um die telepathische Verständigung zwischen Mensch und Tier. Dieser nonverbale Austausch offenbart seelische, körperliche und mentale Vorgänge des befragten Wesens. Bei einer solchen Kommunikation kann erfragt werden, was genau sich der Tiergefährte wünscht oder wie es ihm gesundheitlich geht, denn in dieser Verbindung wird auch das Körpergefühl übermittelt. Wenn ich also zum Beispiel mit Ihrem Pferd kommuniziere und in dieser Verbindung Schmerzen in der rechten Schulter spüre, dann ist dies das aktuelle Empfinden des Tieres. So ist es auch möglich zu erfassen, mit welcher Art von Schmerz wir es zu tun haben. Denn für den Tierarzt kann es mitunter von großer Bedeutung sein, ob es sich dabei um ein punktuellen oder großflächigen Schmerz handelt, oder ob dieser in andere Bereiche hineinstrahlt. Und Sie können sich vorstellen, dass Ihr Hund, wenn er zum Beispiel unter Tinnitus leidet, natürlich froh sein wird, diesen Umstand endlich mal mitteilen zu können, damit sein Menschengefährte davon erfährt und für Abhilfe sorgen kann. Oder wenn Ihre Katze mit latent vorhandener Übelkeit zu kämpfen hat und dadurch schlecht frisst, wird sie selbstverständlich glücklich darüber sein, den wahren Grund offenbaren zu können, damit Sie ihr Verhalten nicht nur nachvollziehen, sondern dementsprechend auch helfend eingreifen können.

Darüber hinaus kann man bei einer derartigen Befragung auch viele offene Fragen klären. Warum hat ein Hund Angst? Warum reagiert er aggressiv auf Artgenossen? Es geht dann weniger darum, dem Tier zu vermitteln, was wir selbst denken und was wir meinen zu wissen. Das erfassen sie ohnehin. Es geht vielmehr darum, das Tier nach seiner Sichtweise zu befragen. Dies erfordert natürlich zunächst einmal die Bereitschaft, zumindest anzunehmen, dass auch das Tier eine Seele besitzt, zu echten Emotionen fähig ist und seine Reaktionen eben nicht ausschließlich aus reinem Instinktverhalten resultieren.

Für die Durchführung einer solchen Befragung ist die physische Anwesenheit des Tieres nicht erforderlich. Die Telepathie ermöglicht es, die Kommunikation über jegliche räumliche Distanz hinweg abzuhalten. Hierzu benötige ich lediglich ein relativ aktuelles Bild des Tieres, auf dem es direkt in die Kamera blickt. Ein ganz wesentlicher Punkt, denn die Augen bilden das Tor zur Seele. Sobald ein ungehinderter Zugang zur Seele besteht, kann ich im Rahmen dieser telepathischen Verbindung durch konkrete Befragung in Erfahrung bringen, was dieses Wesen bewegt, beschäftigt und vielleicht sogar bedrückt.

Ich bitte meine Klienten immer, ihre wichtigsten Fragen zusammenstellen. Es ist erforderlich, dass sich der Mensch zunächst einmal darauf fokussiert, was er eigentlich von seinem tierischen Freund erfahren möchte. An dieser Stelle möchte ich betonen, dass die Tiere überaus loyal sind und nichts übermitteln würden, was nicht für einen Außenstehenden gedacht ist. Ein anderer Grund für diese Vorgehensweise ist der, dass Ihre Verbindung mit Ihrem Tiergefährten eine ganz private und – wie Sie im Laufe dieses Buches zweifelsohne bemerken werden – sogar intime Zone ist, die es zu respektieren gilt. Jeder ungebetene und somit unerlaubte Eingriff stellt einen massiven Übergriff auf die Privatsphäre dar und wird von der Seele als Missbrauchsenergie empfunden.

Viele denken, Missbrauch habe immer mit Penetration zu tun. Doch in der Essenz ist es der unerwünschte Übergriff in den persönlichsten und damit heiligsten Bereich, der den größten Schaden anrichtet. Damit ist nicht der physische Aspekt gemeint. Der kommt im Falle eines sexuellen Missbrauchs „nur" noch erschwerend hinzu. Es ist daher wichtig, dass ich von den

Klienten über ihre ganz selbstständig formulierte Fragestellung die Erlaubnis erhalte, das Tier zu den darin benannten Themen befragen zu dürfen. Sie werden jedoch beim Lesen der einen oder anderen Botschaft bemerken, dass sich einige Tiere nicht daran halten und ihre eigenen Wichtigkeiten übermitteln. Doch grundsätzlich können Sie davon ausgehen, dass Ihr Liebling bereits beim Erarbeiten der Fragen seine Impulse sendet und auf diesem Wege ganz heimlich dafür sorgt, dass letztendlich die richtigen Themen behandelt werden. Sie werden allein anhand der Tierbotschaften erkennen, wie weise unsere Tiergefährten sind, und dass sie wesentlich mehr von uns und unseren inneren Prozessen – selbst den unbewussten – wahrnehmen, als wir uns vorstellen können. Und so ergibt es sich auch meist im Rahmen einer Kommunikation, dass das Tier sehr viele Parallelen und sogar enge Zusammenhänge zwischen den eigenen Belangen und denen seines Menschengefährten aufzeigt und sogar erläutert.

Neben den Tierbotschaften finden Sie in diesem Buch zudem Protokolle meiner schamanischen Arbeit mit Tieren. Hier findet keine direkte Kommunikation mit der Seele des Tieres statt. Es geht vielmehr um eine wundervolle Heilungsmöglichkeit, insbesondere wenn das Tier traumatisiert ist. Manchmal kann ein solches Tier nicht über seine leidvollen Erfahrungen berichten. Und selbst wenn es Informationen preisgeben kann oder will, löst das Sprechen darüber jedoch nicht das Problem, sodass ich gern auf die schamanischen Heilweisen zurückgreife, um dem betroffenen Wesen tiefgreifend und umfassend helfen zu können.

Damit Sie überhaupt nachvollziehen und verstehen können, worum es bei diesen auserwählten Sitzungsprotokollen geht, möchte ich Sie an dieser Stelle gern zu einem kurzen Exkurs in den Schamanismus entführen:

Der Schamane ist – meist über einen bestimmten Trommelrhythmus – in der Lage, die hiesige Ebene zu verlassen, um mit seinem Geist eine andere Welt zu betreten. Die Welt, so wie wir sie im Physischen erleben, ist im schamanischen Sinne die alltägliche Wirklichkeit, während die feinstoffliche, also geistige Welt die nichtalltägliche Wirklichkeit darstellt. Letztere unterteilt sich in drei Ebenen: Untere Welt, Mittlere Welt und Obere Welt.

Die Untere Welt ist vom Erscheinungsbild vergleichbar mit dem, was uns hier im Physischen umgibt. Nur besteht dort die Besonderheit, dass unsere üblichen Größenverhältnisse nicht existieren. Das heißt, dort kann ein Adler so groß sein wie ein Berg und ein Elefant so klein wie eine Birne. In der Unteren Welt finden wir zum Beispiel unser Krafttier vor, das uns dabei behilflich ist, in unsere archaische Ur-Kraft zurückzufinden.

Die Mittlere Welt ist unsere hiesige Ebene, allerdings offenbart sich dort ein vollständiges Bild, da wir zu dem physischen auch den feinstofflichen Aspekt erkennen können. Wer die Mittlere Welt besucht, kann zum Beispiel sehen, wer sich sonst noch in dem Raum befindet, in dem man sich gerade selbst aufhält.

Und in der Oberen Welt treffen wir vor allem unsere geistige Führung an. In meinem Fall ist es so, dass ich dort einen Stamm habe (in etwa wie ein ganzes Dorf), der sich um die Ausheilung meiner Klienten kümmert.

Dies ist allerdings nur ein kleiner Auszug aus den außerordentlich vielfältigen Erscheinungsformen, denen wir in der nichtalltäglichen Wirklichkeit begegnen dürfen. Doch ich möchte Ihnen an dieser Stelle nur die Bereiche erläutern, die für die spätere Lektüre der Sitzungsprotokolle von Bedeutung sind, damit Ihnen keine notwendigen Hintergrundinformationen fehlen.

Der Schamane bedient sich bei seiner Arbeit der Weisheit seiner Helfer in der geistigen Welt. Ich nenne meine ganz allgemein „Spirits". Damit sind alle gemeint, die mich bei der Ausführung meiner Arbeit in irgendeiner Art und Weise unterstützen. Dazu gehören auch Verstorbene – doch dazu später mehr. Zunächst einmal ist es zum besseren Verständnis wichtig, dass Sie wissen, dass ich bei dieser Art der Arbeit lediglich als Mittler zwischen der diesseitigen und der jenseitigen Ebene auftrete. Ich muss mich ganz und gar als Kanal zur Verfügung stellen, damit sich das vollziehen kann, was im Sinne der Vorsehung ist. Denn die Spirits sind diejenigen, die den Klienten, mit dem ich arbeite, am allerbesten kennen. Und daher bestehe ich auch darauf, keinerlei Vorinformationen zu erhalten, damit sich im Rahmen der Sitzung das offenbaren kann, was wirklich wichtig ist, und nicht etwa das, was ich – als der Mensch Pina – meine zu wissen.

Wie außerordentlich bedeutsam es ist, als reiner Kanal im Dienste der Spirits zu stehen, werden Sie sicher sehr schnell bemerken, sobald Sie die Sitzungsprotokolle lesen. Die wahre Kraft kommt aus der geistigen Welt und derjenige, der ihr auf diese Weise dient, darf immer nur als Kanal in Erscheinung treten, denn andernfalls kann sich die Wirksamkeit der

Heilungsprozesse nicht in dem Maße entfalten, wie sie von den Spirits eingeleitet wurden.

Da es in diesem Buch insbesondere um traumatisierte Tiere geht, möchte ich Ihnen einen wichtigen Bereich aus dem Schamanismus vorstellen, der ungeahnte Möglichkeiten der Hilfestellung bietet: die sogenannte „Seelenrückholung".

Dieser Begriff ist zunächst einmal irreführend, denn es geht dabei nicht darum, die ganze Seele zurückzubringen. Vielmehr handelt es sich um Seelenanteile, also einzelne Stücke der gesamten Seelenenergie. Demnach ist ein Seelenanteil also nichts anderes als eine bestimmte Kraft in uns wie zum Beispiel der Lebenswille, das Selbstvertrauen, das Gefühl für Sicherheit und Geborgenheit, die Daseinsberechtigung, die wahre Identität etc. Das heißt, der Seelenanteil ist die Basis des jeweiligen Empfindens, weshalb es für unsere Ganzheit von enormer Wichtigkeit ist, dass alle Seelenanteile vorhanden sind, denn nur dann ist die Seele wirklich vollständig. Nun gibt es im Leben aber Situationen, die uns traumatisieren können. In einem solchen Fall setzt ein Schutzmechanismus ein. Dieser sorgt dafür, dass sich der Seelenanteil, der durch diese Erfahrung am meisten verletzt wird, abspaltet und damit sozusagen in Sicherheit bringt. Dies ist ein wahrhaft wichtiger Mechanismus, denn ohne ihn würden wir die traumatische Erfahrung emotional nicht überleben können. Das Problem an diesem Vorgang ist aber leider, dass er nur in die eine Richtung funktioniert. Der Seelenanteil kommt nicht von allein zurück, sobald die schlimme Situation vorüber ist.

Ein Seelenverlust hat für den Betroffenen weitreichende Konsequenzen, selbst wenn er zunächst einmal vor noch größerem Schaden beschützt wird. Diese verlorene Kraft kann von da an nicht mehr gefühlt werden. Das heißt, wenn jemand aufgrund einer traumatischen Begebenheit sein Urvertrauen verliert, kann er in der Folge nicht mehr vertrauen, egal wie sehr er sich darum auch bemühen mag. Er wird zwangsläufig in dem unbewussten Bestreben leben, immer die Kontrolle über alles zu haben.

Wir haben leider keinerlei Einfluss auf diese seelischen Prozesse, denn sie geschehen ohne unser Zutun von ganz allein. Wie die Seele auf subjektiv schlimme Erfahrungen reagiert, liegt nicht in unserer Macht. Dies bedeutet aber nicht, dass der Betroffene von nun an ohne diesen Seelenanteil leben muss. Die meisten wissen natürlich nichts davon, da sich dieser Vorgang meist für uns völlig unbemerkt vollzieht. Doch in der Regel ist es so, dass sich ein Seelenverlust mit der Zeit über gewisse Kompensationsschemata oder sogar Krankheiten zeigt. Dies ist der verzweifelte Versuch der Seele, uns darauf aufmerksam zu machen, dass ihr etwas elementar Wichtiges fehlt. Denn solange uns Seelenanteile fehlen, können wir nicht die Aufgaben erfüllen, die wir in diesem Leben haben.

In der Folge kann es sein, dass wir uns in all den daraus resultierenden Problemen völlig verlieren. Dies kann sich durch jedwedes Suchtverhalten, Depressionen oder andere Auffälligkeiten äußern – und natürlich durch Krankheiten. Dieses Loch in der Seele beherrscht leider das ganze Fühlen, Denken und Handeln, sodass die Folgeerscheinungen immer heftigere Auswirkungen auf das Wohlbefinden des Betroffenen haben. Das Dramatische an diesen Seelenverlusten ist meines Erachtens, dass sich die Folgen häufig erst wesentlich später offenbaren und wir dann selten noch einen Zusammenhang zwischen unseren Symptomen und dem ursprünglichen Geschehen erkennen können.

Doch selbst wenn dem Betroffenen die wahre Ursache seiner Probleme bewusst ist, kann er sie leider trotzdem nicht einfach abstellen, denn der abgespaltene Seelenanteil ist zunächst für ihn einfach nicht mehr greifbar. Und meine bisherige Erfahrung in diesem Bereich zeigt, dass es den wenigsten gelingt, eine tiefgreifende, also nachhaltig wirksame Heilung ihres Traumas selbst herbeizuführen. Auch an diesem Punkt setzt eine Art Schutz ein. Die Seele möchte um jeden Preis vermeiden, erneut in eine solche Situation zu geraten. Somit blockiert das ganze System sofort jeden Versuch, dorthin zu gelangen. Man kratzt dann allenfalls an der Oberfläche, doch in die Tiefe gelangt man nicht. Eine großartige Möglichkeit, dem Betroffenen wieder zu seiner Ganzheit zu verhelfen, finden wir jedoch in der ältesten Heilmethode, dem Schamanismus. Bei einer Seelenrückholung wird dem Betroffenen genau der Seelenanteil zurückgebracht, der ihm zuvor verloren gegangen ist.

Hinsichtlich dieser seelischen Prozesse gibt es keinerlei Unterschiede zwischen Mensch und Tier, denn bei traumatischen Erfahrungen setzt immer besagter Schutzmechanismus ein. Das heißt aber gleichzeitig auch, dass nicht nur ein traumatisierter Mensch durch diese Form der schamanischen Arbeit Heilung erfahren kann, sondern selbstverständlich auch ein Tier. Denn gerade bei Tieren kann kaum einer mit Bestimmtheit wissen, worin die eine oder andere Verhaltensauffälligkeit begründet ist. In ganz schlimmen Fällen werden solche Tiere für nicht mehr therapierbar erklärt und folglich eingeschläfert. Dies muss nicht sein, denn durch eine Seelenrückholung kann das Trauma ausgeheilt werden. Genau aus diesem Grund ist es mir wichtig, Ihnen die Möglichkeiten vorzustellen, die uns die schamanischen Heilweisen bieten.

Bei einer Seelenrückholung besteht die Aufgabe des Schamanen darin, in die nichtalltägliche Wirklichkeit zu reisen und sich von seinen dortigen Helfern durch das Leben des Klienten in die Situationen führen zu lassen, in denen er einen Seelenverlust erlitten hat. Da in der nichtalltäglichen Wirklichkeit weder Zeit noch Raum existiert, kann der Schamane von den Spirits in jegliche Zeit und an jeden beliebigen Ort geführt werden. Es spielt daher auch keine Rolle, wann und wo sich das Trauma ereignet hat, denn die geistige Welt kennt diesbezüglich keinerlei Grenzen. Und niemand kennt den Klienten besser als unsere weisen Helfer in der nichtalltäglichen Wirklichkeit. Dies ist meines Erachtens ein überaus wichtiger Aspekt der schamanischen Arbeit, vor allem im Bereich der Seelenrückholungen, denn man wird immer zur wahren Ursache, zu den Wurzeln einer Thematik geführt. Nur so kann auf effiziente Art und Weise ein Problem gelöst werden, ob dieses nun auf der seelischen oder auf der körperlichen Ebene zu finden ist.

Ein weiterer wichtiger Gesichtspunkt in der schamanischen Arbeit ist die Verbundenheit. Das heißt nichts anderes, als dass ich während der Sitzung das Trauma des Klienten genau so durchlebe, wie er selbst es seinerzeit erlitten hat. Der Klient bleibt somit während der Sitzung völlig passiv und durchlebt demzufolge sein Trauma nicht ein weiteres Mal. Meine Helfer betonen immer wieder, wie bedeutsam dieses Detail ist, denn es macht keinen Sinn, den Klienten erneut diesen negativen Empfindungen auszusetzen.
Der Fokus bei einer Seelenrückholung ist einzig und allein darauf gerichtet, dass der Betroffene die Kraft, die er mal verloren hat, wieder zurückerhält und somit in seine Ganzheit gelangen

kann. Das Integrieren dieser wiedererlangten Seelenanteile erfolgt durch die Ausheilung der Spirits. Kein Mensch ist in der Lage, dies zu vollbringen. Allein die Weisheit und Kraft der Helfer in der geistigen Welt kann eine derartige Heilung bewirken. Der Schamane ist hier lediglich besagter Kanal für die fließenden Kräfte. In diesem Bewusstsein versteht es sich von selbst, dass der Mittler zwischen den Welten seine ganz eigenen Empfindungen, Vorstellungen und vor allem Wünsche außen vor lässt, damit sich immer das vollziehen kann, was im Sinne der Vorsehung ist. Dies ist sicherlich nicht einfach, vor allem dann nicht, wenn es um lebensbedrohliche Situationen geht. Es ist aber zwingend erforderlich und daher eines der höchsten Ziele eines Schamanen. Er muss im Dienste der geistigen Welt stehen und darf seine eigenen Wünsche nicht über die Höhere Ordnung stellen.

Sie können sich sicherlich vorstellen, wie schwierig es ist, einem Klienten, der sich angesichts seines sterbenskranken Tiergefährten hilfesuchend an mich wendet, mitteilen zu müssen, dass es keine Heilung mehr gebe. Dennoch zeigt die Erfahrung, dass die vollzogene Arbeit trotzdem beiden Seiten hilft. Dem Tier insofern, dass er unbeschwerter seinen Gang ins Jenseits antreten kann, und dem Menschengefährten beim friedvollen Loslassen seines treuen Lieblings. Selbst wenn das Ergebnis der Kommunikation oder der schamanischen Sitzung also nicht der Hoffnung des Menschen entspricht, ist sie dennoch in jedem Fall hilfreich. Genau darum geht es, und nicht etwa um das, was wir uns subjektiv vorstellen oder wünschen. Dies gilt selbstverständlich für alle Beteiligten; am wichtigsten aber ist es für den Schamanen selbst, dies zu verinnerlichen und stets zu beherzigen.

Wie ich bereits betont habe, ist die Seele immer bestrebt, in ihrer Ganzheit zu stehen. Doch aufgrund der Löcher, die Traumata in die ursprüngliche Seelenenergie reißen, ist sie in ihrer Kraft und damit in ihrem Potenzial sehr blockiert. Sie wird daher versuchen, über geänderte Verhaltensmuster oder die gesundheitliche Verfassung zu zeigen, dass ihr etwas fehlt. Dies zu erkennen, ist tatsächlich sehr wichtig, denn nur so können wir begreifen, dass derartige Mechanismen keine Anzeichen für Versagen darstellen, sondern vielmehr Hilfeschreie unserer Seele sind, und wir darüber eine echte Chance erhalten, auf diese seelischen Prozesse in uns überhaupt aufmerksam zu werden. Viele Klienten nehmen relativ deutlich wahr, dass sie ein Problem haben, können es aber meist nicht mit Gewissheit einem bestimmten Ursprung zuordnen. Das müssen sie zunächst einmal auch gar nicht. Viel bedeutsamer ist es zu spüren, dass einem etwas fehlt. Dies ist der erste und entscheidende Schritt. Wir sind aber leider alle mehr oder weniger auf Perfektionismus konditioniert, sodass die meisten glauben, das Erkennen einer Problematik müsse uns zwangsläufig zu einer Lösung führen. Ich darf Ihnen verraten, dass dies selten der Fall ist, wenn wir es mit Seelenverlusten zu tun haben. Doch ich finde, dass es schon eine echte Leistung in der heutigen Gesellschaft ist, wenn ein Mensch so achtsam sich selbst gegenüber ist, dass er gewisse Warnsignale seiner Seele wahrnimmt und sich dann auch noch eingesteht, dass ihm etwas elementar Wichtiges zu fehlen scheint. Wir müssen alle irgendwie funktionieren, sodass wir uns im Zuge dessen immer mehr von diesen überlebenswichtigen seelischen Bedeutsamkeiten distanzieren. Doch die Seele ist weise und wenn wir ihren Hilferufen keine Beachtung schenken, bedient sie sich ihrer unzähligen

Möglichkeiten, uns zur Achtsamkeit zu zwingen. Dabei spielt ihr Tempel, also der Körper, eine sehr bedeutende Rolle, denn darüber kann sie sich wunderbar ausdrücken. Und wenn wir uns lange genug taub gestellt haben, manifestieren sich ihre Schreie im Laufe der Zeit auch gern in einer Krankheit. In unserem Sprachgebrauch existiert die Ausdrucksweise der Seele noch, doch wir messen ihr bedauerlicherweise kaum noch Bedeutung zu. In dem Ausspruch „Das geht mir an die Nieren" steckt viel mehr drin, als wir gemeinhin annehmen.

Ich hege daher die Hoffnung, dass Sie, lieber Leser, auch wenn Sie aufgrund Ihrer Liebe zu Ihrem Tiergefährten zu diesem Buch gegriffen haben, dennoch erkennen, dass alles, was Sie lesen werden, natürlich auch für uns Menschen relevant ist. Und sollten Sie in dem einen oder anderen aufgeführten Beispiel Ihre eigene Thematik wiederfinden und spüren, dass auch Sie derartige Löcher in Ihrem Innern empfinden, dann wissen Sie jetzt, dass es nicht Ihr Schicksal sein muss, damit bis ans Ende Ihrer Tage leben zu müssen. Die aufgezeigten Möglichkeiten stehen uns allen zur Verfügung. Denn auch wenn die traumatischen Erfahrungen zu unserem Entwicklungsprozess gehören, so ist deren Ausheilung ebenfalls Teil des großen Plans. Es ist unsere Aufgabe, ein Bewusstsein dafür zu entwickeln und die gebotenen Möglichkeiten zu nutzen. Wir müssen nicht, doch wir können. Warum also weiterhin mit einer löchrigen Seele leben und leiden, wenn die Hilfe so greifbar nahe darauf wartet, ihre Energie fließen lassen zu können?

Natürlich kann ich als Schamanin nur auf authentische Art und Weise etwas nahebringen, was in meinen Tätigkeitsbereich fällt. Daher möchte ich ausdrücklich betonen, dass ich keinesfalls hier die Behauptung aufstelle, Traumata könnten ausschließlich mit schamanischer Arbeit ausgeheilt werden. Dass ich selbst der Meinung bin, dass eine Seelenrückholung die effektivste Möglichkeit der Ausheilung darstellt – zumal sie auch so wunderbar schonend für den Klienten verläuft – liegt daran, dass ich mit Leib und Seele meine Berufung auslebe. Nur deshalb kann ich voller Leidenschaft und Überzeugung über meine schamanische Arbeit schreiben! Dennoch erhebe ich keinerlei Anspruch darauf, dass es die allein gültige Behandlungsmöglichkeit ist.

Es ist also die Aufgabe des Schamanen, vorhandene Löcher in der Seele mit den entsprechenden Kraftanteilen zu füllen. Erst wenn ein Seelenanteil von den Spirits ausgeheilt und wieder zurückgebracht wird, kann diese spezielle Kraft im Energiefeld des Klienten verankert werden, sodass er sie problemlos wieder leben kann. Ich nenne diesen Vorgang „Integration", denn dies geschieht ganz allein dadurch, dass die Seele in ihre Ganzheit kommen möchte. Das heißt, ist das fehlende Teil endlich wieder da, nimmt es ganz natürlich seinen ursprünglichen Platz ein und fügt sich damit von wie von selbst ein.

Das, was der Klient zurückbekommt, ist demzufolge die reine und damit positive Kraft und nicht etwa die negativen Empfindungen, die der Betroffene während der traumatischen Situation hatte. Es wäre unsinnig, dem Klienten schmerzvolle Erinnerungen – bis dahin vielleicht sogar unbewusster Art – zugänglich zu machen. Was der Klient benötigt, um wieder seine ursprüngliche Stärke zu erhalten, ist dieser ausgeheilte Seelenanteil, mehr nicht. Alles andere ist lediglich das, was zur Abspaltung geführt hat. Diese traumatisierende Energie ist nicht relevant für die Gestaltung einer heilsamen Zukunft, sondern ausschließlich die positive Kraft. Dennoch ist es meines Erachtens wichtig, dem Klienten alles zu berichten, was sich während der Sitzung offenbart hat, damit dieser nachvollziehen kann, wie es zu den bekannten Problemen überhaupt kommen konnte. Hinsichtlich der Wirksamkeit der Sitzung ist das vollständige Wiedergeben der Geschehnisse eigentlich völlig unerheblich. Denn die Heilung hat sich bereits während der Seelenrückholung auf der seelischen Ebene vollzogen, selbst wenn sich die Veränderungen anschließend schleichend einstellen.

Doch für ein besseres Verständnis, und vor allem, um endlich auch mal ein wenig Mitgefühl für sich selbst entwickeln zu können, ist es meiner Meinung nach von großem Wert, dass man als Klient alle relevanten Details erfährt. Mitunter kann es schließlich auch sein, dass jemand einen sehr frühen Seelenverlust erlitten hat, zum Beispiel während der Schwangerschaft oder Geburt, sodass er sich an die Ereignisse gar nicht bewusst erinnern kann (die oftmals gern auch in der Familie geheim gehalten werden). Dennoch hat die fehlende Kraft dazu geführt, dass sich der Betroffene nicht seinem ursprünglichen Sein entsprechend entwickeln konnte.

Ich glaube, dass die mentale Verarbeitung wichtig ist, daher bespreche ich sämtliche Gegebenheiten der Sitzung, denn schließlich habe ich die Seelenlandschaft meines Klienten betreten dürfen, sodass es ihm allein schon deshalb zusteht, alles zu erfahren, was ich dort erlebt habe.

So handhabe ich es selbstverständlich auch in der Arbeit mit Tieren. Der Austausch über das, was sich bei der Seelenrückholung offenbart hat, ist für den Menschengefährten mindestens ebenso wichtig. Nur so können gewisse Verhaltensweisen des Tieres oder auch Erlebnisse, die man mit ihm hatte, zugeordnet werden.

Doch auch wenn es hinsichtlich der einsetzenden Schutzmechanismen bei Traumata keinerlei Unterschiede zwischen Mensch und Tier gibt, so muss ich dennoch gestehen, dass es bei den Seelenrückholungen ganz anders ist. Der Mensch erfährt die Heilung eher schleichend, denn die meisten wären mit einer zu plötzlichen tiefgreifenden Veränderung überfordert. Das heißt nichts anderes, als dass sich die zurückgekehrte Kraft ganz langsam ihren Weg bahnt. Vergessen Sie bitte nicht, dass die Seele genau diesen Zustand erlangen will und sich daher auch nicht von Konditionierungen oder Glaubenssätzen daran hindern lässt, ihr Potenzial zu verströmen. Die Tiere hingegen sind weniger kopflastig und leiden auch nicht unter manifestierten Denkmustern, sodass der wiedergewonnene Zustand der Ganzheit bei ihnen wesentlich schneller spürbar und sichtbar wird, zumal sie auch wesentlich bewusster in diesem Bereich sind, als wir es gemeinhin für möglich halten.

Damit Sie auch besser verstehen, wie sich diese „Zauberei" überhaupt vollziehen kann, hierzu noch eine wichtige Information: Ich nehme meine Klienten – auf energetischer Ebene – immer mit in die nichtalltägliche Wirklichkeit. Sie erleben dabei jedoch das Trauma nicht noch einmal, denn dies ist allein mein Part. Die Ausheilung erfahren sie just in dem Moment, in dem sie sich in der Oberen Welt durch die Bemühungen meiner Spirits ereignet, auch wenn der Betroffene keine bewusste Erinnerung daran hat. Doch so wie die Seele jede traumatische Erfahrung abspeichert, tut sie es im Falle der Ausheilung gleichermaßen. Das heißt, die vollzogene Arbeit wirkt ohne weiteres Zutun des Klienten, aber eben auf sehr unterschiedliche Weise. Nichts ist so individuell wie unsere Seele, daher nehmen die Veränderungen auch ganz unterschiedlich ihren Lauf. Da aber insbesondere bei der schamanischen Arbeit mit Tieren meistens eine unmittelbare Wesensänderung beobachtet werden kann, ist diese dann nicht nur für das Tier selbst, sondern auch für seinen Menschengefährten sehr heilsam.

Die ausgewählten Sitzungsprotokolle in diesem Buch dienen in erster Linie dem Zweck, Ihnen verschiedene Ausprägungen zu zeigen, die diese Thematik mit sich bringen kann. Gleichzeitig lassen sie aber auch erkennen, wie unterschiedlich auf jedes einzelne Wesen eingegangen wird, eben entsprechend der individuellen Aspekte, die es zu beachten gilt. Ich glaube aber, dass selbst dieser kleine Einblick dazu führen kann, dass Sie als Leser eine Ahnung von der vielfältigen Wirksamkeit der schamanischen Arbeit gewinnen. Genau dies ist mein innigster Wunsch, denn nur wenn wir Heilungsmöglichkeiten kennen, sehen wir uns in der Lage, auf sie zurückzugreifen. Es dann auch noch zu tun, erfordert sehr viel Vertrauen, mitunter auch Mut, da die meisten Menschen den Zugang zu ihrer Spiritualität verloren haben – wodurch auch immer. Doch wenn jemand in seiner Verzweiflung nicht mehr weiß, was er tun soll, und unsicher ist, ob es sich überhaupt lohnt, eine angebotene Möglichkeit auszuprobieren (egal, ob im energetischen oder rein medizinischen Bereich), pflege ich an immer zu sagen: „Was hast du zu verlieren, denn schlimmer als jetzt kann es doch kaum werden?!"

Ich hoffe, dass Ihnen dieses Buch ein wenig Vertrauen in die geistige Welt und ihre Sichtweise vermittelt. Und vielleicht nimmt es Ihnen nicht nur die Angst vor dem Unbekannten und den Veränderungen, sondern spendet Ihnen zudem auch noch ein wenig Mut. Ich würde mich jedenfalls sehr darüber freuen!

Dies ist die richtige Überleitung zu einer Besonderheit in diesem Buch. Sie werden sehr bald schon feststellen, dass wir nicht nur durch die hierin veröffentlichten Tierbotschaften und Seelenrückholungen einen Einblick in die jenseitige Ebene erhalten. Da ich einen besonderen Draht zu Verstorbenen habe, bin ich ein willkommenes Medium für sie. Sei es, dass sie mich bei einer Sitzung begleiten und unterstützen, oder eben auch mal ganz privat. Sie sind oft um mich herum und lassen mich dann auch gern ihre Präsenz spüren. In dieser Offenheit für diejenigen, die auf der anderen Seite stehen, erreichen sie mich auch recht ungehindert und mit Vorliebe völlig ungefragt. Sie müssen sich das ungefähr so vorstellen, dass jemand plötzlich neben Ihnen steht – für die meisten unsichtbar – und Ihnen etwas zuflüstert. Meinetwegen in Form eines Impulses, einer Idee oder eines Bauchgefühls. Wir alle sind umgeben von unseren Helfern, ob wir sie nun kennen oder nicht. Nur ist es eben so, dass viele Menschen es nicht bewusst erleben. Dies spielt erfahrungsgemäß für diejenigen, die uns etwas Wichtiges soufflieren, keine Rolle. Es ist ihnen nur wichtig, dass sie uns mit dem, was sie für uns tun, irgendwie erreichen. Manchmal teilen sie mir einfach nur etwas mit, doch hier und da zeigen sie sich auch so, dass ich sie erblicken kann. Ich sehe die Verstorbenen dann so, wie ich Sie sehen würde, wenn Sie vor mir stünden.

Wie ist allerdings sehr unterschiedlich, denn es erfordert einen hohen energetischen Aufwand, sich uns Lebenden sozusagen in physischer Gestalt zu zeigen. Welche Erscheinungsform sie auch wählen, ihre Präsenz ist für mich ebenso deutlich spürbar wie die der Lebenden.

Wie gesagt, die Verstorbenen beehren mich gern, denn sie wissen nur zu gut, dass sie mich nicht ängstigen. Zugegebenermaßen nerven sie mich manchmal. Aber selbst wenn sie mich zu nächtlicher Stunde besuchen, ist mir das, was sie mitzuteilen haben, immer ebenso heilig wie das, was die Tiere und meine Spirits zu sagen haben. Sofern es mir also möglich ist, folge ich ihren Anweisungen. So ist auch dieses Buch entstanden, denn ich wurde von einer Verstorbenen begleitet, die über ihre Mitteilungen außerordentlich wichtige Erkenntnisse offenbarte. Ohnehin erlebe ich derzeit eine Phase, in der viele Helfer aus der geistigen Welt ihren Fokus auf die Heilung der Menschheit richten. In diesem Sinne haben sie meinem Buch auch eine sehr spezielle Energie verliehen, die sicherlich auch Sie spüren werden. Ich wünsche Ihnen daher viel Freude beim Lesen und natürlich tiefgreifende Erfahrungen, so wie sie auch mir zuteil wurden, als ich während der Entstehung dieses Werkes ein dankbarer Kanal sein durfte!

Engelsbotschaft

Ein besonderes Vorwort

Lieber Leser, mit dem wundervollen Collie namens Simon endete mein vorheriges Buch „Botschafter des Himmels" und nun beginnt dieses hier abermals mit Simon, nur auf eine völlig andere Art und Weise.

Simon hatte vor mittlerweile mehr als fünf Jahren, kurz nach dem Unfalltod der ältesten Tochter seiner Menschenfamilie, unter anderem mitgeteilt, wie verbunden er sich mit seiner Carmen fühle. Doch er hatte einen klaren Auftrag von Carmen erhalten und kümmert sich so nach wie vor um die ganze Familie.

Ich lernte Carmens Mutter Anita eine Woche nach dem Unfall kennen, als ich mich um dieses furchtbare Trauma kümmern sollte. An diesem Tag „begegnete" ich Carmen zum ersten Mal. Im Rahmen der Bemühungen um Anitas Seelenheil lernte ich Carmen kennen und auch schätzen. Selbst wenn es ein trauriger Anlass war, der Anita und mich zusammengeführt hatte, so entwickelte sich daraus dennoch eine sehr enge und überaus intensive Freundschaft.

Während sich dieses Buch noch in seinen Anfängen befand, meldete sich Simon an Carmens fünftem Jahrestag bei mir und bat ziemlich energisch darum, erhört zu werden. Ich traute mich kaum, es Anita mitzuteilen und sie um Erlaubnis zu bitten, mit Simon kommunizieren zu dürfen, denn ich wußte, wie groß ihre Trauer insbesondere an einem solchen Tag war. Doch zum Abend hin wurde Simon vehementer in seinem beharrlichen Drängen. So nahm ich all meinen Mut zusammen und schrieb Anita. Zunächst jedoch nur, ob ich ihr eine Frage stellen dürfe. Während ich noch dabei war, in meiner nächsten Nachricht um die Erlaubnis zur Kontaktaufnahme mit Simon zu bitten, da ich das Gefühl hätte, er wolle einen Beitrag zu meinem neuen Buch leisten, kam mir Anita zuvor. Sie schrieb, dass sich Simon gerade sehr merkwürdig verhalte, zu jedem einzelnen Familienmitglied gehe und dabei sehr anhänglich, fast schon aufdringlich wirke. Ich war sehr überrascht, denn zu diesem Zeitpunkt wusste sie lediglich, dass ich sie unbedingt etwas fragen wollte; ich hatte Simon bis dato noch mit keiner Silbe erwähnt. Umso erstaunter war sie dann über meine Zeilen, in denen ich ihr von Simons Ansinnen berichtete. Anita teilte mir sofort mit, dass es für die ganze Familie absolut stimmig sei, wenn ihr Hund erneut eine Botschaft beisteuern wolle.

Die ganze Angelegenheit ließ mir dann auch keine Ruhe mehr. Simons Verhaltensweise hatte mich nur noch neugieriger werden lassen, sodass ich bereits am kommenden Tag die Kommunikation durchführte. Bis dahin dachte ich, es sei Simon einfach nur wichtig, auch in diesem Buch eine Botschaft von sich veröffentlicht zu wissen ... Wie gut, denn sonst wäre ich wohl nicht offen gewesen für das, was tatsächlich Sinn und Zweck der ganzen Aktion war!

Bis zu dieser Kommunikation mit Simon nannte ich mein Manuskript einfach nur „Botschafter des Himmels II", da es ja eine Fortsetzung des vorherigen Buches sein sollte. Doch Simon hatte andere Pläne und ließ es sich auch nicht nehmen, mir den richtigen und damit wahrhaftig vorgesehenen Titel vorzugeben – und noch vieles, vieles mehr ...

„Ich freue mich sehr darüber, dass du unsere Rufe erhört hast! Carmen und ich möchten unseren Beitrag zu diesem Werk leisten, doch es wird nicht bei dieser einleitenden Botschaft bleiben. Unser Ziel ist es, dich für die Mitteilungen zu öffnen, mit denen wir dich nicht nur begleiten, sondern insbesondere leiten wollen.

Es ist uns wichtig, zu diesem Zeitpunkt bedeutsame Botschaften an die Menschen zu richten. Es gibt so vieles zu sagen und so viele Aspekte zu beachten, dass es notwendig sein wird, sowohl Carmen als auch mich zu Wort kommen zu lassen. Du wirst sehen, dass es in dieser speziellen Zeit, die nun begonnen hat, um das Leben als solches gehen wird. Aber insbesondere um den Übergang von einem Seinszustand in den nächsten – egal in welche Richtung.

Wir werden uns an alle richten, die Trauer im Herzen tragen und etwas von unserem heilenden Seelenstaub benötigen. Wir möchten zu Stein gewordenen Herzen wieder dazu verhelfen, in ihrem ursprünglichen Glanz zu stehen, sodass die Menschenseelen und auch ihre Tiere davon profitieren werden. Sie werden dann in strahlendem Licht leuchten können, so wie es die Sterne tun.

Wir möchten dich daher bitten, dieses Buch ‚Engel im Sternenglanz‘ zu nennen. Du wirst im Laufe der Zeit bemerken, wie treffend der Titel gewählt wurde, denn der Inhalt der hierin enthaltenen Botschaften wird viele Herzen verzaubern. Das ist es, was die Welt gerade so dringend braucht: die Kraft des Magischen!

Wir werden für Glanz und Magie sorgen – wann immer es nötig ist. Und so sind wir bei und auch in jedem einzelnen Leser mit eben dieser Energie, so wie wir es auch bereits bei dir während der

Entstehung unseres Werkes sein werden. Denn nur so kann dieser Sternenglanz seine Kraft in diesem Buch entfalten.

Carmen möchte sich damit auch an ihre über alles geliebte Familie wenden, denn auch diese wird in dieser neuen Zeitqualität den Weg zu noch mehr Glück und Erfüllung finden. Sie möchte die Welt verzaubern, so wie sie es bereits zu Lebzeiten tat, wann immer sie mit jemandem in Berührung kam, der ein offenes Herz hatte. Heute möchte sie jedoch mit deiner Hilfe noch einen Schritt weitergehen und auch diejenigen erreichen, deren Herzen verschlossen sind. Aus Trauer. Aus Angst. Aus Verzweiflung. Und manchmal auch, weil die Liebe zu groß erscheint, als dass sie ohne Schmerzen gelebt werden könnte.
Carmen richtet sich somit an alle, aber vor allem an ihre kleine Schwester Alisha, denn auch sie wird viel Gutes vollbringen! Und ich bin sehr glücklich darüber, Teil dieses Prozesses sein zu dürfen und verspreche, mein Bestes zu geben!"

Simon & Carmen Stephani, 07. Januar 2013

In Liebe geboren.
In Liebe gelebt.
In Liebe gestorben.

33

Himmelsbotschaften

Wie alles begann ...

Bereits die zahlreichen positiven Feedbacks zu meinem Buch „Botschafter des Himmels" und die vielen aufmunternden Worte hinsichtlich einer Fortsetzung ließen den Gedanken an ein Folgewerk nicht nur aufkommen, sondern auch langsam, aber sicher in mir Gestalt annehmen. Als dann auch noch eine Reihe sehr tiefgreifender Tierbotschaften und schamanischer Sitzungen mit Tieren hinzukam, wurde es für mich immer deutlicher spürbar, dass es offenbar so vorgesehen war, dem vorherigen Werk ein weiteres folgen zu lassen und ich mich nicht mehr dagegen sträuben sollte.

Doch ausschlaggebend dafür, dass ich ausgerechnet am 1. Januar 2013 damit begann, dieses Buch zu schreiben, waren die Erfahrungen, die ich im Rahmen der schamanischen Arbeit mit einem Kater namens Püppi machen durfte. Das, was mir seine Menschengefährtin Ute am Neujahrsmorgen in aller Frühe mitteilte, bewegte und motivierte mich so sehr, dass ich alles andere beiseitelegte, um zumindest schon einmal die ersten Zeilen niederzuschreiben. Ich spürte dabei sehr deutlich: Ist der Anfang erst einmal gemacht, würden weitere Tiere dafür sorgen, dass dieses Buch seine eigentliche Form erhält und am Ende seiner wahren Bestimmung zugeführt wird. So war es bisher immer und ich war sicher, dass es auch dieses Mal nicht anders verlaufen würde. Simons Vorwort zu diesem Buch untermauerte dieses Gefühl nur umso mehr.

Ich durfte anhand vieler Briefe von Lesern mit allergrößter Freude feststellen, dass die veröffentlichten Botschaften und

Sitzungsprotokolle offenbar sehr viel Gutes bewirkt haben. Das Ziel des Buches „Botschafter des Himmels" war es eigentlich nur, die vielfältigen Möglichkeiten der Hilfestellung darzulegen, die sowohl die Tierkommunikation als auch die schamanische Arbeit eröffnen. Doch die Bereitschaft, sich auf diese Ebene einzulassen, war weitaus größer, als ich jemals zu hoffen gewagt hätte! Viele Leser betrachten, seitdem sie dieses Buch gelesen haben, nicht nur ihr Tier mit anderen Augen. Es ist sogar so, dass sie mit mehr Verständnis auf die Verhaltensauffälligkeiten ihres Tiergefährten blicken, da sie nun erkannt haben, dass diese aus einem Trauma resultieren könnten. Und die größte Überraschung für mich war, dass sich die meisten Leser wahrhaftig in vielen Geschichten selbst wiedererkannten und demzufolge auch wesentlich aufmerksamer für ihre eigenen Empfindungen und somit für ihr ureigenes Seelenheil wurden. Es freut mich außerordentlich, dass mein Buch vielen Menschen dazu verholfen hat, Gegebenheiten zu hinterfragen, statt sie einfach als Tatsache hinzunehmen. Selbstverständlich gibt es auch Lebensumstände, die man nicht ändern kann und mit denen man lernen muss zurechtzukommen. Dies gehört schlicht und ergreifend zum irdischen Dasein dazu. Doch wir tendieren leider auch in vielen Situationen dazu, die Achseln zu zucken und zu sagen: „Was soll man da machen?!" Wenn jedoch die Menschen nun viel weitreichendere Lösungsmöglichkeiten gezeigt bekommen, können dadurch viele neue Wege beschritten werden. Wege, die nicht nur hilfreich für sie selbst sind, sondern auch für alle anderweitig Beteiligten. Und auch solche Wege, die uns alle endlich ein wenig mehr zusammenführen, damit sich die Mission der Tiere erfüllen kann.

Ich bin der Überzeugung, dass wir uns in einer Zeitqualität befinden, in der es zunehmend wichtig sein wird, Erfahrungen zu überdenken, zu hinterfragen und in der Folge aus einer anderen Perspektive zu betrachten. Und wenn uns dies in so schwierigen Themenbereichen wie Traumata gelingt, können Sie dann erahnen, welche Möglichkeiten sich uns im ganz alltäglichen Leben eröffnen würden?

Wie sehr würden sich unsere Tiergefährten darüber freuen, wenn die Menschen endlich in ihrer Betriebsamkeit innehalten und genauer hinsehen würden. Nicht nur, dass wir dann auch wieder lernen könnten, die Kleinigkeiten des Lebens zu schätzen, wir würden auch viel sensibler für all die Aufgaben werden, die sich uns auf unserem Weg präsentieren. Genau damit arbeiten unsere Tiere schon lange und geben dabei wahrlich ihr Bestes, um uns ihre Betrachtungsweise zu vermitteln. Ich habe im Rahmen meiner Tätigkeit die Erfahrung gemacht, dass sie uns selbst dann etwas vermitteln wollen, wenn sie unter den Folgen eines Traumas leiden. Oftmals sind es genau diese „unnormalen" Verhaltensweisen, die den Tierhalter veranlassen, ungewöhnliche Wege einzuschlagen. Ungewöhnlich zumindest für unseren Kulturkreis. Und selbst wenn dies erst einmal nur deshalb geschieht, weil man seinem geliebten Tier irgendwie helfen möchte. Am Ende ist es dann doch so, dass viele Tierhalter erkennen, wie sehr die neu entdeckten Möglichkeiten auch ihrem ganz eigenen Wohl dienlich sein könnten.

Die meisten Klienten, die zu mir kommen – ob nun im Bestreben, dem leidenden Tiergefährten helfen lassen zu wollen, oder in eigener Sache – haben eine regelrechte Odyssee hinter sich.

Ich empfinde es nach wie vor als mutig, wenn Menschen, die mit Tierkommunikation oder Schamanismus keinerlei oder vielleicht sogar negative Erfahrungen gemacht haben, sich für diese Ebene öffnen. Dazu gehört nicht nur Mut, sondern auch viel Vertrauen. Denn zumindest bei der schamanischen Arbeit ist es so, dass sich der Klient ebenso vertrauensvoll in die Hände der Helfer aus der geistigen Welt begeben muss wie ich selbst auch. Wenn man bedenkt, wie die heutige Gesellschaft konditioniert ist, ist diese Art der Hingabe wirklich bemerkenswert und gar nicht selbstverständlich. Ich weiß, wie schwer das ist, denn meine Spirits hatten es nicht leicht mit mir und meiner fehlenden Bereitschaft, mich ihnen ganz und gar hinzugeben. Doch all ihr Bemühen um mein Vertrauen hat sich gelohnt, denn ohne ihre Hilfe wäre ich heute nicht in der Lage, meine Berufung auszuleben und dabei in ihrem Dienst zu stehen. Wenn sich dann Klienten öffnen und sich von mir in die Obhut meiner Helfer führen lassen, erfüllt es mich jedes Mal aufs Neue mit großer Bewunderung.

Ich hoffe, dass auch dieses Buch dazu beitragen wird, dass Sie, lieber Leser, mehr Vertrauen in die Möglichkeiten der geistigen Welt und ihrer Engelsbotschafter entwickeln können. Und auch wenn mein Name unter dem Titel steht, so dürfte jedem Leser klar sein, dass ich auch hier lediglich als Sprachrohr zur Verfügung stehe. Es sind die Spirits und die Tiere, die sich dieser Möglichkeit bedienen. Selbst wenn ich mich geehrt fühle, dass sie mich dazu auserkoren haben, so liegt es mir doch sehr am Herzen zu betonen, dass nicht ich der Verfasser der Botschaften bin.

Ich bleibe dennoch meiner bisherigen Schreibweise treu, denn ich bin der Überzeugung, dass es zum einen anschaulicher ist, anhand von Tierbotschaften und Sitzungsprotokollen Einblikke in diese Arbeit zu gewähren. Zum anderen wäre es meines Erachtens nicht authentisch – im Sinne der Tiere und auch der Spirits –, ein solches Buch in Romanform zu schreiben.

Das folgende Kapitel beschäftigt sich mit einem recht verbreiteten Problem unter Tierhaltern:
Haben Sie sich schon einmal gefragt, warum es Tiere gibt, die an Silvester ganz entspannt sind, wohingegen andere völlig panisch auf die Knallerei der Feuerwerkskörper reagieren? Ich kann Ihnen verraten, dass meine bisherigen Erfahrungen mit dieser Problematik offenbart haben, dass derartige Reaktionen immer auf einer entsprechend negativ prägenden Erfahrung beruhen. Kein Tier will auf diese Art und Weise leiden und ganz bestimmt ist es nicht so, dass es eine solche Verhaltensauffälligkeit zeigt, um seine Menschengefährten ärgern oder diese gar ans Haus binden zu wollen. Nein, es ist vielmehr so, dass die betroffenen Tiere wirklich ein großes Problem in sich tragen und eben nicht wissen, wie sie es bewältigen können. Wir dürfen hier durchaus den Vergleich zu traumatisierten Menschen ziehen, denn wenn jemand aufgrund eines Traumas gewisse Ängste oder Mechanismen entwickelt hat, so kann er diese – selbst wenn er um ihren Ursprung wissen sollte – trotzdem nicht einfach abstellen. Und auch wenn das Verhalten dieses Menschen mitunter das Umfeld sehr belasten kann, so ist doch für jeden nachvollziehbar, dass es für den Betroffenen selbst am allerschlimmsten ist, denn schließlich ist er derjenige, der am meisten darunter leidet. Insbesondere unter dem Gefühl, trotz des Wissens um sein Problem, dieses nicht lösen zu können. Noch weitreichender sind die Folgen eines alten Traumas,

wenn der Betroffene keine bewusste Erinnerung mehr daran hat. In diesem Fall weiß er seine Symptomatik nicht einmal zuzuordnen und verzweifelt regelrecht daran. Viele glauben dann auch gern, dass mit ihnen etwas nicht in Ordnung ist. Und leider entwickelt sich hieraus oftmals auch der Glaubenssatz, dass es keine Lösung für dieses Problem gibt. Das Traurige daran ist nicht nur das Leid, sondern auch die Resignation, die sich daraus ergeben kann.

Da sich Traumata nur auf der seelischen Ebene wirklich auflösen lassen, ist hier meines Erachtens die Seelenrückholung eine der effektivsten Möglichkeiten. Ich habe bereits in meinem Buch „Botschafter des Himmels" diesen Bereich des Schamanismus – soweit wie es möglich war – erläutert und versucht, anhand vieler Sitzungsprotokolle darzulegen. In diesem Buch möchte ich Ihnen weitere Beispiele aufzeigen und noch einen Schritt weitergehen, denn wie sehr dieser Themenkreis tatsächlich auch uns Menschen betrifft, haben die Leser deutlich erkannt. Viele baten mich in diesem Zusammenhang, auch einmal ein Buch über die Arbeit mit Menschen zu schreiben. Doch es fühlt sich für mich nicht stimmig an, denn bisher habe ich lediglich Anweisungen erhalten, die sich auf die Arbeit mit Tieren bezogen. Dennoch möchte ich diesen zahlreichen Wünschen entsprechen, und so werde ich in diesem Buch auch Beispiele aus der schamanischen Arbeit mit Menschen einbringen, sofern sie hinsichtlich des zu bearbeitenden Themas angebracht erscheinen. Diese Vorgehensweise ist für mich durchaus stimmig und widerspricht meines Erachtens auch nicht dem Bestreben, meinen Fokus beim Schreiben dieses Buches auf die Heilung der Tiere zu richten. Denn auch wenn es überaus wichtig ist, dass wir Menschen endlich in unsere Ganzheit kommen, so überlasse ich es gern der Weisheit Ihrer Seele, lieber Leser, wie die hierin enthaltenen Informationen letzten Endes ganz individuell verwertet werden.

Mein Hauptaugenmerk ist also weiterhin auf die Tiere gerichtet, sodass die Arbeit mit den Menschen allenfalls am Rande erscheinen wird. Dass die Menschen durch die Tierbotschaften und auch durch die Seelenrückholungen ebenfalls involviert sind, liegt in der Natur der Sache. Und es erfüllt mich mit großer Freude, dass die Tierhalter durch diese Art der Hilfestellung ebenfalls Heilung erfahren. Denn diejenigen, die im Herzen mit ihren Tieren verbunden sind, leiden mit ihren Lieblingen. Sobald sich jedoch Heilung bei ihrem Tier einstellt, erfahren die Menschen die gleiche energetische Veränderung. Bereits hieran können Sie erkennen, dass ich dieses Buch zwar den Tieren widme, letztendlich aber immer beide davon profitieren: Mensch und Tier gleichermaßen.

Manchmal vollziehen sich Heilungsprozesse allein schon dadurch, dass ein Tier seinem Menschengefährten seine Sicht der Dinge offenbaren kann. Dies können unsere tierischen Freunde am besten über die Tierkommunikation. Hierbei nehme ich mit der Seele des Tieres Kontakt auf, sodass es mitteilen kann, was es sich wünscht, wie es ihm geht – körperlich wie mental – und auch, wie es über bestimmte Situationen denkt. Das Eindrucksvollste bei dieser Arbeit mit den Tieren ist, dass meine Klienten durch die Aussagen ihrer Lieblinge an Themenbereiche herangeführt werden, die wichtig für ihre eigene weitere Entwicklung sind. Dies liegt insbesondere daran, dass die Tiere die unglaubliche Fähigkeit besitzen, uns in unserem ganzen Wesen zu erfassen. So kommt es auch, dass sie sogar

Hinweise auf unbewusste Prozesse geben können. Und es sind eben genau diese wichtigen Details, die den Menschen helfen. Ich durfte schon miterleben, dass eine einzige Botschaft eines Tieres das Leben des Menschengefährten von Grund auf veränderte.

Um Ihnen zu zeigen, wie weitreichend solche Tierbotschaften sein können, werde ich auch in diesem Buch zahlreiche Tierkommunikationen veröffentlichen. Sie werden erkennen, dass die Tiere häufig gar nicht so sehr darauf erpicht sind, ihre eigenen Belange kundzutun, sondern ihren Fokus in den meisten Fällen auf ihren Menschengefährten richten. Ich möchte bereits an dieser Stelle betonen, dass es nur auf den ersten Blick so erscheinen mag, als würden die Tiere ihr Hauptaugenmerk überhaupt nicht auf ihre eigenen Prioritäten richten. In Wahrheit geht es ihnen aber tatsächlich auch um ihre ureigene Entwicklung. Denn dadurch, dass sie ihre Lebensaufgabe im Zusammensein mit ihren auserwählten Menschen sehen, sind die Angelegenheiten ihrer Menschenfreunde sehr wohl sogleich ihre eigenen. Auch hieran können Sie sehen, wie sehr wir mit unseren tierischen Gefährten verbunden sind. Auch wenn viele Menschen es nicht erkennen oder nicht erkennen wollen – sei es aufgrund ihrer Erziehung oder anderer Konditionierungen oder schlicht deshalb, weil diese Einsicht ihr bisheriges Weltbild auf den Kopf stellen würde –, so vergessen die Tiere niemals, worum es im irdischen Zusammensein tatsächlich geht. Und ihre wahre Größe zeigen sie auch dadurch, dass sie es den Menschen noch nicht einmal übel nehmen, wenn diese es nicht erkennen wollen. Sie zeigen unermüdlichen Einsatz und unbeschreiblich viel Güte, Verständnis und vor allem Geduld, wenn es darum geht, ihre menschlichen Schützlinge zu führen.

Es liegt also an uns, ob wir uns darauf einlassen oder nicht. Sie jedenfalls haben sich entschieden, sonst wären sie nicht hier bei uns.

Wenn ich von der schamanischen Arbeit spreche, dann geht es dabei eher darum, die Tiere bei gewissen Problemen mit Hilfe der Möglichkeiten, die uns die geistige Welt bietet, zu unterstützen. Es ist also diese Art der Hilfestellung, die hierbei im Vordergrund steht. Im Gegensatz zu der Tierkommunikation werden bei der schamanischen Arbeit meine Spirits, also meine Helfer in der nichtalltäglichen Wirklichkeit befragt, nicht das Tier selbst. Denn insbesondere bei Traumata geht es den Tieren oftmals ebenso wie uns Menschen, dass sie nicht wirklich viel dazu sagen können. Und auch wenn es solche gibt, die sogar detailliert darüber berichten können, hilft es ihnen letztendlich aber dennoch nicht dabei, sich aus eigener Kraft daraus zu lösen. Das heißt nichts anderes, als dass uns bei einem Trauma die Befragung des Tieres nicht wirklich weiterbringt, wenn es darum geht, dem Tier dabei helfen zu wollen, der Spirale eines negativen Mechanismus zu entkommen. Sie müssen sich das so vorstellen: Wenn Sie mit jemandem sprechen, von dem sie wissen, dass er etwas wirklich Schlimmes erlebt hat, zum Beispiel frühkindlichen Missbrauch, dann wird auch das Sprechen darüber nicht hilfreich beim Auflösen des Traumas sein. Zudem kann es sogar durchaus sein, dass es überaus belastend und damit kontraproduktiv für diese Person sein kann, auch noch darüber berichten zu müssen. Aber selbst wenn die betreffende Person alles bis ins kleinste Detail zum Ausdruck bringen würde, an dem Trauma ändert sich dadurch überhaupt nichts. Diese Person benötigt dringend Hilfe, denn ein solches Trauma lässt sich leider nicht auf der mentalen Ebene lösen.

Wenn wir es also mit einem traumatisierten Tier zu tun haben, dann löst sich das Problem nicht dadurch auf, dass wir unseren Tierfreund dazu befragen. Hier eignet sich eine Tierkommunikation nicht als Mittel zur Problemlösung. Selbstverständlich kommt es vor, dass sich erst im Rahmen einer Kommunikation mit einem Tier offenbart, dass die Ursache eines Problems in einem Trauma begründet ist. Dann liegt es an dem Menschengefährten, darüber zu entscheiden, wie er seinem geliebten Freund helfen kann und will.

Ich möchte an dieser Stelle darauf hinweisen, dass es nicht zwangsläufig so vorgesehen ist, dass mit der Erkenntnis über ein vorliegendes Trauma auch notwendigerweise eine Seelenrückholung erfolgen sollte. Manchmal dient das Wissen über die wahre Ursache der Verhaltensauffälligkeit einfach auch dem Zweck, dass man als Mensch eine andere Sichtweise auf das Tier und sein Problem entwickelt. Allein das kann schon einiges im Miteinander zum Positiven verändern. Es kommt häufig vor, dass mich Menschen fragen, ob es Sinn mache, bei ihrem Tier eine Seelenrückholung durchzuführen. Doch ich erwidere in einem solchen Fall immer, dass diese Entscheidung allein bei dem Tierhalter liege. Ich habe die Erfahrung gemacht, dass dieser meist den Impuls dazu vom Tier selbst erhält, sodass ich beruhigt davon ausgehen kann, dass es im Sinne des Tiergefährten ist, wie der Mensch am Ende entscheidet.

Ein Klient fragte mich einmal, ob es überhaupt einen Tierliebhaber gebe, der bei einem Hinweis des Tieres auf ein Trauma nicht sofort einen Auftrag für eine Seelenrückholung erteile. Ich finde, dass dies eine berechtigte Frage ist. Gleichwohl kann ich dazu nur sagen, dass dem nicht so ist. Meistens fragen mich die Leute tatsächlich, vor allem wenn sie von dieser Möglichkeit erfahren oder sogar wissen. Aber ich habe sowohl von den Tieren als auch von meinen Spirits gelernt, mich in dieser Hinsicht völlig herauszuhalten und eine solche Entscheidung immer der Weisheit der jeweiligen Seele zu überlassen.

Oftmals werde ich in diesem Zusammenhang auch gefragt, wie ich persönlich mit einer solchen Information umgehen würde. Da ich sozusagen an der Quelle sitze, werde ich natürlich sofort tätig, so wie ich auch jedes meiner Tiere nach einem operativen Eingriff vorsichtshalber zu den Spirits bringe. Und trotzdem rate ich meinen Klienten in den allermeisten Fällen, erst einmal abzuwarten, ob sich an der Problematik allein schon dadurch etwas ändert, dass man nun darum weiß und folgerichtig anders mit dem Tier umgeht. Verständnis ist ein mächtiges Gefühl, das viel Gutes bewirken kann. Außerdem ermutige ich meine Klienten immer dazu, sich Zeit zu lassen, um dem eigenen Gefühl Raum zu geben und dementsprechend zu entscheiden. Ich weiß darüber hinaus inzwischen nur allzu gut um die Möglichkeiten der Tiere, uns mit ihren Impulsen zu erreichen. Es kann durchaus sein, dass das Tier bei der Befragung zwar Hinweise auf ein vorliegendes Trauma gibt, selbst aber noch nicht bereit ist, sich helfen zu lassen. Das kommt insbesondere dann vor, wenn es gewisse Parallelen zum Menschengefährten gibt, sodass die Heilung des Tieres eng mit der des Menschenfreundes verbunden ist. Demzufolge ist es nur richtig, dass der Klient die Hilfestellung erst dann in Anspruch nimmt, wenn er selbst auch wirklich bereit dazu ist. Um diese Bereitschaft überhaupt in sich entwickeln zu können, bedarf es oftmals nicht nur der Zeit an sich, sondern auch einer gewissen Bestätigung durch das enge Zusammensein mit dem traumatisierten Tier. So kann es sein, dass das Tier im Rahmen einer Kommunikation

Hinweise auf Umstände gibt, die ursächlich mit dem Trauma zu tun haben. Wenn dann in der Folge Situationen auftreten, die an die früheren Gegebenheiten erinnern und das Tier mit den bereits bekannten Verhaltensauffälligkeiten reagiert, dann erhält der Menschengefährte eine Bestätigung für die vom Tier gemachten Aussagen. Aber, wie gesagt, dass ein Tier Hinweise auf ein bestehendes Trauma gibt, heißt nicht zwangsläufig, dass die Seelenrückholung genau das ist, was es sich wünscht oder was vorgesehen ist. Manchmal kommt es allerdings auch vor, dass ein Tier nicht nur auf ein vorhandenes Trauma verweist, sondern sogleich um Hilfe bittet, doch dies geschieht wirklich äußerst selten.

Ich möchte Ihnen mit der Auswahl an Botschaften und Sitzungsprotokollen, die ich getroffen habe, dabei behilflich sein, tiefer in die Mannigfaltigkeit meiner Arbeit eintauchen zu können. Sie werden bemerken, dass wir in diesem Bereich, wo es um die Seele geht, kein allgemein gültiges Patentrezept erhalten, denn jeder Fall ist anders, auch wenn es mitunter gewisse Parallelen geben mag. Ich erhebe auch nicht den Anspruch, eine wissenschaftliche These aufstellen zu wollen.

Mich persönlich faszinieren die vielen Facetten des Lebens und ich freue mich, dass mir meine Arbeit immer wieder aufs Neue Chancen bietet, tiefe Einblicke zu nehmen und dadurch so viel lernen zu dürfen. Ich möchte einfach jeden, der offen dafür ist, daran teilhaben lassen – mehr nicht. Es geht mir also nicht darum, jemanden von irgendetwas zu überzeugen. Es geht auch nicht darum, etwas zu beweisen. Für mich ist einzig und allein eines von Bedeutung: Wenn wir Menschen die Möglichkeiten des Lebens kennenlernen würden, dann könnten wir sie auch nutzen. Ich zeige hier lediglich einen winzigen Teil des

Facettenreichtums, wie er sich im Rahmen meiner Tätigkeit offenbart. Und selbst wenn dieser Teilbereich schon vielen meiner Klienten übergroß erscheint, so kann ich persönlich nur sagen, dass ich inzwischen glaube, dass noch unsagbar viel mehr möglich und damit machbar ist. Dies hier ist sicherlich nur ein kleiner Sonnenstrahl in Anbetracht der Vielfältigkeit der Schöpfung.

Silvestergeschichten

Ich möchte die Tierbotschaften gern mit Püppis gleichsam traurigen wie spannenden Geschichte beginnen. Ich tue dies nicht etwa nur, weil mir dieser Kater den letzten Anstoß zum Schreiben dieses Buches gegeben hat, sondern vor allem deshalb, weil er eine Thematik aufgezeigt hat, die sicherlich noch sehr viele andere Tiere und ihre Menschen betrifft.

Damit Sie überhaupt verstehen, wie es dazu gekommen ist, dass sowohl seine Menschengefährtin Ute als auch ich überzeugt davon waren, dass Püppi dringend Hilfe benötige, möchte ich an dieser Stelle zunächst einmal die Botschaft niederschreiben, die uns beide dazu bewogen hat, einen Schritt weiterzugehen, um diesem besonderen Wesen zu helfen. Ich führte diese Kommunikation mit Püppi am 18. Dezember 2012 durch. Um ein besseres Verständnis für die daraus resultierenden Eindrücke zu vermitteln, gebe ich sie hier in ihrer Gesamtheit wieder.

Püppi scheint sehr begierig auf diese Kommunikation zu sein, aber ich spüre auch, dass er froh ist, dass sie auf gewisse Entfernung erfolgt. Ich empfinde ihn als relativ misstrauisch Fremden gegenüber; allerdings nehme ich dabei nicht wirklich Angst, sondern eher und hauptsächlich Vorsicht wahr. Da dies offensichtlich ein Thema für Püppi ist – und ich sicher bin, dass er es nicht ohne Grund derart deutlich übermittelt – bin ich so frei, ihn zu fragen, woher sein Misstrauen rührt. Er freut sich sehr darüber, dass ich es nicht nur wahrgenommen, sondern zudem auch verstanden habe, wie wichtig ihm diese Thematik ist, und sagt dann:

„Ihr ahnt ja gar nicht, welche gruseligen Erfahrungen ich im Laufe meiner irdischen Reisen machen musste! Die Menschen sind böse und niederträchtig. Und auch brutal.

Es war egal, welche Tiergestalt ich jeweils wählte, immer endete mein irdisches Dasein durch grobe Menschenhände. Das hat mich sehr vorsichtig im Umgang mit den Menschen an sich werden lassen. Das ist doch verständlich!

Ich erkenne sehr wohl, dass es auch solche Menschen gibt, die uns Tiere achten. Aber immer noch stellen sich die meisten über uns und glauben, uns dominieren zu können. Das stimmt aber nur auf den ersten Blick. Letztendlich ist es nämlich so, dass die Menschen sich all diese Dinge selbst antun. Und wenn sie uns für böse erachten, dann ist dies auch nur eine Ablenkung vom eigenen Bösen in sich. Sie projizieren dies gern auf uns, damit sie besser dastehen. Das ist natürlich ein Trugschluss, der sich bitter rächen wird. Am Ende, nicht sofort.

Ich habe viele Leben damit verbracht, den Menschen zu zeigen, dass sie Gutes nur ernten werden, wenn sie sich darum bemühen. Und zwar wahrhaftig, nicht nur zum Schein. Doch den meisten Menschen war ich immer zu groß – selbst wenn ich einen kleinen Körper und eine als harmlos geltende Gattung wählte. Schlimmer wird es natürlich, wenn wir Tierseelen eine vermeintlich gefährliche Art wählen. Ich jedenfalls hatte die Menschen schon fast aufgegeben und sah mich nicht mehr imstande, meine Mission auf Erden zu erfüllen. Ich durfte dann aber zu Ute kommen und fühle mich bei ihr fast schon paradiesisch verwöhnt. Als Geschenk empfinde ich es ohnehin, doch so viel Empathie und Fürsorglichkeit habe ich noch nie zuvor bei einem Menschen erfahren. Allerdings sollten wir es nicht übertreiben!"

Ich frage Püppi, was er mit dieser letzten Aussage meine, und er antwortet darauf:

„Na ja, ich muss das ja nicht noch bei anderen ausprobieren. Denn die Gefahr, dass es bei anderen Menschen nicht so ist wie bei Ute, ist ja verhältnismäßig groß. Ich will nicht, dass sie mich dazu drängt, nett zu anderen zu sein! Schon gar nicht zu solchen, die auch nicht wirklich nett zu ihr sind. Bäh! Das ist überhaupt das Schlimmste und Widerlichste an den Menschen, dass sie so falsch sein können! Ich mag solche Menschen nun mal nicht. Und ich sehe es nicht ein, nur weil Ute nicht erkennen will, dass es so ist, zu solchen Wesen auch noch nett sein zu müssen. Wenn sie dies von mir verlangt, dann würde sie aus mir einen Menschen machen wollen, denn Heuchelei ist kein Wesenszug, den ihr bei uns Tieren finden werdet! Ich will einfach, dass Ute akzeptiert, dass ich aus Selbstschutz so bin. Aber auch, um ihr deutlich zu machen, dass es viele um sie herum gibt, die es nicht wirklich gut mit ihr meinen."

Ich frage ihn daraufhin, ob er glücklich sei. Er zögert ein wenig, sagt dann aber:

„Ich bin glücklich! Und es gibt Tage, da kann ich es nicht glauben – dieses Glück – und habe Angst, dass es doch noch bitter enden könnte. Ich habe Angst, dass mein Glück wie eine Seifenblase zerplatzen könnte. Dies liegt aber keineswegs an Ute, sondern an all diesen schlimmen Erfahrungen, die ich zuvor gemacht habe."

Ich spüre, dass diese früheren Erlebnisse für Püppi ein delikates Thema sind und es ihm erst einmal nur darum geht, seiner Menschengefährtin zu erklären, warum er eigentlich so sei. Es bewegt ihn zutiefst, darüber sprechen zu müssen, und ich folge meinem Empfinden und dringe nicht noch tiefer ein. Dafür frage ich ihn, ob er sich Veränderungen wünsche.

„Nein, außer eben, dass Ute akzeptiert, dass ich mich aus gutem Grunde so verhalte. Ich habe es ihr jetzt erklären können; es liegt also an ihr, wie sie von nun an damit umgehen wird."

Ich frage Püppi, was Ute tun könne, um ihm die bevorstehende Silvesternacht angenehmer zu gestalten. Aber allein schon die Frage löst bei ihm sofort einen panischen Rückzug aus. Ich habe schon Sorge, dass er sich einfach aus dieser Verbindung zurückzieht, doch dann ist er wieder ganz präsent. Allerdings geht sein Puls nun spürbar schneller und er atmet ganz hektisch. Püppi verweist an dieser Stelle auf gewisse frühere Erfahrungen und zeigt mir Jagdszenen, so als sei er bereits mehrmals erschossen worden. Er sagt, diese Knallerei (an Silvester) würde all die alten Schreckensbilder und Todesängste in ihm zurückbringen. Außerdem sei er auch im Krieg eingesetzt worden – es sei genau das, was dann bei den vielen Schüssen (mehrere Knaller hintereinander, doch er empfindet diese offenbar als Schüsse) am schlimmsten sei. Ich belasse es dabei, denn er scheint dahingehend wirklich zutiefst traumatisiert zu sein, und ich möchte nicht riskieren, noch mehr von diesen schlimmen Erinnerungen und den damit verbundenen Gefühlen zu mobilisieren. Mir ist in diesem Zusammenhang auch klar, warum er nichts angeben kann, was ihn an Silvester beruhigen könnte.

Bei der Besprechung mit Ute war uns beiden klar, dass wir es bei Püppi mit einem tief sitzenden Trauma zu tun haben. Sie hatte mein Buch „Botschafter des Himmels" gelesen und fragte deshalb sofort, ob eine Seelenrückholung helfen könne. Ich wies sie darauf hin, dass ich es nicht mit Sicherheit sagen könne, da er offensichtlich während all seiner bisherigen Inkarnationen ähnlich traumatische Erfahrungen gemacht habe. In der Regel hat man es mit einem alten Trauma zu tun, das durch irgendwelche Begebenheiten im jetzigen Leben mobilisiert wird. Hier schienen es aber gleich mehrere zu sein, und ich war mir daher nicht sicher, ob eine Seelenrückholung den Erfolg bringen würde, wie ich ihn üblicherweise bei dieser Arbeit erlebe. Wir waren jedoch beide der Ansicht, dass es zumindest einen Versuch wert sein sollte. Eile war geboten, um Püppis System noch etwas Zeit zu geben, bis zum nahenden Jahreswechsel die zurückgebrachten Seelenanteile integrieren zu können. Also versprach ich Ute, mich kurzfristig darum zu kümmern. So kam es dann dazu, dass ich am 22. Dezember 2012 besagte Sitzung mit Püppi durchführte. Nachfolgend lesen Sie nun die Aufzeichnungen dazu und ich bitte jeden, der zu großer Empathie fähig ist, sich bewusst zu schützen, denn Sie werden überdeutlich spüren, wie schlimm all diese Erfahrungen für Püppi waren. Mich jedenfalls hat diese Sitzung schwer mitgenommen, doch am Ende hat sich der ganze Einsatz definitiv gelohnt!

Ich nehme Püppi mit in die nichtalltägliche Wirklichkeit und er ist sehr, sehr aufgeregt. Zum einen aus Furcht, aber gleichzeitig auch aus Freude. Es ist eine Kombination aus beidem. Ich lasse Püppi in der Obhut meiner Helfer und werde unverzüglich in ein Leben geführt, in dem er ein Tiger war. Ich habe das deutliche Gefühl, dass man ihn aus der Freiheit herausgerissen hat, um ihn in einem zwar großen, aber dennoch begrenzten Gebiet zu halten. Dort wird er dann eines Tages von einer Gruppe von Jägern ins Visier genommen. Es steht außer Frage, dass er vor allem deshalb gejagt wird, weil man dieses Überlegenheitsgefühl liebt und weil es als so etwas wie eine besondere Ehre empfunden wird, ihn „abzuknallen". Er hat überhaupt keine Chance, und so stirbt er dann letztendlich.

Ohne eine für mich spürbare Pause werde ich in ein weiteres Leben geführt. Nun ist Püppi ein Wolf, der immer auf der Hut vor Menschen ist. Als sich seine Gefährtin mit seinem Nachwuchs in Gefahr befindet, beschließt er, all die Aufmerksamkeit der Jäger auf sich zu lenken und lockt sie fort von seiner Familie. Und wieder wird er erschossen. Auch wenn es eine Selbstverständlichkeit für ihn ist, sich für seine Familie zu opfern, tut er es dennoch in dem Bewusstsein, dass es nicht nötig wäre, wenn die Menschen nicht so dumm wären. Erneut spürt er die Lust der Menschen am Töten.

Dann bekomme ich von meinen Helfern ein Leben gezeigt, in dem Püppi als Pferd im Krieg eingesetzt wird und – nach seinem Empfinden – in einem völlig unsinnigen Kugelhagel regelrecht durchlöchert wird. Wiederholt empfinde ich seine tiefe Abscheu den dummen Menschen gegenüber und auch dieses Unverständnis für die Dinge, die sie tun. Er kann es einfach nicht nachvollziehen, warum Menschen auf diese Art und Weise handeln.

Eine weitere Inkarnation mache ich kurz in einem Katzenkörper durch. Kurz deshalb, da ich, sobald von Menschen entdeckt, sogleich ertränkt werde.

Ich flehe bereits darum, aus diesem nicht enden wollenden Strom an Grausamkeiten entlassen zu werden. Doch die Spirits führen mich in ein weiteres Leben, in dem ich gegen meinen Willen als

Jagdhund eingesetzt werde. Ich will das nicht, doch es ist klar, wenn ich es nicht tue, wird man mich unweigerlich töten, da ich dann zu nichts mehr zu gebrauchen bin. Ich versuche daher, mein Bestes zu geben, aber es macht alles keinen Sinn für mich. Ich verstehe die Menschen nicht, denn sie töten aus Freude an diesem Machtgefühl. Ich empfinde sie als durch und durch böse. Erneut gerate ich in einen Kugelhagel und werde erschossen.

In einem weiteren Leben bin ich ein junges Pferd. Ich nehme wahr, dass die Menschen um mich herum annehmen, ich hätte keine Lebensberechtigung. Es ist, als würden sie mich als Missbildung sehen, aber es behindert mich nichts. Ich weiß nicht, was ich ihrer Meinung nach für einen Defekt haben soll, denn ich fühle mich gesund und kräftig. Ich versuche den Menschen begreiflich zu machen, dass es mir gut geht, doch man bringt mich an einen schaurigen Ort. Dort schießt man mir in den Kopf. Noch beim Sterben denke ich, dass ich das einfach nicht mehr will. Ich mag nicht mehr auf die Erde kommen und unter Menschen sein, solange sie so sind, wie sie sind. Ich will ihnen einfach nicht mehr ausgeliefert sein. Ich wünsche mir Ruhe vor ihnen, denn so wie bisher kann ich nie die schönen Seiten des Lebens kennenlernen.

Püppi hat sich völlig aufgegeben, da er keine Hoffnung auf positive Erfahrungen mehr hat. Ich bringe ihn in die Obere Welt, damit sich meine Helfer endlich um die Ausheilung aller seiner traumatischen Erfahrungen kümmern können. Hier erklären sie mir dann, dass diese Szenen, die ich durchlebt habe, lediglich ein Teil dessen wären, was ihn traumatisiert habe. In Wahrheit habe Püppi in weitaus mehr Inkarnationen derartige Erfahrungen gemacht. Daher sei es auch so schlimm für ihn gewesen. Dennoch sei es aber für Ute *wichtig mitzuerleben, dass es möglich sei, sich auch aus dem tiefsten Sumpf erheben zu können. Ihre Zeit der Heilung und Erlösung sei ebenso gekommen.*

Während meine Helfer weiter mit Püppi arbeiten, erscheint plötzlich auch Ute dort und sie teilen ihr mit, dass sie auf ihre Thematik eingehen würden, wenn es für sie an der Zeit sei, da ihr das Wissen um die Details momentan nicht helfen würde. Im Gegenteil, denn Ute würde dann umso mehr bemerken müssen, dass sie nicht aus eigener Kraft aus dieser Spirale herauskommen könne. Sie sagen, dies gelte es zu verhindern, daher solle sie geduldig abwarten. Am Ende der Ausheilung legen sie ihr den friedlich schlummernden Püppi behutsam in ihre Arme. Ich erkenne, dass Ute die große Verantwortung für ihn nun deutlicher spürt als jemals zuvor. Auch meine Helfer nehmen dies wahr und sagen:

„Ute, du weißt, dass wir dir keine besseren Babys hätten schicken können als deine beiden Jungs! Wir haben sie in deine Obhut gegeben, weil wir wissen, dass sie dich ebenso brauchen, wie du sie brauchst. Nutze diese Chance in jeglicher Hinsicht, denn dann kehrt für alle Frieden und auch Erfüllung ein!"

Damit verabschieden sie sich zwinkernd von uns und nicken Ute aufmunternd zu.

Ich brauche Ihnen wohl kaum zu sagen, wie sehr insbesondere diese letzte Aussage der Spirits die liebe Ute berührt hat. Wir hatten beide das Gefühl, dass durch die Sitzung bei Püppi viel in Bewegung gesetzt worden war. Nun aber mussten wir abwarten, ob die Zeit bis Silvester ausreichend lang war, damit sich die Wirkung der Sitzung bis zur kritischen Nacht entfalten könnte. Doch schon in der Zeit dazwischen veränderte sich viel in Ute und vor allem im Zusammensein mit Püppi und ihrem anderen Kater Mausi. Sie vertraute voll und ganz auf die Wirksamkeit der Arbeit der Spirits und sollte nicht enttäuscht werden. Ich muss zugeben, dass Ute wesentlich zuversichtlicher war als ich, denn ich hatte große Sorge, dass eine einzige Sitzung nicht den Erfolg bringen würde, den wir uns für Püppi wünschten. Doch ich wurde eines Besseren belehrt: Ute schrieb mir am Neujahrsmorgen, dass Püppi bei der Knallerei zwar mit gespitzten Ohren aufgehorcht hatte, die bis dahin üblichen Panikattacken aber vollkommen ausgeblieben seien. Und das, obwohl es so laut wie nie zuvor gewesen sei – so als sei tatsächlich ein Krieg um sie herum ausgebrochen.

Ich habe mich unsagbar über diese wundervolle Nachricht gefreut! So sehr, dass ich mich tatsächlich sofort daran begab, Püppis Geschichte niederzuschreiben. Ich tat es mit Tränen in den Augen. Tränen der Freude, aber auch gleichzeitig solche, die mir die Hoffnung auf mehr Heilungsmöglichkeiten und einem Richtungswechsel für unser aller Dasein auf dieser Erde in die Augen trieb.

Wie viele Tiere sind wohl brutal von uns Menschen getötet worden und leiden nun jedes Jahr aufs Neue unter dieser Knallerei an Silvester, ohne dass man ihnen Erleichterung in ihrer Qual verschaffen kann? Meines Erachtens ist das Mindeste, was wir tun können, eben genau das: Mit den Möglichkeiten, die sich uns offenbaren, etwas von dem wiedergutmachen, was unsere Artgenossen – oder vielleicht sogar irgendwann einmal wir selbst? – verbrochen haben.

Damit Sie sehen, dass Püppi leider kein Einzelfall ist, möchte ich Ihnen auch die Geschichte von einem Kater namens Chou-Chou erzählen.

Auch wenn er nicht auf die Art und Weise traumatisiert wurde wie Püppi, zeigt sein spezieller Fall aber dennoch sehr deutlich, wie sehr frühere Traumata das heutige Sein beeinträchtigen können. Auch hier wurde eine negative Erfahrung aus einem früheren Leben durch die Silvesterknallerei mobilisiert. Es kommt aber darauf an, welche Erfahrungen im Einzelnen damit assoziiert werden. Hier stellen die Feuerwerkskörper allenfalls etwas dar, das eine gewisse Erinnerung hervorruft. Diese Geräusche werden aber – einmal mobilisiert – zu einer echten Assoziation, sodass dieser Mechanismus von nun an nicht mehr einfach abgestellt werden kann, sofern dem ursächlich ein Trauma zugrunde liegt. Dies gilt gleichermaßen sowohl für prägende Ereignisse aus früheren Inkarnationen wie für negative Erfahrungen aus dem jetzigen Leben.

Übrigens sind Erlebnisse, die wir verdrängt haben, nicht davon ausgeschlossen, denn die Seele vergisst wirklich gar nichts und will sich vor Wiederholungen derartiger Erfahrungen einfach nur so gut wie eben möglich schützen.

ChouChous Geschichte zeigt darüber hinaus, wie sehr er mit seiner Menschengefährtin verbunden ist. Wir waren beide sehr erstaunt über die Dinge, die sich im Zusammenhang mit seiner Sitzung offenbarten. In seinem Fall wurde das alte Trauma durch jene Feuerwerkskörper mobilisiert, die – einer Unsitte folgend – jedes Jahr bereits in den Tagen vor dem Silvesterabend gezündet werden. Nicht das große Feuerwerk, sondern einzelne Knaller lösten also in ChouChou eine regelrechte Kettenreaktion aus. Dieses Detail erscheint mir nicht unwichtig zu erwähnen angesichts des Traumas, das sich hinter ChouChous Reaktion verbarg.

Zu dieser Sitzung kam es, weil meine Klientin mir völlig beunruhigt von ChouChous merkwürdigem Verhalten berichtete, welches er erst seit den Zündungen dieser einzelnen Feuerwerkskörper zeigte. Sie bat um sofortige Hilfe, denn sie war in größter Sorge um ihren Kater, schließlich stand die wahre „Knallerei" noch bevor. Da auch ich die Dringlichkeit spürte, versprach ich ihr, mich sofort darum zu kümmern.

Ich bringe ChouChou in die nichtalltägliche Wirklichkeit und selbst dort zeigt er sich teils panisch, teils apathisch. In beiden Zuständen ist er kaum ansprechbar und damit nicht reaktionsfähig. Ich lasse ihn bei den Spirits und werde sogleich in die entsprechende traumatische Situation geführt.

Seltsamerweise spüre ich erst einmal, dass alles ruhig ist. Um mich herum, ebenso wie in mir. Es wundert mich, denn eigentlich sollte ich direkt ins Trauma gebracht werden. Aber ich denke sogleich, dass die Spirits ihre Gründe dafür haben, warum sie mich erst einmal dies hier erleben lassen. Ich liege also da und alles um mich herum ist ruhig. Ich schlafe sogar ganz friedlich. Meine Menschengefährtin ist nicht da und Lolo (der Artgenosse) liegt irgendwo anders, jedenfalls nicht in unmittelbarer Nähe. Es geht mir gut und ich spüre, wie ich mich über die derzeitige Entwicklung (der Menschengefährtin) freue. Ich bin ganz selig, als plötzlich wie aus dem Nichts Schüsse fallen (so jedenfalls empfinde ich es als ChouChou). Ich springe auf, sehe niemanden um mich herum, bei dem ich Zuflucht und Halt finden könnte, und bin außer mir vor Angst. Auch wenn die äußeren Merkmale deutlich sichtbar und auch spürbar sind, bemerke ich, dass in mir unvermittelt ein ganz anderer, vor allem alter Film abläuft:

Ich bin ganz allein in meinem Zuhause. Ich glaube, es liegt in Amerika. Es ist ein früheres Leben und ich bin ein kleiner Hund. Plötzlich stürmen zwei Einbrecher ins Haus und schießen meine Menschen nieder. Nur weil ich mich sofort verstecke, überlebe ich diese Situation. Doch in der Folge kommen fremde Leute (ich erkenne Uniformen, wahrscheinlich ist es die Polizei) ins Haus und ich flüchte in eine Art Schuppen. Dieser wird aber schon bald von eben diesen Leuten verriegelt. Dort verdurste ich dann nach einigen Tagen, denn es ist sehr, sehr heiß.

Die Spirits holen mich endlich aus der Situation heraus, sodass ich mit dem damals abgespaltenen Seelenanteil erst einmal zu Chou-Chou in sein heutiges Zuhause gehen und ihn überreden kann, mir in die Obere Welt zu folgen, denn er befindet sich zum Zeitpunkt der Sitzung immer noch in seinem Versteck. Meine Helfer kümmern sich nach der Ausheilung des Traumas noch ein wenig um ChouChous Gesamtverfassung (sein Puls ist immer noch ziemlich beschleunigt), aber nach einer Weile beruhigt er sich. Tatsächlich war es so, dass er erst mit Beenden der Sitzung wieder aus seiner Zuflucht hervorgekrochen kam. Seine zuvor so panischen Züge waren wie weggewischt.

Bei der Besprechung der Sitzung staunte ich nicht schlecht, als mir meine Klientin mitteilte, dass sie in den Tagen zuvor seltsame Träume gehabt hätte, in denen insbesondere Einbruchsszenen vorgekommen wären. Sie meinte, ich solle nun auch bei ihr nachsehen, ob sie ein ähnliches Trauma in sich trage. Für mich hörte es sich ein bisschen weit hergeholt an, und außerdem war sie meines Erachtens in diesem Szenario auch gar nicht erschienen; zumindest hatte ich sie dort nicht wahrgenommen. Sie bestand jedoch darauf, denn ihr Gefühl sagte ihr, dass da etwas Wichtiges in ihr angestoßen worden sei, was unbedingt begutachtet werden sollte.

Ich wurde auch hier eines Besseren belehrt, denn es war letztendlich tatsächlich so, dass sie Teil des damaligen Geschehens gewesen war. Damit Sie ein allumfassendes Bild dessen bekommen, was sich uns durch die Arbeit der Spirits offenbarte, gebe ich auch hier das gesamte Sitzungsprotokoll wieder.

Ich reise zu den Spirits und frage nach, welche Thematik sich hinter diesen Träumen verberge und warum die Frau immer und immer wieder aus dem Schlaf hochschrecke und wie panisch aus dem Bett springen müsse. Daraufhin erklären sie mir, dass meine Klientin bei diesem Erlebnis, das ChouChou hatte, selbst beteiligt war und dort eben aus dem Schlaf gerissen worden sei und eine ebenso traumatische Erfahrung gemacht habe. Als sie seinerzeit wach geworden sei, sei es aber bereits zu spät gewesen, denn einer der Einbrecher habe schon im Schlafzimmer gestanden und sofort geschossen.

Der Zeitpunkt für die Ausheilung dieses Traumas sei nun genau richtig, vor allem im Hinblick auf den unmittelbar bevorstehenden Umzug nach Amerika. Ich erfahre, dass die Spirits selbst Probleme bei der Organisation des Umzugs verursacht hätten, um einen Aufschub zu bewirken. Sie hätten ein auslösendes Ereignis gebraucht, um diese Sitzung durchführen zu können – dies hätte auf sich warten lassen, sei durch ChouChous Re-Traumatisierung nun aber eingetroffen.

An dieser Stelle fordern sie mich auf, meine Klientin hinzuzuholen, damit auch bei ihr die notwendige Seelenrückholung durchgeführt werden könne. Aufgrund ihrer Vermutung, dass es auf eine Seelenrückholung hinauslaufen würde, hatte sie mir ohnehin schon ihr Einverständnis dazu gegeben, sodass wir ohne weitere Verzögerung fortfahren konnten.

Sowie ich die Frau in die Obhut meiner Helfer übergeben habe, werde ich sogleich in die Situation geführt, die meine Klientin so nachhaltig traumatisiert hat.

Ich schlafe relativ unruhig, da ich bereits seit etlichen Wochen eine seltsame Anspannung in mir trage – so etwas wie eine böse Vorahnung, ein Gefühl von drohendem Unheil. Mein Mann hingegen schläft tief und fest. Ich höre auf jedes Geräusch im Haus. Und dass Lucky (der damalige Hund und heutige Kater ChouChou) unten liegt, beruhigt mich überhaupt nicht, denn er ist wahrlich kein Wachhund. Im Gegenteil sogar, es besorgt mich noch mehr, dass er möglicherweise bei einem Einbruch selbst niedergestreckt werden könnte. Da diese Unruhe und die daraus resultierende Schlaflosigkeit schon seit Wochen anhalten und ich völlig übermüdet bin, versinke ich irgendwann doch in einen kurzen Tiefschlaf. Das nächste, was ich höre, ist eine knarrende Bodendiele im Schlafzimmer. Da dieses Geräusch nicht von trippelnden Pfoten begleitet wird, schrecke ich panisch hoch. Doch da steht er bereits im Zimmer und hält seine Waffe auf mich gerichtet. Ich weiß nicht, was ich mir wünschen soll: dass er mich tötet oder nicht. Allein die Vorstellung, möglicherweise vergewaltigt zu werden, ist ebenso furchtbar wie die, erschossen zu werden. Doch wahrscheinlich endet es ohnehin so. Und noch ehe ich diesen Gedanken zu Ende gedacht habe, schießt er. Es fällt ein zweiter Schuss, denn soeben ist auch mein Liebster *erwacht. Und noch im Sterben denke ich, dass ich besser für Schutz hätte sorgen sollen, zumal ich böse Vorahnungen gehabt hatte. Und als Seele muss ich zudem auch noch beobachten, wie es meinem geliebten Lucky in der Folge ergeht. Sowie er stirbt, nehme ich ihn in Empfang und schwöre ihm, ihn nie wieder in eine solche Lage zu bringen. Außerdem verspreche ich ihm, bis in alle Ewigkeit für seinen Schutz zu sorgen – wenn nötig, mit meinem eigenen Leben.*

Endlich kann ich den Seelenanteil meiner Klientin in die Obere Welt zu den Spirits bringen, wo man sich in erster Linie um ihr Herz kümmert. Man hatte ihr direkt in die Brust geschossen und diese Information ist, bedingt durch das dazugehörige seelische Trauma, offenbar noch in ihrem System abgespeichert. Die Behandlung erscheint mir recht aufwendig, doch das mag daran liegen, dass die Kugel sozusagen noch in ihr steckt, so als sei da energetisch immer noch ein Loch. Außerdem wird auch mit dem Nervensystem gearbeitet, da sich dieses allein schon durch die Wochen vor dem gewaltsamen Tod in großer Aufruhr befunden hatte und dies nicht ohne Folgen für das gesamte heutige System geblieben war.

Ich teilte meiner Klientin mit, dass ich sehr deutlich wahrgenommen habe, dass sich der Einbruch zur kalten Weihnachtszeit ereignet habe. Den Widerspruch zum wesentlich heißeren Klima bei ChouChous Seelenrückholung könne ich mir dabei allerdings nicht erklären. Die Frau entgegnete jedoch, dass sie vorhabe, nach Florida zu ziehen und sie besagtes frühere Leben sehr wahrscheinlich dort gelebt habe. Die Weihnachtszeit sei in Florida eben von Natur aus recht warm, von daher könne sie keinerlei Unstimmigkeit erkennen. Außerdem fühle es sich für sie richtig an, denn sie habe sich ihre sorgenvollen Visionen nicht mit bewussten Erinnerungen erklären können. Zudem gehe es ihrem ChouChou nach der Seelenrückholung wesentlich besser; er sei gelöster als vorher.

Sie sehen also, wie eng verstrickt wir mit unseren Tieren auch über den Tod hinaus sein können, nicht nur in Liebe, sondern auch in unseren traumatischen Erfahrungen. Dass die Heilung des einen auch die des anderen bedingt, ist ein schöner Nebeneffekt. Doch dass hier beide eine Seelenrückholung benötigten, ist zweifelsohne eine Ausnahme. Die Regel ist, dass sich die Wirksamkeit der Sitzung mit dem Tier positiv auf den dazugehörigen Menschen auswirkt – umgekehrt erlebe ich es ebenso häufig. Dies ist einer der vielen Aspekte, die ich an meiner Arbeit so sehr liebe!

Seelenfrieden

Manchmal greifen die Spirits zu außergewöhnlichen Mitteln und überraschen mich damit immer wieder aufs Neue. So hatte ich einen Fall, der mich sehr erstaunte – sowohl hinsichtlich der Vorgehensweise der Spirits als auch bezüglich der Wirksamkeit.

Eine junge Frau namens Rita bat mich dringend um Hilfe, da es ihrem Kater Liser offenbar nicht gut ging. Ich stellte zunächst einmal sicher, dass sie sich mit ihm bereits in tierärztlicher Behandlung befand, denn viele nehmen fälschlicherweise an, meine Arbeit ersetze den Gang zum Tierarzt. Die Möglichkeiten, die ich anbiete, sind als Unterstützung gedacht und eignen sich vor allem in den Fällen, in denen unklar ist, welches Problem ein Tier tatsächlich hat, oder wenn die Ursachen nicht auffindbar sind. Wobei es so ist, dass wir im Rahmen einer Tierkommunikation allenfalls Hinweise auf bestehende körperliche Beschwerden erhalten. Und mit viel Glück erfahren wir auch die Ursachen vom Tier selbst. Doch in kritischen, sprich lebensbedrohlichen Fällen greife ich lieber sogleich auf die Weisheit der Spirits zurück, sodass mein Klient nicht nur konkrete Details erhält, sondern es darüber hinaus auch möglich ist, das Tier sofort behandeln zu lassen. Sei es, dass die wahre Ursache ein Trauma ist, oder eine Behandlung der bestehenden Erkrankung vor allem auf energetischer Ebene erforderlich ist, damit umfassende Heilung erfolgen kann.

In Lisers Fall war es so, dass seine Menschengefährtin einfach auch nicht wusste, worunter ihr Kater tatsächlich litt. Selbst die Tierärzte konnten nichts Konkretes bei ihm finden. Dies war ausschlaggebend dafür, dass wir ihn sogleich zu den Spirits brachten. Wie sich herausstellte, war dies für alle Beteiligten genau der richtige Weg. Und darüber hinaus sorgte dieser Kater auch noch so ganz nebenbei dafür, dass seiner Menschenfreundin Rita ebenfalls Hilfe zugutekommen konnte.

Ich möchte Liser in die nichtalltägliche Wirklichkeit bringen, doch ich muss ihn tragen. Dabei bemerke ich sogleich, wie kalt er ist und kontrolliere immer wieder, ob er überhaupt noch atmet. Er hat überhaupt keine Kraft mehr. Wenn er hier in der nichtalltäglichen Wirklichkeit schon keine Energie mehr hat, dann muss es im Physischen noch wesentlich schlimmer sein. Ich nehme auch wahr, dass er nicht einmal mehr um das Überleben kämpfen will. Er könnte es auch gar nicht, doch das Entscheidende ist hier wohl die Erkenntnis, dass er es gar nicht mehr will.

Bei den Spirits angekommen, nehmen diese mir Liser ganz behutsam ab und halten ihn einfach nur in den Armen. Zu meinem Bedauern behandeln sie ihn nicht, was ich angesichts seines schlechten Zustands aber sehr gehofft und zugegebenermaßen auch angenommen hatte. Dies ist kein gutes Zeichen, denn üblicherweise stürzen sich meine Helfer regelrecht auf den Hilfesuchenden. Ich bin sehr niedergeschlagen über das, was sich gerade offenbart, und meine Helfer erklären mir dazu nun Folgendes:

„Liser möchte seinen Körper verlassen. Er ist müde und er weiß, dass seine Zeit gekommen ist. Er bittet um Hilfe. Das tut er schon länger und er weiß, dass Rita es auch sogleich erfasst hat. Doch die Hilfe bezieht sich nicht darauf, körperlich wieder heil zu werden.

Liser möchte einfach nicht gehen, ohne ein Thema noch ausgeheilt zu wissen. Es betrifft beide – ihn und Rita – gleichermaßen, daher ist es für ihn doppelt wichtig. Er hat gewartet, bis dies hier endlich erledigt werden kann. Doch dann möchte er erlöst werden, denn er nimmt wahr, wie seine Organe langsam zu kollabieren beginnen. Er sagt, er möchte nicht so gehen. Schon gar nicht qualvoll sterben müssen, da es dann für beide erneut traumatisch sein würde."

Hier geht es also offenbar um ein nicht ausgeheiltes Trauma. Meine Spirits fordern mich auf, ihnen in die fragliche Situation zu folgen und darauf gefasst zu sein, dass es hier um die gemeinsame Heilung geht, sprich die von Liser und ebenso die von Rita. Ich bin etwas irritiert darüber, doch sie erklären mir, dass Liser nur auf diese Art und Weise seinen Seelenfrieden erlangen könne. Und dann sei er auch in der Lage, seine nächste Inkarnation anzustreben. An dieser Stelle spüre ich deutlich, dass er nach einer kleinen Erholungsphase in der geistigen Welt sogleich zu seiner Rita zurückkehren will.

Ich werde in eine Situation geführt, in der Rita eine Auseinandersetzung mit einem Mann hat und in der sie große Angst und auch Verzweiflung in sich trägt. Es ist klar, dass hier etwas Wichtiges in ihr zerstört wurde. Es fühlt sich an, als hätte sie dabei das Vertrauen und auch den Glauben an das Gute verloren. Und bei Liser war es die Ohnmacht, dieser Situation ausgeliefert zu sein, die zu einem Seelenverlust geführt hat.
Er hat etwas von der Energie eines Hundes, der es sich zur Aufgabe gemacht hat, seinen auserwählten Menschen zu beschützen. Genau das ist das Problem, das Liser hier hat: Er hätte Rita gern vor dem bewahrt, was da geschehen ist, konnte es aber nicht. Ich habe das Gefühl, dass beide – zumindest ihre Seelen – diese Situation als

Übergriff empfunden haben. Ich nehme wahr, wie sie sich durch die Trauer noch mehr verbunden fühlen und auch durch das Wissen, es gemeinsam durchgestanden zu haben. Trotzdem ist in beiden dadurch viel zerstört worden, auch wenn Liser immer versucht hat, Rita dennoch Halt zu geben.

Ich bringe Rita und Liser zusammen in die Obere Welt, wo sich meine Helfer um die jeweils erforderliche Ausheilung kümmern. Sie fordern mich plötzlich auf, die beiden allein zu lassen, da es ein sehr intensives Zusammensein sei, das nicht durch fremde Energie gestört werden dürfe. Beim Weggehen spüre ich mehr als deutlich, dass es nun ihr Abschied ist, den sie gerade erleben. Zumindest findet er auf seelischer Ebene statt.
Dies alles berührt mich so sehr, dass ich weinen muss. Die Spirits teilen mir mit, dass dieser Abschied zwar schwer sei, doch er sei auch für beide gleichermaßen bedeutsam. Es sei daher wichtig, diesen Augenblick intensiv zu erleben, denn er werde Rita über die Zeit helfen, bis er wieder zu ihr stoße.

Nach einer Weile darf ich wieder zu ihnen gehen. Ich nehme wahr, dass Liser nun in jeglichem Sinne erleichtert wirkt; er geht mir jetzt sogar voraus. Dies empfinde ich als seltsam, denn ich spüre sehr deutlich, dass es ihm im Physischen immer noch sehr, sehr schlecht geht. Er schreitet aber ungehindert weiter voraus und schaut sich auch nicht mehr um. Meine Irritation steigt, denn es sieht für mich so aus, als würde er einfach fortgehen, doch dann sagt er plötzlich:

„Rita weiß, was sie zu tun hat. Sie weiß es jetzt sowohl in ihrem Herzen als auch in ihrem Kopf. Es ist vollbracht. Und auch wenn ich es ihr eben selbst gesagt habe, so möchte ich dich bitten, ihr *trotzdem noch einmal Folgendes von mir auszurichten, denn sie soll sich daran festhalten: Ich sage in Liebe Danke!"*

Damit dreht er sich wieder um und geht einfach fort. Es ist eigenartig, aber so wie er vor mir her geht, habe ich den Eindruck, er gehe geradewegs ins Licht.

Heute noch kommen mir die Tränen, wenn ich an Liser denke, denn es ist tatsächlich so gekommen, wie es sich in der Sitzung dargestellt hat. Dadurch, dass die Spirits auf Lisers Wunsch hin auch mit seiner Rita gearbeitet haben, konnten beide in größter Dankbarkeit und mit Frieden im Herzen Abschied nehmen. Auch im Physischen, denn Liser ging am nächsten Tag tatsächlich ins Licht. Er schlief ganz friedlich ein. Und da Rita alles Gezeigte bestätigen konnte, weil sie sich an die in Rede stehende traumatisierende Situation sofort erinnerte, gab es für sie von Anfang an keinen Zweifel an der Richtigkeit und Wirksamkeit dieser Sitzung. Es war in der Tat ein Abschied auf höchster Ebene, der sich hier vollzogen hatte!

Fast ein Jahr nach der Sitzung mit Liser und seinem friedvollen Heimgang bat mich Rita dringend darum, bei ihrer Katze Tinka ebenfalls eine Seelenrückholung durchzuführen. Ihr Zustand sei sehr bedenklich. Ich kümmerte mich sofort um Tinka, da ich das dringende Gefühl hatte, keine Zeit mehr verlieren zu dürfen.

Ich nehme Tinka mit in die nichtalltägliche Wirklichkeit, und dort zeigt sie sich recht munter und aufgeweckt. Das erstaunt mich zunächst, denn laut Ritas Schilderungen müsste ihr Zustand äußerst kritisch sein. Sie läuft mir aber voraus, daher weiß ich, dass es etwas zu tun gibt. Sie rennt den Spirits geradewegs in die Arme und alle freuen sich über Tinkas „Besuch". Ich bin etwas irritiert darüber und just in dem Moment, in dem ich weitergehen will, sagt mir einer meiner Helfer, dass Tinka eine sehr wichtige Seele sei, die einen besonderen Platz in der geistigen Welt habe. Aber auch wenn sich dort alle über ihren Besuch freuen würden, ihre Erdenzeit sei noch nicht vorüber. Es sei zudem wichtig, dass Tinka im Zuge dieser Sitzung mit zusätzlicher Energie ausgestattet werde, damit sie die wichtigen Dinge, die noch anstehen würden, erledigen könne. Ich werde dann sogleich in die Geburtssituation geführt, bei der Tinka fast gestorben wäre.

Ich bleibe während der Geburt mehrfach stecken und es wird sehr lebensbedrohlich für mich. Sowie ich aber endlich auf der Welt bin, liege ich einfach nur da und niemand kümmert sich um mich. Als ob ich auf die anderen leblos wirken würde. Es dauert eine gefühlte Ewigkeit, bis sich meine Mama um mich bemüht. Mir ist so furchtbar kalt hier. Ich fühle mich total verlassen, im Stich gelassen und ausgeliefert. Irgendwie spüre ich auch, dass diese Kälte in meinem weiteren Leben eine Rolle spielen wird.

Ich bringe diesen Seelenanteil in die Obere Welt zum Aushcilen, werde aber sofort in das nächste Trauma geschickt.

Hier liege ich zwischen meinen Wurfgeschwistern und kann mich bei meiner schwächlichen Verfassung kaum gegen die anderen behaupten, sodass sich durch die daraus resultierende Unterversorgung in der Folge auch Mangelerscheinungen in meinem Organismus einstellen. Aber das Schlimme daran ist, dass ich mich nicht sicher fühle und ich mir zudem das Überleben ständig erkämpfen muss. Ich spüre, dass sich dieses Thema wie ein roter Faden durch mein Leben ziehen wird.

Auch dieser Seelenanteil wird in der Oberen Welt ausgeheilt. Doch wir sind offensichtlich noch nicht am Ende, denn nun werde ich in einen Operationssaal geführt. Tinka bekommt die Narkose gesetzt und verlässt unmittelbar danach ihren Körper. Sie genießt diese Art von Leichtigkeit. Ich nehme hier deutlich wahr, dass es ihr im Vorfeld zu diesem Eingriff wirklich nicht gut ergangen sein muss, zumindest in physischer Hinsicht. Trotzdem führt diese Leichtigkeit während dieser „Auszeit" dazu, dass Tinka nicht mehr ganz in ihren Körper zurückkehrt.

Ich muss Tinkas Seelenanteil nun erst einmal suchen, denn mit dem Abspalten ist sie sofort aus meinem Blickfeld verschwunden. Es dauert eine Weile, doch dann finde ich sie in einem Garten liegend vor. Ich trete näher an sie heran, wage es aber irgendwie nicht, sie anzusprechen.
Tinka scheint in einer stillen Zwiesprache versunken zu sein und mir kommt spontan Liser in den Sinn. Doch plötzlich schaut Tinka zu mir auf und sagt:

„Ich nehme an, du bist gekommen, um mich zu holen?!"

Ich nicke nur, denn ich bin irgendwie sprachlos. Nicht nur wegen dieser seltsamen Situation, sondern vor allem aufgrund der erhabenen Art, mit der Tinka spricht und mich ansieht. Es ist, als habe man eine alte ägyptische Königin vor sich. Dann sagt sie:

„Ich habe bereits auf dich gewartet, denn nun wird es Zeit, wieder zurückzukehren. Ich benötige aber ein wenig mehr Energie, denn ich will noch ein Weilchen bei Rita sein. Sie braucht mich.

Sage ihr, dass sie dringend auf ihr Gefühl hören soll und endlich die Dinge angehen muss, die ihr wirklich am Herzen liegen. So jedenfalls kann es nicht bleiben – und damit meine ich nicht mein Leben, sondern ihres! Ich möchte, dass sie endlich das tut, was sie sich schon lange wünscht. Wir sind doch nicht umsonst an ihrer Seite! Und wenn Liser und ich so große Engel sind, dann sind wir sicherlich nicht aus Langeweile bei Rita, sondern weil wir mit ihr zusammen etwas Großes bewirken wollen. Sie sollte endlich aufhören, sich immer und immer wieder gegen das zu wehren, was das Leben für sie bereithält. Sie sollte sich endlich dazu bekennen, dass sie etwas Besonderes ist – so wie ich auch. Sie sollte etwas mit ihrem Leben anfangen, und zwar etwas, das ihr Glück und Erfüllung bringt. Das steht ihr zu. Mehr noch als das, denn es ist ihre hochheilige Aufgabe. Sage ihr, sie soll sich nicht sorgen, denn ich kümmere mich um alles – diese Zeit bleibt uns noch."

Daraufhin erhebt sie sich und geht mit mir in die Obere Welt, damit nicht nur das Trauma ausgeheilt werden kann, sondern Tinka auch mit einer Extraportion Lebenskraft ausgestattet wird.

Leider erlauben mir die Spirits nicht, dieser Behandlung beizuwohnen, aber sowie man mir Tinka wieder überreicht, erkenne ich, dass sie nun tatsächlich mehr Kraft hat. Die Spirits sagen, dass diese Sitzung trotzdem sehr anstrengend für Tinka gewesen sei, sodass es sein könne, dass sie etwas mehr schlafen werde. Dies habe aber auch mit dem zu tun, was man ihr zusätzlich für Rita mitgegeben habe. Sie solle daher dafür sorgen, dass sie in den kommenden Tagen viel neben ihr liege. Und sie solle keine Angst haben, dass Tinka dabei

etwas von ihrer neuen Kraft wieder verlieren könnte, denn es sei so,
dass sie hier lediglich als Kanal für diese Energien handeln würde.
Es sei also wichtig, dass Ritas Haltung offen und annehmend sei.
Mit dieser Ansage schicken sie uns wieder zurück in die alltägliche
Wirklichkeit.

Leider wusste Rita nichts über die ersten Traumata, doch der letzte Seelenverlust war für sie absolut nachvollziehbar, da sie Tinka genau so wahrgenommen hatte, wie sie sich während der Sitzung gezeigt hatte.
Ich war eigentlich guter Dinge, eben aufgrund der relativ positiv erscheinenden Aussagen, doch diese Arbeit hielt auch für mich eine wichtige Lektion bereit.

Wenige Tage nach dieser Sitzung bekam ich von Rita eine Nachricht, in der sie besorgt um eine weitere Kommunikation mit Tinka bat. Sie habe das Gefühl, es gehe ihrer Katze nun zunehmend schlechter und daher sei es ihr ein Anliegen, von Tinka zu erfahren, ob sie Hilfe beim Übergang wünsche. Doch noch ehe es zu dieser Kommunikation kam, schlief Tinka einfach ein.
Rita wollte dennoch Gewissheit haben, ob alles im Sinne ihrer geliebten Katze vonstattengegangen sei, daher führte ich einige Tage später doch noch eine Kommunikation mit ihr durch. Auch diese möchte ich der Vollständigkeit halber hier anfügen.

Tinka ist sofort da und übermittelt echte Freude und viel Leichtigkeit. Noch ehe ich Ritas erste Frage formulieren kann, sagt sie Folgendes:

„Sage Rita, dass alles absolut richtig und somit in meinem Sinne verlaufen ist! Nicht sie sollte sich bedanken, sondern ich – und das tue ich hiermit. Denn ich weiß es sehr zu schätzen, dass sie ihrem Gefühl gefolgt ist und mir dadurch dazu verholfen hat, noch in meine Ganzheit zu kommen, damit ich eben nicht auf meiner nächsten Erdenreise erst einmal Teile meiner Seele einsammeln muss!

Ich weiß, dass Rita sich von der Sitzung erhofft hatte, dass ich so viel Kraft erhalte, dass ich noch länger hätte bleiben können. Aber wenn sie ehrlich ist, dann wird sie zugeben müssen, dass sie es bereits fühlte. Und selbst als sie von dem Ablauf der Sitzung erfuhr, spürte sie, dass es dabei trotzdem in erster Linie um Sterbehilfe ging. Und genau diese Art von Hilfestellung hatte ich dringend nötig. Dafür danke ich ihr aus tiefster Seele!

Sage ihr bitte auch, dass sie sich nicht mit dem Gedanken herumquälen sollte, ob es besser gewesen wäre, diese Sitzung zu einem früheren Zeitpunkt abgehalten zu haben. Dies ist nicht der Fall, denn erst in diesem Ablöseprozess konnte es so geschehen. Es war also wirklich alles richtig."

Ich frage Tinka, wie sie den Übergang empfunden habe und ob Rita noch etwas für sie hätte tun können. An dieser Stelle richtet sie das Wort direkt an ihre Menschengefährtin und sagt:

„Es war nicht wie Einschlafen, sondern viel mehr wie ein sanftes Hinausgleiten. Ich habe es sehr bewusst erlebt, denn die Energie war sehr stark in mir. Ich bin aus dem Körper geglitten wie samtiger Honig und spürte sofort diese wohlige Wärme und auch diese unglaubliche Leichtigkeit.

Ich habe versucht, es dich spüren zu lassen, aber das ist schwierig. Solange eine Seele inkarniert ist, kann sie nicht dieses Gefühl als

Ganzes erfassen, sondern eben nur einen Bruchteil davon. Doch ich wollte dich wissen lassen, dass alles gut ist. Ich bin zuerst zu dir auf den Schoß gesprungen und dann bin ich durch die Wohnung stolziert.

Meine liebe Rita, du hast keine Vorstellung davon, wie sehr ich dieses Zuhause liebe! Ich habe meine Runde gedreht, um alles noch mal richtig in meinem Gedächtnis zu verankern. Du musst wissen, dass ich zuletzt nicht mehr wirklich mein Reich genießen konnte. Ich habe mich nicht mehr so gut zurechtgefunden, da meine physische Wahrnehmung sehr gestört war. Da ich mein Heim aber so sehr liebe, habe ich es mir noch mal in all seinen Details eingeprägt. Du wirst es bemerken, wenn ich zu dir zurückkehre und in mein Zuhause hineinstolziere. Übrigens kommen wir zusammen heim. Ich meine Liser und mich. Er war so lieb und hat auf mich gewartet, denn wir haben verabredet, dass dies besser für alle Beteiligten sei. So können wir mit frischer Energie unser Heim beziehen und dich mit doppelter Kraft erfreuen. Und, glaube mir, es dauert gar nicht mehr lange, bis es soweit ist. Dank deiner großartigen Hilfestellung brauche ich mich nicht länger als nötig hier aufzuhalten, um meinen Energielevel zu erreichen. Hab noch ein wenig Geduld."

Nicht immer läuft es so wie bei Liser und Tinka, dass unser geliebtes Tier einfach einschläft, wenn seine Zeit gekommen ist. Doch das heißt nicht zwangsläufig, dass das Einschläfern schlimm sein muss. Meistens ist es tatsächlich nur für uns Menschen so furchtbar unerträglich, es tun zu müssen. Ich selbst leide sehr darunter, auch wenn mich mein Tier zuvor ausdrücklich darum gebeten hat. Dieser Gang ist nun einmal schrecklich und nicht selten fühlen wir Menschen uns dabei so, als würden wir Gott spielen. Trotz des Wissens um den

Wunsch des Tieres fällt es mir jedes Mal aufs Neue schwer. Wie schrecklich muss es dann für diejenigen sein, die sich nicht einmal sicher sein können, dass sie im Sinne ihres Gefährten handeln?!

Dass unsere lieben Tierfreunde allerdings eine grundsätzlich andere Haltung dem Sterben gegenüber haben, durfte ich Ihnen bereits in meinen bisherigen Büchern anhand vieler Beispiele aufzeigen. Und nicht nur aufgrund des großen Interesses meiner Leser für diese Thematik, sondern insbesondere auf ausdrücklichen Wunsch der Tiere widme ich mich in diesem Buch etwas ausführlicher dem Sterben und dem damit verbundenen Abschiednehmen. Damit Sie erkennen können, wie vielschichtig dieser Themenbereich ist, werde ich die eine oder andere Tierbotschaft mit Ihnen teilen. Ich bin der Überzeugung, dass es vielen helfen wird, die sich in ähnlichen Situationen befinden. Damit wir aber nicht das Wesentliche aus den Augen verlieren, werde ich dort, wo es angebracht ist, nur den Teil der Botschaft wiedergeben, der für diese Thematik relevant ist.

Ich möchte Ihnen in diesem Zusammenhang auch Kommunikationen zeigen, bei denen es um das „Warum" geht. Denn oftmals ist es so, dass es für uns Menschen einfach völlig traumatisch sein kann, wenn unser geliebter Gefährte urplötzlich aus unserem Leben herausgerissen wird. Hier empfinden die Menschen, die ihr Tier lieben, genau dasselbe wie Eltern, deren Kind plötzlich verstirbt. So ist es auch Renata mit ihrem Berner Sennenhund Balou ergangen. Ich kannte Renata von früheren Kommunikationen mit Balous Artgenossen Jerry, der kurz nach seinem Tod – wie zuvor von ihm selbst angekündigt – als Henley zu seiner Menschenfamilie und seinem

Kumpel Balou zurückgekehrt war. Ein echter Segen für alle. Es war für die Familie daher ein großer Schock, als Balou plötzlich verstarb. Renata bat mich verzweifelt um eine Kommunikation mit ihm, verstand sie doch die Welt nicht mehr. Denn jetzt, da alle wieder beisammen waren und sich auch noch so prächtig verstanden, sah sie absolut keinen Sinn in Balous Tod. Sie machte sich Vorwürfe, denn er hatte ein herumliegendes Frottee-Handtuch verschluckt und war nach mehreren Operationen am Ende doch gestorben.

Sie verstand einfach nicht, warum dies alles geschehen war und glaubte zu wissen, dass es so von Balou nicht gewollt gewesen sein konnte. Ihre Verzweiflung war – verständlicherweise – unsagbar groß.

Ich zog daher die Kommunikation vor, was offenbar auch im Sinne des Hauptakteurs war, wie Sie bemerken werden, denn er hatte einiges zu klären.

Auch wenn ich bei Balou sogleich wahrnehme, dass ihn die Trauer seiner Menschengefährten sehr belastet, so empfinde ich diese seltsamerweise bei ihm überhaupt nicht. Und obwohl ich lediglich den Gedanken habe, ihn trotzdem zu fragen, wie es ihm mit dieser Situation gehe, sagt er plötzlich von sich aus Folgendes – und zwar das Wort an die ganze Familie gerichtet:

„Es geht mir gut! Ich weiß, wie furchtbar das alles für euch war und immer noch ist. Aber glaubt mir, es war das Beste für alle! Um dies zu verstehen, müsst ihr aber wissen, dass in meinem Körper bereits Prozesse im Gange waren, die ohnehin bald meinen Tod herbeigeführt hätten."

Er denkt an dieser Stelle an sein Blut, so als hätte sich da bereits der Beginn einer Leukämie abgezeichnet. Trotz meines Entsetzens über diese Enthüllung, geht er aber nicht weiter darauf ein, so als wäre dieses „Detail" nun ohnehin nicht mehr von Bedeutung. Er fährt also einfach weiter fort, indem er sagt:

„Ihr wisst doch, dass ich niemals etwas total Unsinniges tun würde! Und auch wenn es euch wie eine Dummheit vorkommt, so war es aber nicht so, denn ich war äußerst dankbar für die Möglichkeit, die sich mir da bot. Nur so konnte ich ohne große Leidensphase mein Fortgehen einleiten. Und zudem wollte ich euch ein Zeichen geben, denn dieses Verhalten passt doch wohl eher zu einem Welpen als zu einem alten Herrn.

Ihr müsst wissen, dass ich es sehr genossen habe, mit meinem Freund Henley zusammen zu sein. Ich habe ihm das vermittelt, was wichtig ist. Doch nun wollte ich mich beeilen, denn wir haben uns beide versprochen, nicht mehr ohne den jeweils anderen sein zu wollen. Versteht ihr, was ich sage? Ich wäre qualvoll gestorben. Vielleicht in einem halben Jahr, oder in einem oder erst in zwei Jahren. Aber man bot mir diese wundervolle Möglichkeit an, jetzt zu gehen und sogleich zurückzukehren. Ich habe sie sofort ergriffen, denn so können Henley und ich zusammen aufwachsen und auch gemeinsam alt werden. Anders wäre der Altersunterschied zu groß gewesen. Versteht ihr das?
Wir wollen doch endlich die Leichtigkeit und den kindlichen Frohsinn wieder in die Familie zurückbringen. Ein qualvoller Sterbeprozess hätte alle unsere Pläne mit euch völlig zunichtegemacht! Und denkt doch bitte auch an die Kleine!"

An dieser Stelle verweist er auf ein Mädchen, das wohl am meisten darunter gelitten hätte. Da er nun nichts mehr sagt, die Frage nach dem Wiederkommen aber bereits von sich aus schon beantwortet hat, frage ich Balou, ob ihm alles, was nach der ersten Operation geschehen sei, überhaupt bewusst gewesen sei. Er zögert einen kurzen Augenblick, wendet sich dann aber direkt an Renata, so als sei sie diejenige, die mit dieser Frage die größten Schwierigkeiten habe:

„Liebe Renata, verstehe doch bitte, dass von meiner Seite aus nichts mehr getan werden konnte, um wieder gesund zu werden, weil es ja von Anfang an mein Plan war zu gehen. Dies weißt du jetzt, daher dürfte dir nun auch klar sein, dass ich nicht darunter gelitten habe. Viel schlimmer war es für mich zu erleben, wie sehr euch eure Ängste um mich geplagt haben. Das wollte ich nicht! Ich habe mein Bestes gegeben, denn ich war bei euch. Daheim! Ich war nicht mehr im Körper, nachdem ich mich von ihm (Renatas Mann) verabschiedet hatte. Er hat es gespürt, wollte es aber nicht zulassen.

Ich habe wirklich nicht gelitten, da meine Seele bereits erlöst war. Das war doch der Grund, warum ich diese Möglichkeit wählte: Ich wollte nicht qualvoll sterben. Das wäre für uns alle viel schlimmer gewesen! Ich bin bei euch und ich begleite euch noch ein Weilchen. Doch es dauert nicht mehr lange, dann bin ich wieder daheim.“

Für mich persönlich war es sehr schön, miterleben zu dürfen, wie diese Familie durch die Botschaft ihres geliebten Hundes Frieden mit dessen Tod schließen konnte. Und zudem half es auch dabei, die bestehenden Selbstvorwürfe zu beseitigen. Vor allem Renata sah nun einen Sinn und Zweck in all dem, was geschehen war. Für sie war alles nachvollziehbar und sie konnte bestätigen, dass Balou seinen Kumpel Henley tatsächlich erzogen hatte, bevor er gegangen war.

Nun erwartet diese Familie die Rückkehr ihres geliebten Tiergefährten, in der Gewissheit, dass er nun – offenbar auch im eigenen Interesse – ein langes Leben bei ihnen und an der Seite seines Artgenossen verbringen möchte.

Sie können anhand von Balous Botschaft sehr deutlich erkennen, wie wichtig es dem betroffenen Tier ist, dass seine Menschengefährten die Hintergründe erkennen. Selbstverständlich dient dies jedem Beteiligten, aber insbesondere dem trauernden Menschen. Oftmals quält uns die Frage nach dem Warum doch sehr – mitunter sogar über Jahre.

Ich durfte bereits unzählige Male erleben, wie Tiere durch das Erläutern der Geschehnisse dafür gesorgt haben, dass blutende Wunden endlich heilen konnten. Denn nichts anderes verursacht diese Ungewissheit in den trauernden Menschen: eine blutende Wunde, die sich nicht schließt. So auch im nachfolgenden Fall.

Hier geht es um den Dalmatiner Cello, der urplötzlich verstarb, wodurch seine Menschengefährtin Jenny in tiefe Verzweiflung gestürzt wurde. Seine Erklärungen halfen ihr, endlich ihren Frieden mit diesem Erlebnis machen zu können. Dies bedeutet nicht, dass man nicht mehr um seinen Gefährten trauert, doch es macht einen großen Unterschied, ob die Gründe für den Tod bekannt sind oder nicht.

Cello ist sofort sehr präsent, so als habe er sehnsüchtig auf diese Möglichkeit gewartet. Wenn es nach ihm gegangen wäre, dann hätte er wohl gleich nach seinem Tod seine Nachricht an Jenny übermitteln wollen. Nun freut er sich und legt los, ohne dass ich ihn explizit befragen muss. Dabei spricht er sofort seine Menschenfreundin an und sagt:

„Es tut mir so entsetzlich leid, dass ich dir so viel Kummer bereite. Das wollte ich nicht! Es bricht mir das Herz, dich so zu sehen, daher ist es mir ein dringendes Bedürfnis, dir zu sagen, was geschehen ist, damit wir beide unseren Seelenfrieden erlangen und somit wieder vereint sein können.

Also: Der Eingriff als solcher war nicht der entscheidende Punkt, sondern meine physische Grundkonstitution. Niemand wusste, dass ich einen angeborenen Herzfehler hatte. Ich zeigte noch keine Symptome, aber ich war auch nicht in der Verfassung für einen solchen Eingriff in meinen Organismus.

Nun gräme dich aber bitte nicht wegen deiner Zustimmung zu dieser Operation, denn früher oder später hätte meine Leidensphase begonnen, und das hätte mich weitaus schmerzhafter aus meinem Leben gerissen als das, was jetzt geschehen ist. Denn bei einer offenkundigen Erkrankung hättest du alles an Möglichkeiten in Anspruch genommen, was die Menschen an Mitteln anbieten können. Ich weiß das. Und du ebenso. Aber wer hätte in einer derartigen Situation noch gefragt, ob es in meinem Sinne gewesen sei, ein solch eingeschränktes Leben aufrechtzuerhalten?! Und du wärest dann in permanenter Sorge um mich gewesen. Nein, so war es besser, auch wenn es nicht mein Plan war und ich es erst richtig erfasst habe, als ich den Körper bereits verlassen hatte.

Trotzdem, liebe Jenny, war es besser so! Der Schock für dich war und ist furchtbar, doch die Alternative hätte weitaus drastischere Konsequenzen für dich und auch für mich gehabt. Wenn man dies zugelassen hätte, dann wäre es dir überhaupt nicht mehr möglich gewesen, endlich deinen eigenen Weg zu finden. Du hättest dann deine ganze Aufmerksamkeit auf mich gerichtet, statt auf deine eigenen Entwicklungsprozesse. Das wäre nicht nur schädlich für deine Seele, sondern es hätte mir auch die Erfüllung meiner Aufgaben unmöglich gemacht.

Liebe Jenny, ich weiß, dass ich geradewegs in dein Herz stolziert bin und es voll ausgefüllt habe. So ist es immer noch, auch wenn bei dir gerade die Trauer überwiegt. Trotzdem liegt ihr dieselbe Liebe und Verbundenheit zugrunde. Genau dort will ich ansetzen und dich dahin führen, wo du endlich Glück und auch Erfüllung in dir selbst findest, ohne dass du jemanden brauchst, der dir das vermittelt. So nämlich kannst du immer nur enttäuscht werden. Immer und immer wieder. Du wirst also endlich verinnerlichen müssen, dass die Fülle in deinem Innern nur durch dein eigenes Zutun erreicht werden kann. Ich habe nur zum Leuchten gebracht, was schon in dir war, aber eben leider sehr tief verborgen.

Mit mir hast du gelernt, dich wieder dem Leben zu öffnen. Und glaube mir, wenn ich dir sage, dass da noch viel, viel mehr auf dich wartet. Ich freue mich daher umso mehr, zu dir zurückzukehren, um freudig hüpfend all die Früchte zu pflücken, die sich auf unserem gemeinsamen Weg zeigen werden.

Ich möchte dich nur um eines bitten: Achte darauf, dass du dich nicht verschließt, denn so wirst du mich kaum wiederfinden – verstehst du? Und da ich nicht vorhabe, mir allzu lange Zeit zu lassen, kann ich dich nur auffordern, dich zu öffnen für unsere große Liebe. Ich weiß, dass du dir wünschst, ich würde jetzt sagen, wo du mich finden wirst, aber verstehe bitte, warum ich dies nicht tue: Du wirst auf dein Herz hören müssen, nicht auf gesprochene Worte. Wenn

ich es dir jetzt verraten würde, dann würdest du bis dahin weiter-
hin diese dicke Mauer um dein Herz wachsen lassen und sie erst
dann einreißen wollen, wenn ich da bin. Dann aber ist es zu spät,
verstehst du? Also, reiße sie jetzt schon ein, umso eher werden wir
uns in die Arme fliegen können.

Ich bin bei dir – Tag und Nacht. Und so bekomme ich sofort mit,
wenn du das Vorhängeschloss vor deinem Herzen beseitigt hast.
Nur du selbst wirst dazu in der Lage sein. Ich warte geduldig, denn
mein Ziel ist es, endlich wieder daheim zu sein und dort so zu to-
ben, dass du es sehen kannst. Ich weiß, dass dein Herz immer lacht,
wenn ich es tue, denn es sehnt sich sehr nach dieser unbekümmerten
Lebensfreude, nicht wahr?"

Mit diesem Schlusssatz zieht sich Cello aus der Kommunikation
zurück und ich spüre, dass er nun diese zentnerschwere Last losge-
worden ist, die ich gleich zu Beginn schon bei ihm wahrgenommen
hatte. Es untermauert noch mal seine eigenen Aussagen, denn es
hat ihn sehr belastet, Jenny so leiden zu sehen. Ich spüre bei ihm
auch Vertrauen in ihre Weisheit. Er zählt darauf, dass sie seine Er-
läuterungen annehmen wird.

Man wird es kaum glauben, aber Jenny ist mein Zeuge, denn
obwohl das Thema dieser Botschaft ein trauriges ist, so haben
wir bei der Besprechung wirklich einige Male herzlich lachen
müssen. Vielleicht ist Ihnen beim Lesen aufgefallen, wie oft
Cello Ausdrücke benutzte, die das Bild entstehen ließen, man
habe es bei ihm mit einer männlichen Pipi Langstrumpf zu tun:
immer fröhlich hüpfend und springend. Genau darin erkannte
Jenny ihren Cello am allerdeutlichsten wieder.

Bezeichnend war aber auch, dass Jenny in diesem Zusammenhang von einem Ritual berichtete, bei dem sie Cello immer sein Lieblingsspielzeug zuwarf und er dieses wild hüpfend einfing und zu ihr zurückbrachte – immer und immer wieder. Sie sagte wortwörtlich: „Oh Gott, Pina, wenn ich gewusst hätte, dass Cello was am Herzen hat, dann hätte ich das doch niemals getan!" Ich entgegnete sofort, dass es genau das sei, wovon Cello gesprochen habe: Diese Art von Einschränkung hätte er als nicht lebenswert empfunden.

Übrigens hatte Cello den Nagel auf den Kopf getroffen, als er sagte, dass der Eingriff selbst nicht das Problem gewesen sei. Jenny klärte mich bei der Besprechung auf, denn ich wusste ja nichts über die Begleitumstände seines Todes. Er hatte die Operation nach einem Darmverschluss offenbar gut überstanden, doch bei einem der letzten Stiche während des Vernähens blieb Cellos Herz einfach stehen. Die beteiligten Tierärzte versuchten offenbar noch, ihn wiederzubeleben, doch ohne Erfolg. Tatsächlich war es so, dass man Jenny lediglich habe mitteilen können, dass sein Herzschlag ausgesetzt habe. Man war fassungslos, denn damit habe man bei einem anderthalbjährigen Hund nicht rechnen können.

Alles, was Cello erklärt hatte, machte nun Sinn – und auch, wie sich die Dinge zugetragen hatten. Ich habe mich auch sehr darüber gefreut, dass Jenny am Ende unseres Telefonats sagte, sie wolle es der Tierärztin weitergeben, da auch diese bestürzt über Cellos plötzlichen Tod gewesen sei.

Sie sehen also, wie wichtig es auch den Tieren ist, ihren hinterbliebenen Menschenfreunden mitzuteilen, was tatsächlich geschehen ist, sodass alle ihren Seelenfrieden erhalten. Mit der quälenden Frage nach dem Grund für den Tod kann diese Wunde, die der Verlust in unser Herz gerissen hat, niemals verheilen. Es macht mich zutiefst betroffen, wenn mich Klienten unzählige Jahre nach dem Tod ihres treuen Gefährten um eine Kommunikation mit eben dieser Fragestellung bitten. Wie schlimm muss es für alle Betroffenen sein, diese Ungewissheit über eine so lange Zeitspanne auszuhalten?!

Wenn Sie sich all diese Aussagen der Tiere ansehen, wird eines ganz besonders deutlich: Das Wissen der Tiere umfasst ein unglaublich weites Spektrum an Möglichkeiten, die uns das Universum bereitstellt. Dies ist der Grund, warum ich immer wieder aufs Neue betone, wie unterentwickelt wir Menschen im Grunde genommen sind – und dennoch hält sich die Menschheit nach wie vor für die Krone der Schöpfung. Dass wir wohl eher diejenigen auf diesem Planeten sind, die für die Zerstörung eben dieser Schöpfung verantwortlich sind, scheinen zwar die meisten inzwischen zu erkennen, doch leider reicht es immer noch nicht für ein umfassendes Umdenken. Ich freue mich daher, dass uns die Tiere trotzdem nicht aufgeben und sich weiterhin beharrlich und doch gütig um unsere Bewusstseinserweiterung bemühen.

Wann immer ich persönlich glaube, dass wir es nicht schaffen werden, noch rechtzeitig das Ruder herumzureißen, erinnern mich die Tiere auf liebevolle, aber doch sehr bestimmte Art und Weise daran, dass sie uns nicht aufgeben werden, solange es noch eine Chance gibt. Da mich noch nie ein Tier belogen oder betrogen hat, glaube ich ihnen aus tiefstem Herzen und schöpfe daraus stets neuen Mut und auch Kraft, weiterhin meinen Weg zu gehen und eben nicht aufzugeben, egal wie aussichtslos die Situation mitunter erscheinen mag. Ich darf dann immer wieder erleben, wie sie sich unermüdlich um die Erfüllung ihrer Aufgaben bemühen. Viele tun dies sogar und insbesondere im Rahmen des Sterbeprozesses.

Sie können uns in diesem Zusammenhang aber auch zu großer Freude verhelfen. Vor allem dann, wenn es in der Kommunikation um ihre Rückkehr geht. Es kann zum Beispiel sein, dass man sich wünscht, der Tiergefährte würde einer speziellen Rasse angehören oder ein bestimmtes Aussehen haben. Oftmals ist es so, dass die Menschen selbst solche Wünsche als dumm und oberflächlich verurteilen, da das Wichtigste eigentlich sei, dass ihr geliebtes Tier nach dem Tod wieder zu ihnen zurückkehre, egal in welcher Erscheinungsform. Eigentlich. Ich erfahre immer nur davon, wenn das Tier ungefragt von diesem Aspekt spricht. Denn natürlich nimmt das Tier solche Gedanken ungefiltert wahr. Und da diese engelhaften Wesen immer sehr bestrebt sind, uns eine Freude zu machen, erfüllen sie uns mit Vorliebe solche Wünsche. Auch damit sorgen sie für Leichtigkeit.

Offenbar ist das Thema Leichtigkeit Carmens großes Stichwort, denn an dieser Stelle meldet sie sich wieder mit aller Vehemenz und möchte unbedingt dazu gehört werden:

„Tatsächlich ist es so, dass wir es lieben, wenn wir unseren Schützlingen solche Wünsche erfüllen dürfen! Da bedarf es keiner großen Anstrengung, und doch sind die Auswirkungen auf die jeweils betroffene Seele enorm! Wir wissen, wie schwer es den Inkarnierten

fällt, Leichtigkeit zu leben, aber wir helfen ihnen dabei, wo es nur irgendwie geht, denn mit dieser Energie lässt sich alles unbeschwerter genießen. Es gibt so viele Menschen, die schwermütig durch das Leben gehen, dass es uns hier in der geistigen Welt extrem schwerfällt, unseren Beitrag zu leisten. Es sind vor allem Glaubenssätze und religiöse Prägungen, die uns bei unseren Aufgaben im Wege stehen. Euch Menschen übrigens auch, denn das irrsinnigste Gesetz, das die Menschheit seit geraumer Zeit prägt, ist das Verbot der Freude. Wir leben hier in allergrößter Freude, selbst in Zeiten schwieriger Prozesse, denn das Wissen um die daraus resultierende Glückseligkeit überwiegt immer.

Und es sind oftmals die Kleinigkeiten, bei denen wir unsere Möglichkeiten einsetzen. Wenn meine Mama sich aus tiefstem Herzen etwas wünscht, versuche ich es ihr zu erfüllen, damit sie Freude im Herzen spürt. Dann freue auch ich mich darüber und alle sind glücklich. Das mache ich mit allen so! Manchmal aber wünschen sich die Menschen Dinge, die ihnen nicht wirklich dienlich wären. Dann versuchen wir, ihren Blick in eine andere Richtung zu lenken. So machen es auch die Tiere und sind sehr erfolgreich dabei. Vor allem, wenn sie sich weigern, etwas zu tun. Wir haben dann auch Freude über die Ärgernisse der beteiligten Menschen. Ihr seht, wir freuen uns über alles Mögliche. Und Albernheit ist ein steter Begleiter unseres Wirkens. Viele Menschen fühlen sich schlecht, wenn sie albern sind, aber in Wahrheit macht es sie leicht und unbekümmert, wenn sie das Leben mal nicht so furchtbar ernst nehmen. Sich in dem zu limitieren, was man spüren und erleben kann, ist ein großer Fehler. Und da die meisten mit diesem Gedanken der Erbsünde in sich durch das Leben schreiten, erfahren sie nicht die Fülle und das ganze Spektrum des menschlichen Seins. Doch genau darum geht es!

Diejenigen, die sich gern mit Tieren umgeben, lieben genau das im Zusammensein mit ihnen: Sie leben im Augenblick und zeigen alles, was sie im Inneren bewegt und berührt. Mein Hund Simon zum Beispiel kann sich unzählige Male über dasselbe freuen und alle blicken darauf, während ihre Seele ihnen zuruft, dass auch sie es so empfinden möchte. Stattdessen plagen sie sich herum mit solchen Gedanken, die keine Freude mehr zulassen können. Wir möchten unsere Lieben lachen sehen! Aus tiefstem Herzen und eben nicht oberflächlich, denn das echte Lachen ist Heilung. Und ansteckend ist es auch, deshalb versuchen wir und auch die Tiere, euch so oft wie möglich zum Lachen zu bringen. Es ist schrecklich für uns, wenn wir erkennen müssen, dass unser Tod dazu geführt hat, dass unsere Lieben das Lachen verlernt haben. Doch noch grausamer ist es, wenn sie es sich selbst verbieten. Gegen eine solche Mauer anzukämpfen ist sehr, sehr schwer und kostet sehr viel Energie – und zwar auf beiden Seiten!

Es herrscht unter vielen Menschen auch der Irrglaube, man müsse die Toten ruhen lassen. Das ist furchtbar für uns, denn wir wollen euch leiten und benötigen dazu eure Bereitschaft. Weder ihr noch wir sollten ruhen, denn das ist der wahre Tod! Das Leben hingegen ist Bewegung und Freude und Glück. Wenn alles ruhen würde, gäbe es kein Leben mehr. Wir wollen nicht in Ruhe gelassen werden. Ruft uns, aber eben mit Freude und in der Gewissheit, dass wir da sind!"

Mich erfüllt es mit allergrößter Freude, dass Carmen auf diese Weise zu uns allen spricht, und der Inhalt ihrer Botschaften löst zumindest in mir eine unbeschreibliche Erleichterung darüber aus, dass wir so sein dürfen! Ich weiß nicht, wie es Ihnen dabei ergeht, aber ich empfinde solche Aussagen aus der geistigen Welt wie eine Anleitung zum Glücklichsein. Das wiederum zeigt aber, wie sehr uns vergangene Zeiten dahingehend geprägt haben, dass die Suche und das Bestreben nach dem persönlichen Glück eine Untugend sein soll. Diejenigen unter Ihnen, die den vergangenen Krieg miterlebt haben oder Nachkriegskinder sind, werden dieses Gefühl wohl noch am deutlichsten in sich spüren. Doch selbst ich, die durch die Generation der Nachkriegskinder erzogen wurde, weiß, was es bedeutet, wenn man eingetrichtert bekommt, dass einem das Leben nichts schenkt und man eben zufrieden mit dem sein sollte, was man hat. Es hat mich sehr viel Arbeit gekostet zu verinnerlichen, dass ich mehr erwarten darf und soll als eben nur Zufriedenheit. Unser Bestreben sollte es also sein, ein glückliches und erfülltes Leben zu führen. Wie belastend Schuldgefühle und falsche Glaubenssätze dabei sind, dürfte allmählich jedem klar sein, der dieses Buch mit dem Herzen liest ...

Eine weitere Tierbotschaft mit einem wunderschönen cremefarbenen Maine Coon Kater namens Mini zeigt ebenfalls sehr deutlich, wie die Tierseelen es empfinden, wenn wir Menschen uns mit der Frage quälen, ob alles richtig war, wie es gekommen ist, oder ob wir etwas falsch gemacht haben und vielleicht sogar für den Tod des Tieres verantwortlich sind. Dies sind sehr belastende Empfindungen, die offenbar nicht im Sinne der beteiligten Seele sind. Dies ist wohl auch der Grund, warum die Tiere so bemüht darum sind, alles richtigzustellen. So tat es auch Mini für seine Jana auf sehr eindrucksvolle Art und Weise.

„Es tut mir so furchtbar leid, dass ich euch das antun musste, aber ich habe – so lange, wie es mir irgendwie möglich war – ausgehalten,

doch nun hatte ich keine Chance mehr. Ich wollte das so nicht, und dennoch war es für uns alle der beste Weg. Zum einen, weil ich mich wirklich zeitweise mit schlimmen Schmerzen herumgeplagt habe. Und zum anderen, weil ein Einschläfern von eurer Seite undenkbar gewesen wäre. Dieses von euch zu verlangen, wäre nicht möglich gewesen. So habe ich also die Gunst der Stunde genutzt und einen schnellen Tod gewählt. Ich wusste bereits seit einigen Monaten, dass dieser Tag bald kommen würde. Du hast es bemerkt, liebe Jana. Denn ich habe immer wieder versucht, dir zu vermitteln, dass es so nicht mehr schön für mich war – egal, wie sehr ich es liebte, in eurer Mitte zu sein."

Hier macht Mini eine kurze Pause, so als wolle er sich ein wenig sammeln. Und gleichzeitig habe ich auch den Eindruck, als würde er darüber nachdenken, wie er das Nachfolgende am besten formuliert. Er sagt dann weiter:

„Du solltest endlich mehr auf dein Gefühl hören und auch dazu stehen, denn es täuscht dich selten. Und so war es auch bei mir! Doch dein Kummer war so groß, sodass du es als Paranoia abgetan hast. Es war aber keine Paranoia von dir, sondern das Ergebnis dessen, was du bei mir wahrgenommen hast und was ich dir versucht habe zu übermitteln. Es ging mir nicht gut – schon lange nicht mehr. Das Einzige, was meinem Leben noch Sinnhaftigkeit verliehen hat, war eure Liebe zu mir. Und auch eure Geduld. Niemals sollte sich einer von euch deswegen schuldig fühlen! Und Thomas erst recht nicht! Denn er ist es, der meine Situation am besten erkannt hat.
Ich wollte euch wirklich keinen Kummer bereiten. Und doch ist es passiert, aber es trifft euch keine Schuld! Es war mein Schicksal und gleichzeitig auch meine wichtigste Lebenslektion. Ihr solltet wissen,

dass ich vor unserer Begegnung schon so einige Male sehr böse Er-
fahrungen mit Menschen machen musste. Ich wurde mal als kleines
Kätzchen ertränkt, weil ich nicht willkommen war. Ich wurde als
Hund gequält, als man mich nicht achtete. Und ich wurde als Ka-
ter misshandelt, als man mich für Versuche benutzte. Ich könnte
noch einige weitere Erfahrungen aufführen, doch diese waren die
weitaus schlimmsten für mich. So bin ich dann aber zu euch ge-
kommen mit der Hoffnung, endlich eine positive Erfahrung mit der
Menschengattung zu machen – und die hatte ich! Ihr habt das We-
sen in meinem Kern gesehen und mir eine Seele zugesprochen. Ihr
habt mich geachtet und mich geliebt, obwohl ich viel Kummer und
Leid über eure Familie gebracht habe. Dafür danke ich euch aus
tiefster Seele, aber insbesondere Thomas."

Es war sehr ergreifend, sowohl die Kommunikation mit diesem
engelhaften Wesen als auch die anschließende Besprechung
mit Jana. Das Schönste an dieser Arbeit ist aber, dass ich haut-
nah dabei sein darf, wenn Frieden in die Herzen der betroffenen Menschen einkehrt. Der Tod dieses Katers war ein großer
Schock für die ganze Familie. Selbst wenn der Kater bereits eine
Krankengeschichte hatte, wie mir Jana mitteilte, war es aber so,
dass sich alle einig darin gewesen seien, für ihren Engel wirklich
alles zu tun. Und so haben sie eben auch seine Botschaft so gut
annehmen können. Sie sahen ein, dass ihre Haltung es ihnen
tatsächlich unmöglich gemacht hätte, ihn erlösen zu lassen. Es
war eine weise Entscheidung von ihm, es sozusagen selbst in
die Hand zu nehmen und während des operativen Eingriffs
zu sterben. Dies zu hören, war für die ganze Familie wichtig.
Und insbesondere Jana konnte nun einsehen und annehmen,
dass es keinen Grund für quälende und damit selbstkasteiende

Schuldgefühle gab. Vielmehr glaubte sie inzwischen, ihren Liebling mit all den vorgenommenen medizinischen Maßnahmen unnötig gequält zu haben. Durch Minis Botschaft hatte sie nun erfahren, dass er es ebenso wollte, weil er seine Familie liebte und es deshalb gern ausgehalten hatte, bis es nicht mehr ging. Eine solche Erkenntnis kann eine unglaubliche Welle von erlösenden Empfindungen nach sich ziehen, sodass endlich Raum für Freude und Neues geschaffen wird.

Ich habe diese Botschaften aus einem weiteren Grund gewählt. Sie zeigen deutlich, wie wichtig es ist, die Individualität eines jeden Falls zu betrachten. Bei dem einen Tier ist es wichtig, Sterbehilfe zu leisten, während ein anderes definitiv weiß, dass es besser ist, seinen Menschengefährten damit nicht zu belasten. Sie bemerken auch daran, wie allumfassend die Tiere wahrnehmen, was in uns vorgeht. Ich möchte Ihnen daher eine Geschichte aus meiner eigenen Tierfamilie erzählen, die ebenfalls zeigt, wie sehr unsere Tiergefährten unsere Gedanken und Gefühlsregungen spüren. Nicht nur das, sie reagieren sogar prompt darauf. Das erleben auch mein Mann und ich in aller Deutlichkeit bei unseren Schätzchen.

Bei unserer Beka, die seinerzeit Älteste in unserem Husky Rudel, wurde ein Tumor am Gesäuge festgestellt. Aufgrund ihres Alters von 16 Jahren und dem damit verbundenen Narkoserisiko entschieden wir uns gegen einen operativen Eingriff, was auch in Bekas Sinne war. Sie gab zudem an, dass sie keine Schmerzen habe. Sie wolle aber eben auch nicht warten, bis sie so starke Beschwerden bekomme, dass ihr Leben qualvoll ende. Dies war im Mai letzten Jahres und in den folgenden Monaten fühlte ich immer mal wieder in Bekas körperliches Empfinden hinein und stellte erfreut fest, dass sie weiterhin keine Schmerzen hatte. In einer dieser Kommunikationen bat sie sogar darum, uns beim geplanten Besuch bei Jörgs Tochter in München begleiten zu dürfen. Ich hatte meine Bedenken, dass diese Reise sie zu sehr erschöpfen könne, doch andererseits wollten wir ihr diesen Wunsch nicht verwehren. Besagter Besuch fand Ende August statt und Beka zeigte sich während dieses Aufenthalts sehr munter. Es schürte natürlich unsere Hoffnung, als wir sie so unbeschwert sahen. Doch kurz darauf begannen die Schmerzen; es war also nur das berühmte Aufblühen vor dem Gehen, was wir in München mit Beka erlebt hatten. Ich fragte sie immer wieder – vor allem auf unseren Spaziergängen, die nur noch im Schneckentempo möglich waren –, ob sie mir rechtzeitig sagen würde, wenn es soweit sei. Beka hatte mir bereits auf eindringliche Art und Weise mitgeteilt, dass sie nicht zu diesem erlösenden Termin getragen werden wolle. Mit anderen Worten, es solle ihr nicht schon so schlecht gehen, dass sie nicht mehr selbst laufen könne.

Eines Abends gingen wir mal wieder unsere Runde, als ich selbst in die Knie ging, weil mich Beka ganz unvermittelt ihren Schmerz spüren ließ. Ich war völlig erschüttert, ganz besonders über diese plötzliche Heftigkeit. Sie bat mich, meinem Mann zu sagen, dass es nun soweit sei. Sie wolle gehen. Daheim gab ich Jörg weiter, was mir Beka soeben mitgeteilt hatte. Doch mein Mann schien noch nicht bereit zu sein, denn nach dem Füttern kam er zu mir und sagte, dass Beka ganz freudig ihr Futter gegessen habe. Ich verstand ihn sehr gut und wusste, was er mir damit sagen wollte. Aber ich hatte zu deutlich Bekas Körpergefühl empfunden, als dass ich mehr auf die Sorgen meines

Mannes hätte eingehen können als auf die von unserer Beka. So sagte ich ihm lediglich, er solle sich gut überlegen, ob es richtig sei, sie unnötig leiden zu lassen, nur weil wir sie nicht loslassen könnten. Meines Erachtens würden wir uns an ihr versündigen, wenn wir nicht auf ihren ausdrücklichen Wunsch eingehen würden. Mehr konnte ich an diesem Punkt nicht für Beka tun, auch wenn es mir sehr schwer fiel. Doch meinen Mann zu etwas zu überreden, wozu er selbst noch nicht bereit war, hätte ich auch nicht gewagt. Ich saß in einer echten Zwickmühle, wurde aber von der geistigen Welt ermahnt, Ruhe zu bewahren und zu vertrauen.

Am nächsten Morgen kam Jörg ganz aufgeregt zu mir ans Bett. Er war sehr früh aufgestanden und hatte Beka in einer Blutlache liegend vorgefunden. Wir fuhren sofort mit ihr zu unserer Tierärztin. Es brach mir das Herz, dass wir sie letztendlich doch tragen mussten, aber nun war es zu spät. Die ganze Fahrt über war Beka ausgesprochen ruhig und sehr gelassen, was mich zugegebenermaßen selbst wieder etwas beruhigte. Wir gingen in die Praxis und im Behandlungsraum saßen wir nun alle drei um die auf dem Boden liegende Beka. Sie war immer noch völlig entspannt. Unsere Tierärztin untersuchte den Tumor und stellte fest, dass Beka die Geschwulst selbst aufgebissen hatte. Das sei der Grund, weshalb es auch so stark geblutet habe, allerdings könne man die Stelle vernähen.

Genau in dem Augenblick, in dem unsere Tierärztin von dieser Möglichkeit sprach, richtete sich Beka abrupt auf und begann zu zittern; sie wurde richtiggehend panisch. Mein Mann und ich wussten sofort, was dies zu bedeuten hatte, und baten die Tierärztin, dem Wunsch der Hündin zu entsprechen und ihr beim Übergang behilflich zu sein. Beka beruhigte sich augenblicklich und wir konnten in größter Dankbarkeit voneinander Abschied nehmen.

Sie sehen, wie wichtig es sein kann, genau zu wissen, was in dem Tier vorgeht, um wirklich das Richtige in einer solchen Situation zu tun. Nur so schaffen wir keinen Raum für spätere Schuldgefühle. Man sollte auf das achten, was das Tier signalisiert und dabei vorsichtig sein, denn unsere Projektionen sind oftmals sehr hinderlich beim Wahrnehmen dessen, was wirklich ist. Unsere Aufgabe ist es, darauf zu hören und entsprechend der Zeichen auch zu reagieren. Wie sehr uns unsere Lieblinge dabei beobachten, dürfte diese Geschichte deutlich gemacht haben. Und dennoch ist es schwierig, wenn unsere eigene Angst uns dabei im Wege steht. Damit Sie sehen, dass auch ich nur ein Mensch bin, möchte ich Ihnen gern noch Sams Geschichte erzählen.

Kurz bevor mein letztes Buch erschien, mussten wir uns von unserem Sam verabschieden, der seit vielen, vielen Jahren der Chef unseres Husky-Rudels war. Sie haben ja schon mitbekommen, dass auch wir es mitunter trotz des Wissens um den Willen des betroffenen Tieres schwer haben loszulassen. Wir machen kein Geheimnis daraus, denn wir sind Menschen, und es ist überaus menschlich, dass man das, was man liebt, nicht einfach aufgibt. So war es auch mit unserem Sam, denn wir haben zugegebenermaßen ein wenig länger gebraucht, als Sam es gewollt hätte. Er zeigte schon seit einigen Monaten zunehmend Probleme mit der Orientierung, nachdem er einen Schlaganfall zunächst vermeintlich unbeschadet überstanden hatte. Es wurde aber immer schlimmer, sodass er am Ende ständig am Zaun entlanglief, gegen Wände prallte und sich kaum noch um die Fellpflege kümmern konnte. Ich stellte mich endlich der Thematik und führte schweren Herzens die Kommunikation mit ihm durch.

Schon beim Einstimmen auf Sam bekomme ich Aufstoßen. Mein Kopf ist schwer – es drückt darin, so als würde er gleich platzen. Ich habe Stechen im linken Ohr. Alles fühlt sich irgendwie ungleich an; linksseitig scheint es schlimmer zu sein als rechts. Mir ist übel und alles dreht sich. Ich frage Sam, ob er gehen will, und er antwortet darauf folgendermaßen:

„Es hält mich hier allenfalls die Erinnerung an schöne Zeiten, aber mehr auch nicht. Ich warte die ganze Zeit darauf, dass endlich Stille einkehrt. Du musst dir das so vorstellen, als würdest du ohne Unterlass Karussell fahren. Es hält einfach nicht an, egal wie sehr du darum flehst. Ich würde mir wünschen, einfach einschlafen zu können. Doch nicht einmal mehr einen erholsamen Schlaf habe ich. Dabei würde ich so gern endlich Ruhe haben! Aber es ist Jörg, der es entscheiden soll. Ich würde gern ohne Hilfestellung gehen, doch da es mir nicht gelingen will, liegt es an Jörg, diese Entscheidung zu treffen. Noch halte ich es irgendwie aus, aber er wird spüren, wenn ich bereit bin, seine Hilfe dankbar anzunehmen. Sage ihm, dass ich bei ihm bleibe und dass unsere gemeinsame Zeit noch nicht zu Ende ist. Es wird noch ein wenig dauern, doch bis dahin werde ich bei Rolf (Jörgs verstorbener Bruder) sein und mit ihm gemeinsam die weiteren Schritte begleiten und unterstützen. Ich freue mich auf Rolf, denn wir sind alte Kumpels.“

Sam übermittelt an dieser Stelle das Gefühl, als habe er zuvor eine Weile an Rolfs Seite verbracht, bevor er zu Jörg gestoßen sei.

Der entscheidende Punkt in Sams Botschaft war tatsächlich der, dass er nichts mehr habe, worüber er sich noch freuen könne. Ich konnte zunächst mit dieser Aussage nichts anfangen, doch mein Mann traf sie mitten ins Herz. Er offenbarte mir, er habe sich ständig damit beruhigt, dass es noch nicht soweit sei, ihn gehen zu lassen, solange Sam sich beim Füttern wie gewohnt außer Rand und Band vor Freude zeige. Es dauerte aber dennoch eine Weile bis Jörg einsah, dass Sams Verhalten reine Gewohnheit war und keineswegs ein Zeichen dafür, dass er sein Leben noch als lebenswert betrachtete. Es war schwer, aber wir mussten es nun tun.

Als wir Sam einschläfern ließen, untermauerte er seine Worte durch einen tiefen und zufriedenen Seufzer, sobald ihm die erste Spritze gesetzt wurde. Er sah uns voller Dankbarkeit und Zufriedenheit an, sodass es gerade für Jörg eine Wohltat war, auch wenn der Augenblick selbst schrecklicher nicht hätte sein können. Es war so erlösend für Sam, dass wir dann erst wirklich erkannten, wie sehr er diesen Moment herbeigesehnt hatte. Und trotzdem machte er mir bei der Kommunikation, die ich wenige Tage später mit ihm führte, keinerlei Vorwürfe. Ich hätte es umgekehrt wahrscheinlich getan, sehr wahrscheinlich sogar. Aber das ist es eben, was uns auf so bezeichnende Weise von den Tieren unterscheidet, denn sie sind immer voller Liebe und Güte.

Herzenslichter

Eine ganz wundervolle Hündin namens Lexa hat ihre Menschenfreundin Elke und mich auf ganz besondere Art und Weise zusammengeführt. Sie hat ihrer Elke nicht nur Frieden gebracht, sondern darüber hinaus auch dafür gesorgt, dass diese auf ihren ganz ureigenen Pfad gelangt. Selbst wenn es zunächst ein trauriges Thema war, so ist das, was sich daraus entwickelte, einfach nur wunderschön und ermutigend. Doch lassen Sie uns zunächst mit Lexas Botschaft beginnen.

Lexa nähert sich mir mit großer Traurigkeit und sagt:

„Es tut mir leid, dass ich Elke so viel Kummer bereite. Nicht nur ihr, sondern allen, die mich kennen und um mein engelhaftes Wesen wissen. Aber ich spüre – ebenso wie Elke – schon seit einiger Zeit, dass mein Übergang naht. Es geht mir gerade nicht so wirklich gut und da sind Prozesse im Gange, die auch nicht mehr aufzuhalten sind. Es ist aber wichtig, dass Elke weiß, dass dies auch zu einem früheren Zeitpunkt nicht möglich gewesen wäre. Und es ging mir ja auch lange gut damit, doch nun wird es langsam, aber sicher immer beschwerlicher für mich, in diesem verbrauchten Körper auszuharren.
Hier und da befinde ich mich auch schon außerhalb meiner physischen Hülle, doch es bereitet Elke Angst, wenn sie meine Abwesenheit wahrnimmt. Sie hat dann immer Sorge, den richtigen Zeitpunkt nicht zu erkennen und damit zu verpassen. Das braucht sie aber nicht, denn sie wird es deutlich spüren. Und ich weiß eben auch, dass sie mich trotz ihrer Sorgen aufgrund der großen Liebe,

die zwischen uns fließt, nicht leiden lassen wird. Das ist durchaus in meinem Sinne. Es ist nur so, dass ihr der Abschied schwerer fallen wird als mir. Denn im Gegensatz zu ihr weiß ich, dass meine physische Abwesenheit nicht von langer Dauer sein wird. Ich möchte, dass Elke weiß, dass es meine Absicht ist, so bald wie möglich erneut an ihre Seite zu treten. Und zwar auf die Art und Weise, die für uns beide inzwischen so typisch geworden ist."

An dieser Stelle sagt Lexa nichts mehr. Ich nutze daher die Gelegenheit, das niederzuschreiben, was ich schon seit Beginn der Kommunikation empfinde. Ich wollte sie ursprünglich zu ihrem Durchfall befragen, spüre aber, dass er offenbar lediglich eine Randerscheinung ist. Ihr ganzer Bauchraum fühlt sich nämlich so an, als würde er verbrennen und sich langsam zersetzen. Ich notiere auch die Frage, ob es vielleicht Krebs sein könne. Dies scheint ihr Stichwort zu sein, denn sie sagt dazu Folgendes:

„Oh, bitte, erkläre es meiner Elke! Sie ist bereit. Sehr bereit. Und auch offen für diese Ebene. Ich habe Elke einiges von dem abgenommen, was sie von Kindesbeinen an wie ein böser Schatten begleitet. Ich habe es als meine Aufgabe und Pflicht gesehen. Es ging auch darum, sie zu einer echten Frau werden zu lassen, damit sie endlich anfangen kann, ihre Weiblichkeit zu leben. Ohne Komplexe. Und auch ohne das Gefühl, irgendwie falsch zu sein. Ihr Selbstbewusstsein braucht immer noch starke Unterstützung. Dies ist auch der Grund, weshalb ich dringend wieder zu ihr zurückkehren muss! Wobei es kein Zwang für mich ist, aber ich will es selbst unbedingt. Doch ich könnte nicht wiederkehren, wenn das, was zu tun ist, nicht in meinen Zuständigkeitsbereich fallen würde. Ich bin mit dieser speziellen Kraft ausgestattet, das Göttliche in ihr hervorzubringen.

Über mich lernt sie sich selbst erkennen. Ich meine, so richtig und nicht etwa das, was andere gern in ihr sehen möchten. Nun, ich spreche von dem, was in Elke steckt, aber mit Füßen getreten worden ist, sodass sie selbst dachte, es sei nicht richtig und dürfe nicht ausgelebt werden. Ich möchte, dass sie weiß, dass zwar diese Erdenreise zu Ende geht, jedoch eine neue dadurch umso schöner beginnen kann und wird. Ich wünsche mir, dass sie sich genau darauf besinnt und nicht auf den Fortgang!"

Da ich nun erkenne, dass Lexa alle Fragen von sich aus beantwortet hat, frage ich sie einfach nur, ob sie ihrer Elke gern noch etwas mitteilen wolle. Sie freut sich darüber und sagt:

„Ja, das möchte ich auf jeden Fall. Sage ihr, dass wir so oft schon zusammen waren, dass es in dieser Liebe und Treue keinen Verrat geben darf! Sie soll also nicht auf den Verstand hören, sondern auf ihr Herz. Menschen neigen dazu, alle sich bietenden Möglichkeiten zu nutzen (ärztliche Behandlungen usw.) und übersehen in ihrer Furcht vor dem Loslassen allzu oft, dass es dabei nur um sie selbst geht, nicht aber um den Betroffenen. Das tun Menschen nicht nur bei ihrem geliebten Tier, sondern auch bei anderen Menschen.

Liebe Elke, bitte geselle dich nicht zu dieser Art Mensch. Das bist du nicht! Du befindest dich bereits auf einer viel höheren Ebene. Dort begegnen sich unsere Seelen. Und nur dort wirst du meine Stimme und somit auch meine Bitte hören!"

Damit zieht sich Lexa ganz unvermittelt aus der Kommunikation zurück, überrascht mich aber noch mit folgendem Abschiedsgruß:

„Pina, wir sehen uns in meinem nächsten Leben!"

Elke war zwar sehr traurig bei der Besprechung dieser Botschaft, doch alles, was ihre Lexa während der Kommunikation übermittelt hatte, entsprach ihrem eigenen Empfinden, sodass sie kurz darauf ihrer geliebten vierbeinigen Freundin dazu verhalf, den alten und verbrauchten Körper abzustreifen. Trotz aller Trauer erkannte Elke dennoch, wie recht ihre Lexa tatsächlich mit ihren tiefgründigen Aussagen hatte. Was mir Elke einige Zeit später über ihr Leben mit Lexa schrieb, berührte mich zutiefst. Es ist mir daher ein großes Bedürfnis, Elkes Ausführungen an dieser Stelle ebenfalls zu veröffentlichen. Ich weiß sehr wohl, dass es in erster Linie Lexas Wunsch ist. Denn ihr Bestreben ist es auch, die Menschen zu ermutigen, zu ihren Empfindungen zu stehen und sie zum Ausdruck zu bringen. Darin scheint Lexa eine echte Meisterin zu sein, wie Sie Elkes Bericht über ihre Entwicklung an der Seite dieser weisen Tierseele entnehmen können:

Lexa, mein Herzenslicht
Ich beginne mit der Vorgeschichte zu Lexas Botschaft, nämlich mit dem, dass sie in mir unendlich viel ins Bewusstsein auftauchen ließ. Auch Ängste und Schmerzen meiner Kindheit brachten ihre Worte hervor. Diese Empfindungen brauchten nun Heilung und Liebe. Und auch Verständnis. So sprach Lexa von diesem Schatten aus meiner Kindheit und mir wurde im Gespräch mit Pina bewusst, dass Lexa nur von dieser Begebenheit gesprochen haben konnte: Ich war damals ein kleines Mädchen im Alter von sechs oder sieben Jahren und ich besaß ein Haustier, und zwar einen wunderschönen Schlappohrhasen, der damals mein engster Vertrauter war und

alles wußte. Dinge, für die andere keine Zeit hatten, oder solche Angelegenheiten, die auch einfach nicht gehört werden wollten. Und so hatte ich immer jemanden, der mir zuhörte und für mich da war. Doch eines Tages kam ich von der Schule nach Hause und erblickte von meinem Schlappohr nur noch das abgezogene Fell an der Wäscheleine – und da war es um mich geschehen. Verständnis für Trauer und Gefühle hatten keinen Raum, denn mein Vater war Metzger, und somit war es für ihn ganz normal, Tiere zu schlachten. Zum krönenden Abschluss kam mein geliebter Freund am Sonntag auch noch als Braten auf den Tisch!

Von diesem Zeitpunkt an passierte eine Wandlung in mir: Ich verlor das Vertrauen ins Leben und insbesondere in die Menschen. Ich verstand nicht, wie mein Vater mir das Liebste nehmen konnte. Ich konnte es einfach nicht begreifen.

Wir hatten in der Folge noch viele andere Tiere, doch ich konnte mich und mein Herz nicht mehr öffnen. Daraus entwickelte sich ein folgenschwerer Glaubenssatz in mir: Wenn du liebst, wird dir deine Liebe irgendwann genommen – das Leben ist schmerzhaft und ein feindlicher Ort.

So begann ich früh meine Familie zu verlassen, emotional wie auch physisch. Ich nahm jede Gelegenheit wahr, von zu Hause fortzugehen. Die folgenden 14 Jahre gingen mit vielen Enttäuschungen in Partnerschaften einher, denn ich war zwar immer auf der Suche nach Liebe, doch der Schmerz erlaubte es mir nicht mehr, die Gefühle frei fließen zu lassen. So blieb ich allein und kinderlos, bis ich 28 Jahre alt wurde. Dann nahm mein Leben eine entscheidende Wende: Beim Grillfest der Mutter meines damaligen Freundes, der mich genauso wie der vorherige betrogen hatte und über den ich noch voller Wut war (die Dinge wiederholen sich nur allzu gern im Leben!), kam ich in einem nicht ganz klaren Augenblick der

Trunkenheit zu meiner Lexa. Die Eltern meines Freundes besaßen einen Rüden, der Vater von sieben Welpen geworden war. Alle aus dem Wurf hatten schon neue Familien gefunden – mit Ausnahme von Lexa. Sonja, die Mutter meines Freundes, überredete mich mit Engelszungen, und so nahm ich Lexa zu mir.

Von diesem Augenblick an waren wir für ganze 16 Jahre ein unschlagbares Team. Nun, nicht ganz. Es gab einen kleinen Schönheitsfehler. Denn ich erkannte schon bald, dass ich Lexa auch aus der Motivation heraus zu mir genommen hatte, mich an meinem Ex-Partner rächen zu wollen. Aufgrund meiner damaligen Haltung, keinem Tier mehr Zugang zu meinem Herzen zu ermöglichen, hatte ich mich auch immer recht abweisend gegenüber seinem Hund verhalten. Er verstand daher nicht, dass ich mich nun ausgerechnet für eine Tochter seines Hundes entschieden hatte. Diese Erkenntnis kam mir aber erst später, als mein Herz bereits etwas mehr geöffnet war ...

Ich mochte Lexa sehr. Sie brachte mich der Natur wieder nahe, knüpfte Kontakte mit vielen Menschen, sodass ich in ihrer Anwesenheit trotz meiner Verschlossenheit sofort in Gespräche verwickelt wurde. Lexa gab mir Selbstvertrauen und oftmals auch Sicherheit und zudem endlich auch wieder etwas mehr Vertrauen ins Leben. Doch mein Herz war noch immer nicht richtig geöffnet für sie. Auf der materiellen Ebene bekam sie alles von mir, doch die Gefühle waren noch nicht bereit, frei und ungehindert zu fließen. So kam es, dass mein Hund, der über ein Wochenende bei einem ganz lieben Bekannten war, während ich ein Seminar besuchte, bei dem es bezeichnenderweise um das Fühlen ging, vom Balkon des dritten Stocks sprang. Und das tat Lexa just in dem Moment, als sie mich kommen sah. Ich war geschockt!

Sie brach sich dabei beide Vorderläufe und noch so einiges mehr. Sie wurde für zehn Wochen in Gips gelegt. Doch da ich zum damaligen Zeitpunkt arbeitslos war, konnte ich mich ganz und gar ihrer Pflege widmen. Sie wurde ohne Operationen wieder gesund und ich durfte nun lernen, mein Herz zu öffnen, damit Liebe und Aufmerksamkeit fließen konnten.

Jetzt erst – im Rückblick – und auch durch die schönen Worte meiner liebsten Lexa in ihrer Botschaft, weiß ich, was sie mir für einen großen Dienst erwiesen hat, mich wieder für die Liebe zu öffnen. Sie, als Wesen der bedingungslosen Liebe, in Reinheit und Vollkommenheit, in Hingabe für das große Ganze, sie lehrte mich, die Liebe wieder zu erkennen. Zunächst in ihr, da sie mir immer das Gefühl vermittelte, dass ich, so wie ich bin, absolut richtig bin, und sie mich deshalb bedingungslos liebt. Und nun, auch durch ihr Fortgehen, darf ich es in mir und in den Menschen um mich herum erkennen. Apropos Fortgehen: Hier kommt Pina mit ins Spiel. Denn ich habe ihr im Oktober 2012, nachdem ich ihr Buch „Botschafter des Himmels" gelesen hatte und tief berührt war, sogleich eine E-Mail geschrieben, denn ich wollte sie um eine Kommunikation mit Lexa bitten. Sie sagte, es würde noch vier Monate dauern, und ich dachte mir, dass es so schnell auch nicht mit Lexa zu Ende gehen würde. Und natürlich wollte ich warten, denn es würde so schon richtig sein. Ich fühlte schon länger, dass sie nicht mehr so wirklich wollte und auch alles sehr beschwerlich für sie war, doch mit ihren 16 Jahren ging es ihr immer noch super. Was man halt so sehen will ... und ich wollte nicht wirklich hinsehen, denn da war so eine große Angst vor dem Verlust und dem Schmerz, dass ich gern Hilfe annehmen wollte. Aber ich wollte Lexa auch nicht leiden lassen. Am liebsten hätte ich sie unter einen Baum gelegt und ihr gesagt, sie solle es machen, wie sie es wolle. Doch das war nicht meine Art, und außerdem ging es auch darum, dass ich nun lernen durfte, aus eigener Kraft und Liebe eine Entscheidung zu treffen, die sich stimmig anfühlt. Ich spürte, dass es dabei noch vieles mehr zu lernen gab: endlich meinen Gefühlen zu vertrauen und mich selbst ernst zu nehmen. So hatte ich während dieses Sterbeprozesses meiner Lexa noch Probleme mit meinem Arzt, da er meine Situation nicht ernst nahm und somit nicht sehen konnte oder wollte, in welchem schmerzvollen Zustand sich mein Hund befand. Daher zog ich einen weiteren Arzt zurate, der sofort bereit war zu helfen. Dieser stellte dann fest, dass wir noch eine Möglichkeit hatten, doch wenn diese nicht greifen würde, dann sollte ich mir überlegen, was ich machen wollte. Und mir wurde bewusst, dass ich kein zusätzliches Leid für Lexa wollte, nur weil mein Ego den Schmerz und den Verlust fürchtete. Ich schrieb daher Pina erneut an, um zu fragen, wie lange es noch dauern würde. Erstaunlicherweise antwortete Pina, dass sie schon seit einigen Tagen meine Lexa im Kopf habe, sich die Bilder auf der übersandten CD aber nicht öffnen ließen. Ich schickte ihr sofort ein neues Bild und Pina kommunizierte mit meiner geliebten Freundin. Doch bis wir die Kommunikation besprechen konnten, vergingen einige Tage, sodass ich in mir bereits eine Entscheidung traf: Ich würde Lexa erlösen.

Erst nachdem alle Entscheidungen getroffen waren, kam die Botschaft von Lexa, die alles zum Vorschein brachte. Vor allem, welche Geschenke ich erhalten könnte, wenn ich es mir erlauben würde zu fühlen, zu lieben und zu sein. Und während wir Lexas Botschaft besprachen, spürte ich diese Stärke in mir wachsen und erkannte erst dadurch, dass ich nicht stark war durch Lexas Kraft, sondern dass sie meine eigene Kraft durch ihre beharrliche Art, mich einfach zu lieben, hervorgebracht hatte. Am nächsten Tag schon fiel die Entscheidung: Ich lasse sie nun gehen. Die Ärztin kam nach Hause.

Genau so hatte ich es mir für uns gewünscht. Lexa begrüßte die Ärztin, fraß noch den Napf leer, nahm das Leben bis zum Schluss freudig an, indem sie mir deutlich zeigte: Lebe dein Leben bis zum letzten Augenblick in Freude.

Dann ging sie auf ihren Lieblingsplatz vor die Türe, von wo sie immer den besten Ausblick hatte, legte sich hin und wusste genau, was geschehen würde. Sie sah mich noch an, und zwar mit dem Blick „Es ist alles gut und ich bin stolz auf dich; du bist einen großen Schritt der Liebe gegangen" und mit meinen Worten „Ich liebe dich" sank der Körper in sich zusammen. Und so seltsam es auch klingen mag: Ich hatte ein Gefühl des absoluten Friedens in mir, da ich ihre Seelenenergie so unbeschreiblich intensiv wahrnahm und Lexa dabei nur Glück ausstrahlte.

Danke Lexa!

Danke auch an Pina für die heilvolle Unterstützung und ihrer göttlichen Verbindung!

Mein Fazit an dieser Stelle: In jedem Wesen können wir das Göttliche erkennen, wenn wir mit dem Herzen hinsehen.

Elke und ich hielten auch danach noch Kontakt. Und da sie sich aufgrund von Lexas treffenden Aussagen ihrem Seelenheil widmen wollte, organisierten wir innerhalb kürzester Zeit ein schamanisches Seminar in Bayern, das nicht nur Elke half, ein wenig mehr in ihre Kraft zu kommen, sondern auch allen anderen Teilnehmern. Es war wirklich wundervoll. Nach der anschließenden Seelenrückholung mit Elke, bei der selbstverständlich auch Lexa präsent war, hatten wir Gelegenheit, noch einmal über all das zu sprechen, was ihre Hündin – und nun auch die Spirits – offenbart hatten. Das Schönste aber war, dass Lexa im Rahmen dieser Sitzung, die offenbar von Anfang an das Ziel ihrer Bemühungen war, ganz nebenbei übermittelte, dass Elke so langsam, aber sicher nach ihr Ausschau halten sollte. Es war auch klar, dass Lexa nicht mehr dazu da war, ihrem Frauchen Halt zu geben, da sie diesen durch die Sitzung nun endlich wieder selbst in sich trug. Es war herzerwärmend zu erleben, wie stolz diese Tierseele auf sich selbst, aber auch auf ihre Freundin war und wie sehr sie sich für beide freuen konnte. Dies sind die wahrhaftig schönsten Augenblicke, die ich im Rahmen der Ausübung meiner Berufung erleben darf, auch wenn die zuvor erlebten Traumata der blanke Horror für mich selbst sind. Doch ich richte meinen Fokus immer auf das, was sich durch den Heilungsprozess entwickeln darf, sodass ich diesen Teil meiner Arbeit stets als ein besonders großes Geschenk empfinde.

Ich durfte zu diesem Themenbereich eine wunderschöne Kommunikation mit Vega, einer Schäferhund-Labrador-Mischlingshündin durchführen. Selbst wenn sich die schlimmsten Befürchtungen ihres Frauchens nicht bestätigten, so gab es für Vega zu diesem Thema dennoch sehr viel zu sagen. Viele Klienten haben verständlicherweise große Angst vor dem Ergebnis der Befragung ihres Tieres. Doch nichts ist schlimmer als die Ungewissheit, sodass sich auch Frauke endlich ihren Ängsten stellte und auf überaus angenehme Art und Weise für ihren großen Mut belohnt wurde. Dass Vega diese Gelegenheit auch dazu nutzte, ihrer Menschenfreundin andere bedeutsame Details mitzuteilen, ist eine ganz typische Eigenschaft der weisen Tierseelen. Und weil sie dabei so sehr in die Tiefe gehen und uns genau damit das Herz für ihre Botschaften öffnen, ist dies ein sehr heilsamer Aspekt.

Vega ist sofort sehr präsent und wirkt außerordentlich fröhlich. Gleichzeitig spüre ich, dass ich kaum weiß, wie ich mich setzen soll, da ich keine Position finde, die angenehm ist. Da dies von Vega ausgeht, macht sie damit auch deutlich, dass es zwischen ihrem körperlichen Befinden und ihrer seelischen Verfassung einen großen Unterschied gibt. Das heißt, auf der physischen Ebene ist es schwer, aber auf der geistigen fühlt sie sich leicht. So übermittelt sie dann auch ganz locker und unbeschwert ihre Botschaft. Dabei richtet sie sogleich das Wort an ihr Frauchen und sagt:

„Natürlich macht mir dieser Körper hier und da echt zu schaffen. Ich bin ja auch kein junger Hüpfer mehr! Aber ich möchte nicht, dass du allein darauf blickst, denn mein Bestreben ist es, noch so viel wie möglich von diesem irdischen Dasein mitzunehmen und zu genießen. Körperlich eingeschränkt bin ich ja schon länger. Sogar länger, als du glaubst, denn noch bevor du es entdeckt hast, habe ich schon deutliche Anzeichen von Verschleiß bemerkt. Außerdem hatte ich bereits als Welpe einen Unfall, dessen Folgen ich mein Leben lang gespürt habe. In etwa so, wie wenn ihr Menschen ‚wetterfühlig' seid. Es war also nicht wirklich dramatisch, aber als die Verschleißerscheinungen hinzukamen, hat es natürlich sehr wohl Auswirkungen auf mein Befinden gehabt. Doch nun möchte ich, dass du weißt, dass ich es noch aushalten kann. Und ich will es auch aushalten. Du weißt doch selbst, dass ich nicht so einfach aufgebe. Und das werde ich auch nicht tun, solange ich das Zusammensein mit dir genießen kann. Dafür brauche ich nicht mit dir über die Wiesen und Felder zu fegen.

Es sind die kleinen Augenblicke – vor allem die des Alltags –, die ich aufsauge wie ein Schwamm. Sogar mehr als jemals zuvor. Dies sind die wichtigen und somit innigsten Momente des Lebens. Es ist also nicht der Aktionismus, liebste Frauke, der uns erfüllt, sondern vielmehr sind es die Momente, in denen wir ganz im Empfinden sind. Ich fühle mich glücklich dabei. Und das ist der Grund, warum ich es aushalten kann und will. All das werde ich mitnehmen, wenn ich über die Schwelle trete. Die Schmerzen natürlich auch. Doch diese werde ich bereits an der Schwelle nicht mehr spüren. Alles andere hingegen darf ich aber behalten und erneut damit zurückkehren. Verstehst du das? Daher solltest auch du diese innigen Momente auskosten und in dir abspeichern. Du wirst eben diese Gefühle brauchen, wenn es darum geht, uns erneut in die Arme zu fliegen. Wenn du aber zu sehr auf die Äußerlichkeiten blickst, wird es dir kaum gelingen, mich wiederzuerkennen, denn das ist es nicht, was meine Seele ausmacht!

Abgesehen von dem neuen Körper, der mir eine andere Aktivität erlaubt, ist es aber auch so, dass für uns beide eine neue Lernphase beginnen wird. Dies erfordert das Loslassen des Alten, damit sich das Neue entfalten kann. Doch das, was uns auf seelischer Ebene verbindet, vergeht nicht. Das ist es, was uns vereint und was so einzigartig ist, dass es auch unverkennbar sein lässt.

Mach dir nicht so viele Sorgen, denn mein Weg führt mich wie immer zu dir und deiner zu mir. Deine Aufgabe hierbei ist es nicht etwa, alles in die Hand zu nehmen und genau zu wissen, was du wie, wann und wo tun musst. Nein, es ist viel einfacher, wenn es auch für dich die schwerste Aufgabe sein wird: Dein Part bei dieser Lektion ist einzig und allein das Fühlen. Nicht Denken, nicht Wissen, nicht Handeln und schon gar nicht Kontrollieren. Du hast keinerlei Einfluss auf die Geschehnisse, denn sie unterliegen anderen Mächten als die, die dem menschlichen Verstand zugänglich sind.

Du gehörst zu den Menschen, die nur über die bedingungslose Liebe lernen, wieder zu vertrauen. Lasse es also endlich zu und fühle einfach nur! Es erscheint dir zwar so furchtbar schwer und unmöglich, weil du tief im Inneren Angst davor hast, dich vom Leben selbst treiben und damit führen zu lassen. Doch wenn du es mal ausprobierst – und jetzt besteht die Chance dazu –, dann wirst du erkennen, welche Last dir dabei genommen wird. So wirst du nicht nur leichter werden, sondern zudem auch erkennen können, wie viel Reichtum dir das Leben bietet. In diesem Zwang, alles in der Hand haben und auf alles vorbereitet sein zu müssen, entgeht dir so vieles von dem, was dazu da ist, dich zu bereichern und zu erfüllen. Wir befinden uns also tatsächlich inmitten einer solchen Lernphase und deshalb ist es genau heute richtig, dass du erfährst, worum es gerade geht und in Zukunft gehen wird. Vor allem im Hinblick auf unsere erneute Begegnung.

Du siehst, es gibt noch eine Kleinigkeit zu tun, bis du mir dabei helfen kannst, in diesem beiderseitigen Wissen und Verstehen meinen Übergang zu vollziehen. Wenn es soweit ist, möchte ich, dass du tief im Herzen bereits fühlst, dass es nur darum geht, eine neue Hülle zu empfangen. Du trauerst doch auch nicht, wenn du ein Gewand ausziehst und es in die Waschmaschine steckst. Denn du weißt, wenn du es herausholst und zum Trocknen aufhängst, wirst du es anschließend in seiner strahlenden Schönheit wieder überziehen und genießen können. So möchte auch ich gehen können. Wir wissen dann beide – nicht nur ich –, dass nichts von dem, was wirklich Bedeutung hat, verloren gehen wird.

Für dich wird das nicht einfach sein. Das weiß ich sehr wohl. Doch ich sage dir, dass es überaus bedeutend und heilsam für uns beide sein wird. Für dich noch mehr wie für mich, denn ich weiß ja längst um all diese Dinge. Wenn ich aber dann wieder bei dir bin, wirst du dich auf diese Ebene einlassen können, und zwar aufbauend auf den Erkenntnissen, die wir uns in der jetzigen Phase erarbeitet haben.

Du weißt das aber alles tief in deinem Herzen. Vor allem weißt du, dass auch du an einer Schwelle stehst und es darum geht, endlich all dein altes Wissen und all deinen Mut zusammenzunehmen und den nächsten Schritt zu tun. So wird sich nicht nur diese Leere in dir auflösen, sondern auch deine Ängste, die dich ungemein ausbremsen und daran hindern, dich wirklich auszuleben!"

Da Vega nun nichts mehr sagt, bitte ich sie, uns trotzdem noch mitzuteilen, wie sie sich ihren Übergang vorstellt. Auch deshalb, damit keine erneute Kommunikation in dieser Phase erforderlich wird. Sie schmunzelt und sagt:

„Da siehst du mal, dass auch du ein Problem damit hast!"

Ich bin irritiert über diese Antwort und frage Vega sogleich, was genau sie damit meine. Daraufhin erhalte ich folgende Antwort:

„Ich habe doch groß und breit erklärt, was mir wichtig ist. Was wollt ihr noch mehr?! Das ist doch das Entscheidende! Aber schon wieder wird der Fokus auf Äußerlichkeiten gerichtet. Wenn Frauke meine Botschaft in ihrer wahren Essenz begreift, dann wird sie nicht nur wissen, dass es wichtig ist, die richtige innere Haltung zu dem Übergang zu haben, sondern auch, dass alles, was sie selbst empfindet, und alles, was sie an Bildern von dieser Zeremonie erhält, genau das ist, was sein soll. Sage ihr, dass es eine Folge dessen ist, was geschieht, wenn man die Kontrolle endlich aufgegeben hat. Ich weiß, dass sie mich nicht sang- und klanglos hinüberschicken wird. Das würde gar nicht zu ihr passen. Zu mir auch nicht. Und schon gar nicht zu unserer Verbindung. Frauke wird fühlen und daher wissen, wie wir den Übergang zu gestalten haben, damit es eine schöne und auch feierliche Zeremonie für alle Beteiligten wird."

Damit verabschiedet sich Vega von mir und übermittelt dabei das Bild wie alle, die sie lieben, um sie herum sind. Es ist ein sehr friedvolles Bild, das sie hier zeigt. Aber es ist eben nicht nur ein Wunschbild, sondern sie übermittelt es mit einem Gefühl von absoluter Gewissheit, dass es genau so sein wird.

Inzwischen ist Vega ins Licht gegangen und wie mir Frauke berichtete, lief ihr Übergang genau so ab, wie ihre Hündin es angekündigt hatte. Das allein hat mich schon sehr gefreut. Doch zu spüren, wie friedvoll Frauke über diesen Abschied berichten konnte, erfüllte mich mit großer Dankbarkeit. Ich fühle mich sehr bereichert durch diese Hilfestellung, die ich leisten darf. Und das sind solche Augenblicke, in denen mein Herz vor Freude und Dankbarkeit fast schon zerfließt. Sie sehen, nicht nur Lexa, sondern auch Vega ist ein wahres Herzenslicht. Diese beiden Seelen hatten das große Glück, dass es von ihren Menschengefährtinnen deutlich erkannt wurde, sodass die beiden sehr viel bewirken konnten während ihrer Erdenreise.

Selbstverständlich gibt es auch genügend Fälle, in denen die Befürchtungen des Tierhalters durch die Kommunikation bestätigt werden. Doch diese mit Vega zeigt, dass es einen Auslöser brauchte, damit Frauke überhaupt eine solche Möglichkeit in

Betracht ziehen konnte. Denn noch ist die Tierkommunikation für viele Menschen ein Thema, das mehr Fragen aufwirft, als Antworten gibt. Auch die weit verbreitete Meinung, Tiere besäßen keine Seele, ist für das Verständnis wenig zuträglich. Doch ich erlebe eine stetig wachsende Tendenz unter den Menschen zu mehr Tiefsinnigkeit, ein reges Interesse an den Belangen der Tiergefährten und oftmals damit einhergehend eben auch am eigenen Seelenheil. Damit wäre der erste entscheidende Schritt jedenfalls schon einmal vollbracht!

Gedanken an den Tod

Ich verweile noch ein wenig bei diesem wichtigen Themenbereich des Sterbens und zeige Ihnen mit nachfolgenden Kommunikationen, was aus Sicht der Tiere geschieht, wenn der Gedanke an den Tod einfach zu viel Raum in uns einnimmt.

Eine Klientin namens Simona bat mich sorgenvoll um eine Kommunikation mit ihrer Hündin Trini. Ich hatte bereits einige Jahre zuvor mit ihr kommuniziert, wir kannten uns also schon. Dennoch war ich überrascht, denn es hatte sich offenbar einiges in der Zwischenzeit verändert. Nicht in der Verbindung zwischen Simona und Trini, sehr wohl aber hinsichtlich des gesundheitlichen Zustands der Hündin. Trinis Botschaft veranlasste mich, dem von ihr angesprochenen Problem in diesem Buch besondere Aufmerksamkeit zu widmen. Es ist eben ein Thema, das viele von uns nicht nur sehr berührt, sondern mitunter in tiefe Verzweiflung stürzen lassen kann. Wir wissen alle, wenn wir uns für ein Tier entscheiden, dass die Zeit mit diesem Wesen beschränkt ist. Von Anfang an. Oftmals möchten wir uns lieber nicht damit befassen, denn schon der Gedanke daran lässt die meisten von uns leichte Anflüge von Panik empfinden. Dennoch wissen wir, dass wir dem Unvermeidlichen nicht entkommen können. Dies ist jedoch unsere Sicht und auch nur unsere eigene Haltung dem Leben gegenüber. Darüber brauche ich nun wirklich nichts zu schreiben. Dieses Buch soll vielmehr den Tieren die Möglichkeit bieten, ihre Sicht auf die Dinge, insbesondere auf diese Thematik zu vermitteln. Daher greife ich hier auf einige Kommunikationen zurück, die ich diesbezüglich führen durfte. Und ich beginne mit der überaus weisen Trini, denn schon bei der Besprechung ihrer Botschaft spürte ich, wie wichtig ihre Worte nicht nur für ihre Menschenfreundin Simona waren, sondern auch für viele andere sein werden, die sich irgendwann einmal in einer ähnlichen Situation befinden.

Ich werde gleich beim Einstimmen bleischwer und es ist, als würde mich der ganze Rückenbereich herunterziehen. Ich fühle sehr deutlich meine ganze Wirbelsäule, so als sei in jeden Wirbel Blei gegossen worden. Auch fühle ich mein Herz holprig schlagen. Ich bin relativ kurzatmig, aber ich vermute, dass dies vom Druck herrührt. Ich frage Trini daher, wie es ihr damit gehe. Sie zögert auffällig lange mit der Antwort.

Dies gibt mir sofort ein ungutes Gefühl, denn es hat den Anschein, als wolle sie sorgfältig abwägen, was sie sagt und was nicht; fast so, als wolle sie ihre Menschengefährtin schonen. Daher greife ich vorweg und sage ihr, dass Simona sie genau deshalb befragen lasse, eben damit sie erfahren könne, wie der aktuelle Zustand sei. Und auch, ob sie sich dahingehend spezielle Unterstützung von Simona wünsche. Trini zögert weiterhin, sagt dann aber mit gequälter Fröhlichkeit:

„Also, mit Simona geht es mir nach wie vor sehr gut! Ich bin stolz auf das, was sich in ihr bereits vollzogen hat, und wie selbstreflektiert sie nun mit den meisten Gegebenheiten umgeht. Ich könnte es mir nicht besser vorstellen."

Ich unterbreche sie, da ich spüre, dass sie mich vom Wesentlichen ablenken will, und frage sie explizit, wie es ihr körperlich gehe. Vor allem mit den Befindlichkeiten, die ich gerade bei ihr wahrnehmen würde. Wieder zögert sie und sagt dann:

„Es geht mir nicht wirklich gut damit und ich versuche gerade das Beste daraus zu machen – für mich, aber auch für Simona. Und auch Wolfgang leidet, wenn er meine Schwere wahrnimmt. Er weiß genau, wie das ist ... Ich aber versuche weiterhin, so gut es geht, mit diesen Einschränkungen zurechtzukommen. Ich möchte meine verbleibende Zeit genießen. Und daher mag ich auch diese Operation nicht, zumal sie Risiken birgt, die nicht in unserem Sinne wären. Simona weiß ganz genau, wovon ich spreche."

An diesem Punkt richtet sie das Wort an Simona und sagt:

„Meine geliebte Simona, es ist wichtig, dass du bei deinem Gefühl bleibst und nicht auf sogenannte Vernunftsgründe hörst. Ich würde diese Operation nicht überleben! Du weißt es, denn du fühlst diese Angst in dir. Gleichzeitig ist da aber auch die Angst, dass du dich schuldig machst, wenn du dieser Operation nicht zustimmst. Ich sage dir jedoch, dass du dich in keinem Fall schuldig machst, denn es liegt nicht in unserer Hand, was mit uns geschieht! Das Einzige, worum ich dich bitte, ist, dass du auf dein Gefühl hörst – jetzt noch mehr als jemals zuvor, da wir beide uns in einer äußerst wichtigen und lehrreichen Phase befinden. Diese Operation würde nicht nur mein Herz, sondern meinen ganzen Organismus belasten. Ich hoffe, du verstehst das!
Und ich möchte – wenn es mal soweit ist – ganz bewusst von dir Abschied nehmen, also keinesfalls auf diese plötzliche und damit für alle Beteiligten traumatische Art und Weise. Ich hoffe sehr, dass du meinen Wunsch akzeptierst und respektierst. Es gibt schließlich

auch Möglichkeiten, mir diese Phase zu erleichtern. Dies solltest du mit dem richtigen Bewusstsein tun. Deine Angst blockiert den Fluss der heilenden Energien. Also lasse sie bitte los, diese Angst, denn du weißt doch, dass es für mich sowieso keine andere Alternative geben wird, als sofort zu dir zurückzukehren. Aber ich bitte dich, mich dann friedlich und in größtem Vertrauen meinen ‚Kleiderwechsel‘ vollziehen zu lassen. Keine Angst, ich werde mich beeilen, denn niemals könnte ich dich leiden lassen! Sei bei dir und deinem Gefühl. Sei mir eine wohltuende Stütze, bis es nicht mehr geht. Das ist alles, was ich will. Ich weiß, für dich bedeutet es sehr viel, aber eines Tages wirst du verstehen, wie wichtig das hier tatsächlich ist!“

Dann richtet sich Trini plötzlich wieder an mich und sagt dann:

„Ich bin müde. Das hier strengt mich sehr an. Du sollst wissen, dass ich Phasen habe, in denen es mir relativ gut geht, und in anderen weiß ich manchmal gar nicht, wie ich mich überhaupt noch aufrichten soll. Für diese Phasen wünsche ich mir von der Ärztin Unterstützung. Mehr will ich nicht. Außer eben das, worum ich Simona selbst gebeten habe. Und sage ihr, dass mein Knie gar nicht so schlimm dran ist, aber die Schwere wirkt sich auf die tragenden Säulen aus. Es ist daher nicht nur ein Knie betroffen, doch ist es das, welches am meisten schmerzt. Sie wird wissen, was ich damit meine.

Ich bitte dich, Pina, sei für sie da, wenn sie dich braucht! Ich will sie in guten Händen wissen. Sie vertraut dir und du hilfst ihr auch, an sich selbst zu glauben, und in der Folge, sich selbst zu vertrauen – daran mangelt es noch ein wenig.“

Sie können sich vorstellen, wie schwer es für Simona war, diese Botschaft ihrer geliebten Hündin zu erhalten. Und auch wenn Trini das Gefühl ihrer Menschenfreundin bestätigte, wäre es Simona selbstverständlich lieber gewesen, wenn sie gesagt bekommen hätte, dass sie sich in ihrer Wahrnehmung täusche. So aber war es eine Bestätigung ihrer schlimmsten Befürchtungen. Dennoch hat Trini ihrer Simona völlig ungefragt ein schönes Geschenk gemacht, indem sie von sich aus ihre Wiederkehr ankündigte. Trotzdem ist es aber natürlich schwer, erst einmal den Abschied irgendwie zu überstehen. Sie pflichten mir bei? Sehen Sie, und schon sind wir wieder bei unseren Ängsten und somit bei unserer ganz subjektiven Betrachtungsweise. Doch genau darum ging es Trini in dieser Botschaft: Wenn wir zu sehr mit unserer Aufmerksamkeit bei dem bevorstehenden Abschied sind, verpassen wir all die schönen Augenblicke, die sich uns bis dahin offenbaren könnten. Dies soll keinesfalls heißen, dass wir uns darauf freuen sollen, aber wir stellen uns den Abschied gemeinhin immer katastrophal vor. Die daraus resultierenden Gedanken und Gefühle tragen selbstverständlich genau diese Energie und wir fühlen uns elend dabei. Fast so, als würde es gerade jetzt passieren. Davon ist hier die Rede. Trini wünscht sich, dass eben die gemeinsame Zeit genossen wird. Mit diesem Wunsch steht Trini gewiss nicht allein da, denn viele Tiere tun sich schwer damit. Und wenn wir sie nicht genießen können, diese überaus kostbare Zeit, ist es in der Folge auch unserem treuen Gefährten nicht möglich. Ganz einfach deshalb, weil unser Tier in seiner allumfassenden Liebe zu uns nicht glücklich sein kann, wenn wir es nicht auch sind. So einfach ist das eigentlich – wenn es nur nicht so schwer wäre für uns Menschen!

Ich hatte dann später auch vollstes Verständnis für Simona, als sie mich nach einiger Zeit erneut um eine Kommunikation mit ihrer geliebten Trini bat. Auch diese Botschaft möchte ich hier der Vollständigkeit halber veröffentlichen.

„Liebe Pina, ich habe bereits auf dich gewartet, denn es bricht mir das Herz, dass sich Simona neben ihrem Trauerschmerz auch noch Sorgen darüber macht, dass ich ihr deswegen böse sein könnte. Sage ihr, dass ein liebendes Herz über so etwas gar nicht böse sein kann! Ich möchte nun aber zu ihr selbst sprechen, wenn ich darf ..."

Ich wundere mich darüber, dass Trini mich fragt, spüre aber sogleich, dass sie damit nur deutlich machen möchte, wie wichtig es ihr sei, es genau so zu machen, damit ihre Worte Simonas Seele erreichen. Ich bitte sie daher, ihre Botschaft in der Art und Weise zu übermitteln, wie es ihr am sinnvollsten erscheint. Sie sammelt sich daraufhin kurz und dabei spüre ich nur allzu deutlich, wie sehr es sie anstrengt; selbst diese Kommunikation kostet sie viel Kraft. Dann sagt sie zu Simona:

„Liebste Simona, ich habe doch bereits deutlich gemacht, dass ich ganz klar mit diesem Werdegang bin. Es ist ein wichtiger und notwendiger Prozess. Er gehört zum Leben ebenso wie all deine wertvolle Heilarbeit. Es ist auch gleichzeitig ein bedeutsamer Lernprozess für dich. Nicht nur für deine ureigene Entwicklung, sondern auch in beruflicher Hinsicht. Das Thema Abschied nimmt einen großen Raum ein in der Heilarbeit und du wirst diesen Bereich nicht dauerhaft umgehen können. Du weißt das längst. Und weil es dich persönlich schmerzt, versuchst du, ihn nicht zu nahe kommen zu lassen, diesen Teil des Lebens. Doch er ist wichtig. Für jeden

Beteiligten. Und wenn du uns Tiere mit deiner Heilkraft beglei-
test, dann gehört dazu eben auch zu erkennen, wann das Leben
selbst die Grenzen aufzeigt. Ich jedenfalls bewege mich stetig auf
diese Grenze zu. Du spürst es schon lange. Und dass du es spürst,
ist ein Geschenk, auch wenn es weh tut. Denn nur so ist es möglich,
bewusst Abschied zu nehmen. Das ist mir sehr, sehr wichtig. Und
natürlich weiß ich, dass du dir wünschst, ich würde einfach einschlafen. Doch kann ich dir dazu nur sagen, dass ich es mir ebenso
sehr wünsche, aber eher für dich. Für mich selbst heißt das, es so
lange wie möglich auszuhalten. Das werde ich auch versuchen. Und
zwar dir zuliebe. Ich werde mein Bestes geben, doch ich weiß nicht,
ob es mir gelingen wird. Und ich möchte nicht, dass du denkst, ich
bürde dir etwas auf, was du selbst kaum erträgst. Aber ich bin am
Ende meiner Kräfte.

Ich möchte jede Sekunde bei dir sein, die mir das Leben mit dir
schenken will. Doch wenn ich dich nicht mehr wahrnehmen kann,
möchte ich dich bitten, mich zu erlösen. Ich weiß sehr wohl, was es
für dich bedeutet. Doch ich weiß auch, wie es für dich wäre, wenn
du für diesen Fall nicht meinen Segen hättest. Und ich sagte dir
doch schon, dass ich zu dir zurückkehren werde. Ich möchte dich
bei deinem Tun begleiten, so wie ich es immer getan habe. Nun
aber kann ich es nicht mehr – egal, wie sehr ich es mir wünsche. Ich
möchte deine Arbeit unterstützen, doch nun geht das nicht mehr.
Ich spüre zudem, dass ich dich sogar dabei blockiere, ohne dass dies
meine Absicht ist. Ich fühle mich nicht mehr in der Lage, das zu
tun, was wichtig für uns beide ist.

Das Einzige, was geblieben ist, das ist eben diese Lektion: in größtem Bewusstsein der fließenden Liebe Abschied zu nehmen. Doch
du weißt ebenso wie ich, dass ich mehr kann – viel mehr! – und
zudem auch zu Größerem berufen bin. Ich falle mir gerade selbst

zur Last. Doch auch mir fällt es schwer zu gehen, solange du nicht begriffen hast, dass es nur ein kurzer ‚Kleiderwechsel‘ ist.

Liebste Simona, dein Herz weiß längst, dass nun großer Mut gefragt ist. Du willst es nicht, doch du weißt, dass es genau darum geht. Ich fühle mit dir, aber ich weiß eben auch, was danach kommt – und das macht es mir leichter. Ich wünschte, du würdest dich ganz und gar auf unsere Liebe und unsere Verbundenheit einlassen und darauf vertrauen, denn dann würdest du Kraft daraus schöpfen können. Und Mut. Und auch die Gewissheit, dass Gutes daraus hervorgehen wird. Ich bin doch immer für dich da gewesen. Selbst jetzt, nicht wahr? Wenn ich dich also nicht mehr wahrnehmen kann, lass mich bitte gehen, denn dann wird meine Seele am seidenen Faden hängen und bereits in deinem Schoß verweilen und darauf warten, dass du auch meinen Körper aus diesem Leben entlässt. Dann erst kann ich wieder physisch in deinen Schoß zurückkehren – du bist doch meine Mami!“

Damit zieht sich Trini völlig unerwartet aus dieser Kommunikation zurück. Doch es gelingt ihr nicht, vor mir zu verbergen, dass sie sich wie zum Weinen zurückzieht. Diesen Eindruck jedenfalls vermittelt sie, ohne dass sie es vermutlich so wollte.

Simona bestätigte erneut all die Details, die Trini übermittelt hatte. Und auch wenn ich durch die Botschaft bereits sensibilisiert war, erschütterte es mich dennoch, von Simona zu erfahren, wie schwer es tatsächlich für sie sei. Und Trini hatte auch mit der Aussage recht, dass das Thema nicht mehr umgangen werden könne, denn wie mir Simona bei der Besprechung mitteilte, sei sie derzeit im Rahmen ihrer Tätigkeit als

Tier-Physiotherapeutin von auffallend vielen sterbenden Patienten umgeben. Das Thema Tod und vor allem Abschiednehmen war somit allgegenwärtig.

Sie sehen, dass die Tiere uns zwar auf gewisse Dinge hinweisen, es jedoch mit Verständnis für unsere Empfindungen tun. Sie bleiben bei ihrer Betrachtungsweise, und dennoch führen sie uns sanft, aber bestimmt an den Punkt, an dem sie uns gern sähen, weil es eben letztendlich auch und insbesondere unserem eigenen Wohlergehen dient.

Es ist von uns Menschen anmaßend zu glauben, dass die Tiere nicht mitbekommen, was uns bewegt. Da Sie dieses Buch lesen, werden Sie wohl langsam einen Eindruck davon bekommen, wie viel unsere Tiere tatsächlich bei uns wahrnehmen. Aber nicht nur das, sie erfassen selbstverständlich auch das, was in unserem Umfeld geschieht und uns beschäftigt. Manchmal ist es so, dass wir uns in unserer großen Fürsorge auch schon mal verwirren lassen, statt auf unser Gefühl zu hören. Mitunter kommt es vor, dass jemand mit seinem Liebling beim Tierarzt ist, der sogleich zum Einschläfern rät. Ich will nicht behaupten, dass dies in jedem Fall falsch sei. Die Tierärzte können sicherlich ein Liedchen davon singen, wie schwer es den Tierhaltern fällt, ihr sterbenskrankes Tier gehen zu lassen. Ich spreche vielmehr von den Fällen, in dem dieser Rat im Raume steht, jedoch nicht dem Gefühl des Tierhalters entspricht. Da sich aber niemand von uns schuldig machen möchte an dem Gefährten, der uns so treu begleitet hat, kann es uns in große Verunsicherung stürzen, wenn das Gefühl eine andere Sprache spricht als der Verstand.

Wie wichtig es ist zu erfahren, wie der Hauptbetroffene darüber denkt, erkennen Sie unschwer an dem Auszug aus einer Botschaft des Katers Simba. Regina bat mich um diese Kommunikation, da sie annahm, ihr Liebling mache sich auf den Weg in die geistige Welt. Wie sich herausstellte, dachte das aber vor allem ihr Tierarzt, nicht jedoch sie selbst. Genau das hatte Simba ebenfalls erfasst, entsprechend fiel auch seine Botschaft an Regina aus.

Gleich beim Einstimmen auf Simba bekomme ich eine Gänsehaut, aber es ist nicht etwa deshalb, weil Simba leidet, sondern es schüttelt ihn förmlich bei dem Gedanken an die gegenwärtige Situation. Ich bitte ihn daher, mir alles mitzuteilen, was ihm in diesem Zusammenhang wichtig erscheine. Simba antwortet sogleich und richtet das Wort dabei direkt an seine Regina:

„Liebste Regina, du glaubst doch wohl selbst nicht, dass ich so einfach aufgebe! Nein, ich werde so lange um mein Leben kämpfen, bis das Leben selbst mir Grenzen aufzeigt, nicht aber irgendwelche Ärzte! Du solltest dich nicht so leicht beunruhigen lassen. Ich bin nicht mehr der Jüngste – das wissen wir beide – aber das heißt doch nicht, dass ich bei den geringsten Widerständen gleich gehen muss! Ich will es jedenfalls nicht. Noch nicht.
Für mich ist das Leben immer noch schön, weil ich bei dir sein kann und auch noch vieles von dem, was ich immer gern gemacht habe, genießen kann. Ich bin auch mit weniger zufrieden. Aber das will ich bitteschön selbst entscheiden können. Und ich weiß, dass du derselben Meinung bist, weil du fühlst, dass es der Wahrheit entspricht. Höre bitte auf dieses Gefühl und plage dich nicht mit Gedanken herum, die dich nur quälen, sonst nichts. Ich kann nicht bestätigen,

dass du mich festhältst, so wie es andere behaupten. Ebenso wenig hast du ein Problem damit, mich loszulassen. Das solltest du dir nicht so einfach einreden lassen, denn dann würdest du dich nicht nur mir, sondern vor allem dir selbst gegenüber schuldig machen. Alles, weil du nicht auf deine eigene Weisheit hörst, sondern auf die Worte irgendwelcher Fremden. Das solltest du nicht tun!

Es geht mir gar nicht so schlecht, wie ihr meint. Ich habe sehr wohl Phasen, in denen ich den körperlichen Zerfall deutlicher wahrnehme. Dann habe ich auch Schmerzen, aber das ist nicht so schlimm. Was mich mehr stört, ist die Übelkeit, die damit einhergeht. Es ist dann, als würde ich innerlich brennen. Es sind die Zersetzungsprozesse, die das verursachen, aber diese Phasen kommen und gehen wieder – das ist durchaus auszuhalten. Wenn ich es nicht mehr aushalten könnte, würde ich es dir sagen, denn ich will nicht leiden müssen. So wirst du dann auch fühlen, wenn es soweit ist.

Auch wenn ich spüre, dass das Ende dieser Erdenzeit naht, so bin ich heute aber noch nicht bereit, meine Köfferchen zu packen und abzureisen. Ohnehin werde ich alles, was mir wichtig ist, hier bei dir lassen und auf eine offene Tür hoffen ...

Wirklich, Regina, tue uns das nicht an, dass du so etwas Bedeutsames einfach vollziehst, ohne dass wir beide die Bereitschaft dafür in uns verspüren! Diese Phase hier dient erst einmal einem anderen Zweck: Du sollst dich damit ganz bewusst auseinandersetzen, damit wir in aller Ruhe Abschied nehmen können. Ganz langsam. Eben in unserem ganz eigenen Tempo. Nichts treibt uns zur Eile an.

Ich weiß, dass du denkst, ich würde dir so sehr aus der Seele sprechen, um dir nicht weh zu tun. Aber auch wenn ich dir niemals wehtun möchte, ist es in diesem Fall trotzdem so, wie ich es sage, weil es die Wahrheit ist. Du weißt selbst, dass ich deutlich zeigen *kann, wenn mir etwas überhaupt nicht behagt – und dann tue ich es auch dir zuliebe nicht. Also, nimm dieses Wissen über mich und baue darauf auf, und nicht etwa auf zweifelnde Gedanken. Das habe ich nicht verdient, denn bisher hatten wir immer eine ganz reine Verbindung, wir beide. Ich fände es schade, wenn wir sie auf die letzten Tage verunreinigen würden – das würde mich sehr, sehr traurig machen!"*

Ich mag gar nicht darüber nachdenken, was hätte passieren können, wenn Regina nicht auf ihr Gefühl gehört hätte. Es spricht aber auch für Regina, dass sie zwar auf ihr eigenes Gefühl vertraute, es dennoch hinterfragte, weil es auch hätte sein können, dass ihr Bauchgefühl sie täuschte. Ihre Sorge war, dass die vorhandenen Ängste sie am Loslassen hindern könnten, und sie daher nicht spüre, dass es Zeit sei, Abschied zu nehmen. Dies ist auch der Grund, warum Simba von sich aus sagte, dass er nicht bestätigen könne, Regina halte ihn fest.

Ich persönlich finde, dass Simba allein schon durch die Wahl all der klaren Worte in seiner Botschaft den Gedanken an ein Beschönigen seiner Situation im Keim erstickt hat. Er kannte seine Regina eben besser als jeder andere, von daher wusste er auch um ihre Befürchtung.

In Simbas Fall wurde also die Sorge um einen möglicherweise baldigen Tod eher von außen ausgelöst. Doch schlimmer ist es, wenn wir selbst diesem Gedanken viel zu viel Raum geben. Ich habe die Erfahrung gemacht, dass sich die selbstkreierte Spirale viel schneller dreht und auch viel tiefer reicht ...

Eine weitere Botschaft zu dieser Thematik möchte ich Ihnen nicht vorenthalten. Auch wenn es in der Essenz um dieselbe Problematik geht, zeigt diese Kommunikation noch einige weitere, sehr individuelle Elemente auf. Ich bin der Überzeugung, dass es bei der Betrachtung des gesamten Spektrums dieses Themas wichtig ist, viele verschiedene Aspekte anzusprechen, damit wir uns in ihnen wiederfinden. Selbst wenn diese Botschaften nicht an uns persönlich adressiert sind, sondern einem anderen Tierliebhaber zuzuordnen sind. Ich weiß inzwischen, dass sie ihre Wirksamkeit nicht verfehlen, dadurch dass sich der Leser an irgendeinem Punkt der Geschichte selbst wiederkennt. Sehen Sie es mir daher nach, dass ich hier gleich mehrere Beispiele zu diesem Themenbereich aufführe, aber es liegt mir sehr am Herzen, so viele Menschen wie möglich damit zu erreichen, da ich im Rahmen meiner Tätigkeit immer wieder zu spüren bekomme, wie weit verbreitet dieses Problem unter uns Tierhaltern ist. Und inzwischen wissen Sie, auch ich gehöre dazu. Daher ist es ebenso für mich wie für viele andere tröstlich zu wissen: Wir sind nicht allein und es gibt Wege aus dieser Angst!

Der Auftrag für die Kommunikation mit einem Australian Sheperd namens Tobi stand schon seit etlichen Monaten auf meiner Liste. Da sich während dieser langen Wartezeit an den ursprünglich gestellten Fragen durchaus etwas ändern kann, handhabe ich es in der Regel so, dass ich den Auftraggeber, kurz bevor die Kommunikation stattfinden soll, anschreibe und mich nach möglichen Änderungen hinsichtlich der Fragestellung erkundige. So auch in Tobis Fall. Und da ich sowohl Tobi als auch seinen Kumpel Ivanhoe auf der Liste stehen hatte, wollte ich zudem auch von ihrer Menschengefährtin Gabi erfahren, mit wem ich nun beginnen sollte.

Wie es der „Zufall" so wollte, traf meine Anfrage zum exakt richtigen Zeitpunkt ein, denn Gabi schrieb mir daraufhin, sie habe für den übernächsten Tag einen Termin in einer Tierklinik vereinbart, da es Tobi augenscheinlich sehr schlecht gehe. Sie bat mich daher, auf jeden Fall mit Tobi zu beginnen. Ich führte die Kommunikation sofort durch, denn ich erhoffte mir, von Tobi wichtige Hinweise für den bevorstehenden Tierarztbesuch zu erhalten. Die bekamen wir auch, doch völlig anders, als von uns zuvor angenommen.

Tobi freut sich, dass er endlich an der Reihe ist, und richtet auch sogleich das Wort an Gabi persönlich, als ich ihn frage, ob er ihr etwas mitteilen wolle:

„Liebe Gabi, es bricht mir das Herz, wenn du mich so sorgenvoll betrachtest. Du bringst dich damit um die schönen Augenblicke unseres Zusammenseins. Es belastet mich schwer, wenn du – trotz all der schönen Lebensaspekte, die wir dir offenbaren – den Fokus immer und immer wieder auf das Leidvolle lenkst. Damit machst du dir das Leben nur unnötig schwer. Und mir auch! Ich möchte das so nicht. Und ich weiß, dass du es ebenso wenig willst. Aber es liegt an dir, es abzustellen.

Du erkennst zwar inzwischen den Glanz und auch die Schönheit in den Augenblicken unseres Zusammenseins, doch du vernichtest beides mit deinen sorgenvollen Gedanken. Das tut doch niemandem gut – und am allerwenigsten dir selbst! Ich möchte daher, dass du ganz gezielt daran arbeitest, dir die schönen Momente nicht nur anzusehen, sondern sie auch ganz und gar auszukosten. Du kannst das, wenn du es nur willst. Und sage jetzt nicht, dass es an mir liege, wenn es dir nicht gelingen will, denn das wäre falsch! Die Wahrheit ist, dass es den Menschen leicht fällt, beschwingt zu sein, wenn alles in ihrem Sinne verläuft. Doch die Kunst des Lebens besteht darin, alle Augenblicke und Erfahrungen zu genießen, und nicht nur die vermeintlich guten. Wenn dir dies gelingt, hast du den Sinn und Zweck des irdischen Daseins wirklich verstanden! Sieh mich an – und damit meine ich nicht das äußerlich Sichtbare. Ich kann mein Dasein genießen, trotz des einen oder anderen Wehwehchens. Es ist genau das, was du betrachten solltest. Du aber schaust nur auf die Zipperlein und verpasst dadurch den wahren Kern der Situation. Du liebst mich doch auch trotz meiner Beeinträchtigungen. Also, wo ist denn da bitte der Unterschied?! Du könntest dir durchaus auch mal erlauben, das Leben trotz seiner Hürden und vermeintlichen Unannehmlichkeiten zu genießen. Ich verrate dir jetzt mal etwas: Die Wahrheit ist, dass es darum geht, das Leben gerade wegen dieser Hürden und sogenannten Unannehmlichkeiten zu genießen. Erst dann wirst du lernen, das Leben zu lieben. Denn nur so begreifst du, welche Möglichkeiten sich dadurch bieten. Neue Perspektiven bleiben jedoch im Verborgenen, wenn du deine Haltung nicht ganz bewusst änderst. Ich helfe dir doch dabei!

Verstehe mich nicht falsch, ich freue mich, wenn du mich dabei unterstützen möchtest, Linderung meiner Beschwerden zu erfahren. Doch dein Fokus sollte nun mal nicht ausschließlich darauf gerichtet sein. Denn das wäre nicht nur falsch, sondern würde mich auch weiterhin daran hindern, meine Aufgaben mit dir zu erfüllen. Ich möchte dir doch so gern die Leichtigkeit des Seins zeigen. Ich tue es jeden Tag, aber du kannst es kaum erkennen, weil du nur die beschwerlichen Aspekte siehst. Dabei entgeht dir leider alles andere ... Und gib zu, dass Ivanhoe und ich dir mehr Freude als Leid bereiten! Wir machen es dir also gar nicht schwer; es sind lediglich deine Sichtweise und deine Haltung zum Leben, die dich blockieren. Lass dir von uns helfen, denn wir möchten nichts anderes, als Glück und Unbeschwertheit in dein Herz bringen. Aber eben so, dass sie dauerhaft dort wohnen können, ohne dass du sie gleich wieder hinauswirfst! Du wünschst es dir doch auch, also löse dich endlich von diesem furchtbaren Glaubenssatz und höre auf, dein Leben und vor allem dein Glück zu opfern! Du selbst musst aber diese Entscheidung in dir treffen. Ich bin an deiner Seite und helfe dir. Das habe ich schon immer getan. Warum sollte ich jetzt damit aufhören?! Doch nun haben sich ein paar Gegebenheiten geändert, mit denen wir uns neu arrangiern müssen. Denn da warten andere Dinge in der Zukunft auf dich, die du nur sehen können wirst, wenn du bereit bist, das Leben anzunehmen und es so zu lieben wie es ist, nämlich vielseitig."

Tobi sagt plötzlich nichts mehr und ich wage es einfach – trotz seiner bisherigen Aussagen –, ihn auf sein körperliches Befinden anzusprechen. Es hört sich nämlich für mich gar nicht so an, als würden ihn die physischen Aspekte sonderlich interessieren, da er ja offenkundig ein viel höheres Ziel anstrebt. Außerdem spüre ich keine Schmerzen bei ihm, was mich recht verwundert, denn Gabis Aussage deutete darauf hin, dass Tobi unter Schmerzen leiden würde. Entgegen meiner Annahme, zieht er sich aber bei dieser Frage nicht sogleich zurück, sondern übermittelt sogar seine Freude darüber. Er sagt Folgendes dazu:

„Wenn Gabi es schaffen sollte, nicht nur das äußerlich Sichtbare zu sehen, möchte ich sehr wohl Hilfestellung erfahren. Doch den Weg, den sie eingeschlagen hat, kann ich nicht gutheißen. Sie bemerkt leider nicht, wie sehr dieser Weg ihre Furcht immer weiter nährt, statt ihr Ruhe und Gewissheit zu bringen. Erleichterung wird es erst geben, wenn sie meine Botschaft beherzigt und in der Folge auch umsetzt. Dann erst kann mir geholfen werden, denn dies ist die Voraussetzung dafür. All diese qualvollen Untersuchungen könnte sie uns gern ersparen, denn sie führen nur dazu, dass ich noch mehr verspanne. Und sie übrigens auch. Was wirklich dahintersteckt, ist dieses Festhalten an alten Mustern, statt sie in Dankbarkeit loszulassen. Ich zeige ihr, was mit ihr los ist – einer muss es schließlich tun!"

Tobi schweigt nun wieder, jedoch erst, nachdem er mir noch einmal deutlich das Gefühl der Ablehnung hinsichtlich der Untersuchungen übermittelt hat. Er weiß sehr wohl, dass das alles nichts bringen wird, da die Problematik schließlich einem höheren Zweck dienen soll. Dies hat er seiner Meinung nach nun hinreichend dargelegt. Ich spüre an dieser Stelle, dass für ihn das Wichtigste bereits gesagt ist. Wenn es nach ihm ginge, könnten wir jetzt auch getrost die Kommunikation beenden. Ich habe jedoch immer noch Gabis offene Fragen vor mir liegen, sodass ich dazu übergehe, ihn nach der verbleibenden Zeit fragen zu wollen. Doch noch bevor ich es formulieren kann, fährt Tobi mir sozusagen über den Mund und sagt sehr energisch:

„Siehst du, genau davon spreche ich! Statt das jetzige Zusammensein zu genießen, denkt Gabi an die Zeit, in der wir physisch getrennt sein werden. Das ist doch absurd! Ich bin jetzt da, und zwar kraftvoller, als sie glaubt! Und was denkt sie sich eigentlich, wie das wäre, wenn ich ihr nun ein Datum nennen würde?! Dann wäre es ganz vorbei mit dem Genießen, und ich könnte nicht einmal ansatzweise meine Aufgabe mit ihr vollbringen. Dann könnte ich ja auch gleich gehen. Das will ich aber nicht, denn es gibt noch so viel gemeinsam zu tun. Sage ihr, dass ich solche Gedanken einfach nicht mehr will. Sie machen uns beide schwer und auch krank. Sie, weil sie dabei wieder einmal das Schöne verpasst, und mich, weil es mich unsagbar traurig macht und zudem erschöpft."

Aufgrund seiner Aussage traue ich mich nun wirklich nicht mehr, ihn zu fragen, ob er Zeichen geben werde, sofern er nach seiner jetzigen Inkarnation erneut zu Gabi zurückkehren wolle. Doch er bekommt natürlich meinen Gedankengang mit und sagt zu meinem Erstaunen doch etwas dazu:

„Selbstverständlich komme ich dann wieder. Doch mehr wird Gabi aus genannten Gründen heute nicht von mir erfahren. Ich möchte es sie nur deshalb wissen lassen, weil es dann eine Gewissheit ist, die ihr gut tun wird. Aber eigentlich weiß sie, dass wir nicht lange getrennt voneinander sein können. Doch es ist immens wichtig, dass ich in dieser Inkarnation meine Aufgabe erfülle, denn dann stehen neue an."

Ich stelle ihm die letzte Frage, bei der es darum geht, ob er sich im Zusammensein mit Ivy benachteiligt fühle. Hier richtet er erneut das Wort an Gabi und sagt:

„Ich genieße Ivys sprudelnde Kraft und profitiere sehr davon. Und im Gegensatz zu dir kann ich es genießen, ohne daran zu denken, wie es wäre, wenn auch meine Lebenssäfte noch so kraftvoll fließen würden. Du überforderst mich auch nicht mit eurem Aktionismus. Ebenso wenig, wie ich mich dadurch benachteiligt fühle. Du gehst *von deiner Denkweise aus, meine liebe Gabi, aber dies ist nicht meine Sicht auf das Leben!*

Du bemerkst sicherlich gerade selbst, wie fest dieser Knoten in dir ist und dass wir immer an denselben Punkt gelangen, nicht wahr? Dieses Thema ist tatsächlich ein Kernpunkt deiner Probleme und die Auflösung der Schlüssel zu einem glücklichen Dasein. Du musst es nur endlich mal erkennen, dann ist der erste Schritt bereits vollzogen. Und auch bei allen weiteren Schritten bin ich treu an deiner Seite. Traue dich, denn in Wahrheit hast du dabei nur eines zu verlieren: dein Unglücklichsein!"

Gabi und ich hatten im Anschluss ein sehr, sehr langes und intensives Gespräch. Sie bestätigte nach und nach alles, was Tobi mitgeteilt hatte. Dennoch sei es aber so, dass er offenbar Schmerzen habe, denn er könne sich kaum lösen. Sie betonte, dass Tobi sich tagtäglich beim Kotabsetzen regelrecht quäle; dem müsse sie unbedingt nachgehen. Ich teilte durchaus ihre Meinung, bat sie aber, sich im Klaren darüber zu werden, dass die wahre Ursache durch Tobis Botschaft bereits feststehe. Dies zu verinnerlichen, werde den wirklichen Durchbruch bringen. Sie fragte mich, ob sie denn nun den Termin in der Klinik absagen solle, und zwar auch deshalb, weil sich Tobi dahingehend überaus deutlich ausgedrückt habe. In der Tat seien die bisherigen Untersuchungen für ihn nicht nur unangenehm, sondern auch schmerzvoll gewesen. Es sei eine echte Tortur gewesen, ihn im Darmbereich untersuchen zu lassen. Ich riet ihr, diesen Termin trotzdem wahrzunehmen, denn sonst würde sie sich immer wieder fragen, was dabei herausgekommen wäre. Mehr noch, wenn – selbst zu einem viel späteren Zeitpunkt – ein bedrohlicher Befund erstellt würde. Allerdings würde ich an ihrer Stelle Tobis Botschaft beherzigen und mit eben dieser Haltung den Gang zur Klinik antreten. Es sei auch wichtig, auf ihr Gefühl zu hören und dementsprechend zu handeln, sodass sie sich zu keinem Augenblick von den beteiligten Ärzten die Zügel aus der Hand nehmen lassen dürfe. Nur so könne sie Einfluss auf das Ausmaß der Untersuchungen ausüben.

Gabi zweifelte jedoch daran, es zu schaffen, denn wenn sich Tobi so verhalte wie bei den bisherigen Tierarztbesuchen, sei es gewiss, dass sie nervös und zu nichts Konstruktivem mehr fähig sein würde. Ich entgegnete, dass Tobi sie nun aber durch seine Botschaft über die wahren Hintergründe aufgeklärt habe. Und wenn er all diese Dinge über sie richtigerweise wahrgenommen und mitgeteilt habe, warum sollte er dann nicht auch mitbekommen, dass sich an ihrer Haltung etwas geändert habe? Er würde sich dann bestimmt auch dementsprechend verhalten; sie solle bitte auf seine Weisheit vertrauen.

Dem hatte Gabi offenbar nichts mehr entgegenzusetzen. Doch dann kam in ihr der Gedanke auf, dass tatsächlich etwas Schlimmes – wie zum Beispiel ein Tumor oder etwas in der Art – diagnostiziert werden könne. Sie fürchtete, spätestens dann die Fassung und auch die Kontrolle über die Situation zu verlieren. Ich wies erneut darauf hin, dass ich mir dies nicht vorstellen könne, denn nichts in Tobis Botschaft deute Derartiges an. Außerdem habe ich keinerlei Beschwerden gespürt. Selbstverständlich könne es auch daran gelegen haben, dass er zum Zeitpunkt der Kommunikation einfach keine hatte, doch auch bei der Frage danach seien keine Hinweise auf bedrohliche Prozesse im Organismus gegeben worden. Dass da etwas sei, stünde für mich fest, denn schließlich habe er ja auch mitgeteilt, dass mit ihrer richtigen Haltung die Voraussetzungen für eine erfolgreiche Hilfestellung gegeben seien. Und genau auf diese Haltung käme es ihm an. Gleichzeitig wies ich sie aber darauf hin, dass ihre Reaktionen auf das, was ich ihr an Impulsen mitgeben würde, das von Tobi Gesagte noch zusätzlich untermauern würden. Denn statt auf die positiven Möglichkeiten zu blicken, richte sie ihren Fokus tatsächlich ständig auf die negativen Aspekte, die sich zeigen könnten. Die Betonung liege hier auf „könnten", nicht auf dem, was sein werde. Ihre einzige Chance, aus diesem Strudel negativer Gedanken herauszufinden, sei es, auf Tobi zu hören, ihm zu vertrauen und vor allem, den Willen dazu zu zeigen.

Gabi war verständlicherweise ziemlich aufgewühlt, doch am Ende des Telefonats war sie fest entschlossen, absolut alles in Tobis Sinne zu machen. Ich bat sie, mir nach dem Klinikbesuch zu berichten, denn ich wollte ihr einfach auch signalisieren, dass ich für sie da wäre – wie auch immer der Termin verlaufen würde.

Am nächsten Tag erhielt ich eine lange E-Mail von Gabi. Sie war nicht nur erleichtert, sondern richtiggehend euphorisch und glücklich. Der Termin in der Klinik war tatsächlich ganz entspannt verlaufen. Und außerdem hatte er Gewissheit darüber gebracht, dass Tobi wirklich nichts Schlimmes hatte.
Gabi berichtete, ihr Liebling habe sich bei diesem Termin von seiner allerbesten Seite gezeigt und schön brav mitgemacht. Aber sie habe eben auch darauf geachtet, dass nichts gemacht wurde, was für ihn schmerzvoll hätte sein können. Und so habe sich Tobi auch gleich beim nächsten Spaziergang ganz einfach lösen können.

Ich musste darüber wirklich sehr schmunzeln, denn in Wahrheit hatte sich Gabi gelöst und zwar von einer Haltung, die tatsächlich vor allem für sie selbst schmerzvoll gewesen war. Es freute mich, dass Gabi so viel Unterstützung erfahren hatte. Und außerdem bekam sie dadurch von Tobi einen Beweis geliefert, der ihr in ihrer weiteren Entwicklung sicherlich noch oft mehr Antrieb geben wird, wenn es darum geht, ihren ganz eigenen Weg zu gehen. Es freut mich außerordentlich, berichten zu können, dass Tobi auch mit der Aussage über bevorstehende Veränderungen richtig gelegen hatte. Diese Umbrüche gingen mit vielen Turbulenzen einher, die Gabi immer wieder straucheln ließen, doch ich erinnerte sie fortwährend an Tobis Botschaft und am Ende war es genau das, was für sie den Weg erleuchtete.

Tobi offenbart solche Wesenszüge, die ich an Tieren besonders schätze. Sie teilen uns mit, was wirklich wichtig ist, und zwar in aller Güte. Gleichzeitig sind sie dabei aber so deutlich und so bestimmt, dass kein Zweifel daran aufkommen kann, dass es genau diese Energie ist, die wir Menschen benötigen, um eine andere Betrachtungsweise als die bisherige annehmen zu können.

Sie haben auch schon durch meine vorherigen Bücher mitbekommen, dass ich selbst immer wieder mit den sogenannten „Schicksalsschlägen" zu kämpfen habe. Doch auch in mir vollzieht sich nach und nach ein Wandel. Ich leide immer noch, wenn eines meiner Schätzchen stirbt. Ich fände es auch seltsam, wenn dem nicht so wäre. Doch gleichzeitig bemerke ich eine leise Veränderung in meiner ganz eigenen Haltung hinsichtlich des Abschiednehmens. Diese habe ich vor allem den vielen Tieren zu verdanken, mit denen ich bisher schon kommunizieren durfte. Ihre Betrachtungsweise zu diesem Themenbereich habe ich mir sehr zu Herzen genommen. Zum einen, weil ich mich von ihren Botschaften angesprochen fühlte. Aber zum anderen auch deshalb, weil ich es als großen Fehler empfinden würde, nichts aus all diesen Weisheiten zu machen, die mir die vielen Tiere im Rahmen meiner Arbeit mit ihnen mitteilen. Ich habe mir Gedanken darüber gemacht und bin zu dem Schluss gekommen, dass all diese Arbeit ihren wahren Sinn nicht erfüllen kann, wenn ich nicht ganz und gar beherzige, was sich mir dabei offenbart.

Ein kleiner Schritt in die Richtung, in die mich die Tiere durch ihre Botschaften führen wollen, hat sich daher bereits in mir vollzogen. Auch hier hat sich wieder ein Tier zur Verfügung gestellt – in Form eines jungen Katers, der zu uns kam und kurz darauf begann, unkontrolliert zu zittern. Ich brachte ihn sofort zu den Spirits, die mir sagten, es läge eine neurologische Störung vor.
Ich dachte zuerst: „Das war´s?!" Ich war sehr ungehalten über diese überaus knappe Mitteilung meiner Helfer. Doch man kann auch bei ihnen nicht erzwingen, was nicht sein soll. Nach und nach wurde mir der Grund aber bewusst. Es wurde offensichtlich, dass unser Kater Louie eine wichtige Lektion für mich bereithielt. Und die Lösung war eben nicht, eine Erklärung der Spirits zu erhalten, sondern eine Erkenntnis zu spüren. Selbstverständlich haben wir auch auf der körperlichen Ebene alles probiert, doch die Symptomatik blieb: Unser kleiner Sonnenschein hat Parkinson.

Er selbst übermittelt aber seitdem mit aller Beharrlichkeit, dass er dadurch in absolut keiner Weise eingeschränkt sei. Er betont immer und immer wieder, es gehe ihm gut. In der Tat zeigt er ein sehr agiles Verhalten. Er ist stets aufgeweckt und munter, spielt ausgelassen mit unseren anderen Katzen und hat einen ausgeprägten Appetit, was aber auch daran liegen mag, dass die ständigen Muskelkontraktionen sehr viel Energie verbrauchen. Mit anderen Worten: Wenn das Zittern nicht wäre, würde niemand annehmen, er sei krank. Und er erklärt auch stets mit großer Vehemenz, dass er gar nicht krank sei und mit allem gut zurechtkomme. Insbesondere durch Louie und seine Art, mit dieser Erkrankung umzugehen, entwickelte ich nach und nach eine für mich völlig neue innere Haltung, denn ich wollte einfach auch nicht mehr auf ihn blicken und weinen müssen. Das tut weder mir noch ihm gut. Ich möchte die Zeit mit ihm – wie lange sie auch währen mag – einfach genießen. Er tut es auch. Sehr sogar. Dies zeigt er uns jeden einzelnen Tag in aller Deutlichkeit. Und er mag es auch nicht, wenn Menschen mitleidig auf ihn blicken.

Louie liebt das Leben und nimmt alles mit, was sich ihm auf seiner Reise zeigt. Und ich habe begriffen, dass es genau das ist, was auch ich im Zusammensein mit ihm lernen musste. Niemand sonst hätte dieses Werk vollbringen können. Mit großer Freude beobachte ich, wie die Menschen inzwischen auf ihn reagieren und dass sie nach dem anfänglichen Entsetzen über dieses Zittern sehr schnell bemerken, wie ausgelassen und fröhlich dieses besondere Wesen ist. Somit wird Louie von jedem, der ihn erlebt, sogleich zum absoluten Liebling unserer Katzenfamilie erklärt, und dies nicht etwa aus Mitleid, sondern weil seine Lebensfreude unsagbar ansteckend auf jeden wirkt.

Völlig unangekündigt meldet sich nun Carmen bei mir und sagt, dass auch sie das Leben in all seinen Facetten geliebt habe. Sie zeigt, wie sie all das gemacht hat, was sie unbedingt machen wollte. Sie lebte so, als gäbe es kein Morgen.

Und Carmen möchte allen trauernden Hinterbliebenen etwas mitteilen:

„Genießt eure Erdenzeit, denn sie ist kostbar! Ich habe es zum Glück getan und hatte wundervolle Eltern, die mir gestatteten, all die Erfahrungen zu machen, die wichtig für meinen Weg waren. Ich kenne hier viele Menschenseelen, die zu vieles bedauern – sowohl Dinge, die sie getan haben, als auch solche, die sie sich nicht getraut haben zu tun oder sich haben verbieten lassen.

Es ist auch nicht wichtig zu wissen, dass ihr mehrere Leben habt, in denen ihr auf Reisen seid, um Erfahrungen zu machen. Das Wichtige ist, das derzeitige Leben so zu leben, dass ihr glücklich gehen könntet, wenn heute dieser besondere Tag eurer Heimkehr wäre. Wir Seelen sind gern hier, aber wir lieben auch das irdische Leben. Wir blicken von hier aus anders darauf, doch wir lieben es. Und einige vermissen auch die Möglichkeiten, die sich auf der Erde bieten. Doch wenn die Zeit einer neuen Erdenreise noch nicht gekommen ist, helfen wir unseren Liebsten gern auf ihrem eigenen Weg.

Ich liebe beides – das Leben auf der Erde und auch das Leben hier in unserer wahren Heimat. Ja, ich vermisse meine Familie, aber nur deshalb, weil sie mich nicht immer wahrnehmen können. Ich stehe ihnen in jeder Lebenslage bei, so wie es viele andere auch bei ihren Liebsten tun. Und da gibt es keinen Unterschied zwischen Menschen- und Tierseelen. Wir alle lieben diejenigen, die wir für unsere Reisen gewählt haben. Und sie bleiben für uns weiterhin Wegbegleiter – wie wir umgekehrt auch für sie.

Ich würde mich freuen, wenn sich die Menschen mehr für uns öffnen würden, sodass wir ihnen besser beistehen können. Denn es ist uns nicht nur eine Ehre und ein Vergnügen, sondern darüber hinaus hilft es uns in unserer eigenen Entwicklung. Daher lasst uns euch helfen! Wir sind immer ganz in der Nähe derjenigen, die uns im Herzen und in ihren Gedanken bei sich tragen. Wir möchten euch helfen mit unserem Wissen und mit unserer Liebe.

Ich persönlich habe eine Vorliebe dafür, meinen Liebsten ein Lächeln aufs Gesicht zu zaubern. Das tue ich mittels schöner Empfindungen oder auch durch aufflackernde Erinnerungen. Diese öffnen das Herz, sodass unsere Kraft frei fließen kann. Wenn ihr Menschen das nicht zulasst, dann entgeht euch viel. Und es macht uns traurig, denn es ist, als würden wir Sturm klingeln, doch ihr macht uns nicht auf, obwohl ihr zu Hause seid …

Hört auf alle Weisheiten, die euch die Tiere bringen, denn oftmals sind sie auch Teil dessen, was euch Verstorbene schon längst mitteilen wollten. Da die Tiere uns wahrnehmen, bitten wir sie häufig, uns behilflich zu sein. Doch nicht immer wollen wir, dass man uns dahinter erkennt, denn es spielt keine Rolle, von wem die Hilfe zu euch gesandt wird.

Mein Herz lacht immer wieder, wenn ich meine Mama sehe, wie sie mit meiner Familie zusammen ist und in Freude an mich denkt. Denn dann lässt sie mich wirklich dabei sein. Wenn sie trauert, schließt sie mich aus, obwohl sie das so gar nicht möchte. Doch es geschieht. Es ist ein simpler energetischer Akt. Ihr solltet dies wissen, denn so ergeht es vielen hier. Das müsste aber nicht sein. Also öffnet eure Herzen für die, die sichtbar da sind, ebenso wie für die, die ihr nicht sehen könnt, die aber dennoch bei euch sind!"

Es ist ganz typisch für Carmen, dass sie mich völlig unvermittelt „erwischt" und ich freue mich immer wieder, wenn sie es tut, auch wenn sie mich meistens damit überrumpelt. Dies tut sie auch, wenn ich mit ihrer Mutter zusammen bin. Und das Schöne ist, dass ich meistens nichts mit Carmens Aussagen anfangen kann, Anita aber sehr wohl. Es ist für mich dann sehr ergreifend, miterleben zu dürfen, wie sehr es Anita erfreut, ihre Tochter so nah und so aktiv beim weltlichen Geschehen bei sich zu wissen.

Ständig währender Kreislauf

Auch wenn ich hier ein neues Kapitel beginne, so möchte ich dennoch eine weitere Tierbotschaft zum Thema Tod bzw. der Sorgen darum anbringen.

Tanja durfte erleben, wie ihre zuvor auf dramatische Art und Weise verstorbene Katze Gipsy gemäß eigener Angaben tatsächlich den von ihrer Menschenfreundin bevorzugten Weg wählte und als Hund über den Tierschutz heimkehrte. Doch statt sich einfach nur über diese wundervolle Erfahrung zu freuen, löste eben diese Rückkehr eine sehr destruktive Gedankenwelle in Tanja aus. Natürlich nahm ihr anderer Hund Lukas genau diese Prozesse in ihr wahr, sodass ihm nichts anderes übrig blieb, als ein paar Krankheitssymptome zu zeigen, die sein Frauchen zu einer Befragung veranlassen würden. Dass der Lümmel dies nur „vorgetäuscht" hatte, stellte sich allerdings erst durch die Kommunikation mit ihm heraus.
Zunächst einmal nahm ich den Auftrag als Notfall an, da Tanja verzweifelt um Hilfe bat, weil es ihrem geliebten Lukas so schlecht ginge. Herauskam diese überaus spezielle Botschaft, mit der er seine Tanja wieder auf den richtigen Pfad zurückführte.

Ich brauche Lukas erst gar nicht danach zu fragen, denn er signalisiert sofort, wie sehr er um das Geschehen im Inneren seiner Tanja weiß. Und so legt er auch sofort mit seiner Botschaft los, noch bevor ich ihn richtig begrüßen kann:

„Liebe Pina, es geht mir wirklich nicht so schlecht, wie Tanja gerade annimmt. Ihr größtes Problem ist leider der Gedanke an meinen Fortgang. Dieser nimmt in ihr mehr und mehr Raum ein, sodass es nicht nur für sie, sondern auch für mich langsam, aber sicher beschwerlich wird. Ich meine damit insbesondere unser vergnügliches Beisammensein. Dieses hat nämlich durch ihre Gedanken einen negativen Beigeschmack erhalten – und damit können weder sie noch ich das Jetzt genießen. Wann immer dieser Gedanke nicht von ihr Besitz ergreift, tollen wir wie zwei kleine Welpen herum. Wir sind dann ausgelassen, fröhlich und eben auch unbeschwert. Doch sobald Tanja diesem Gedanken Macht verleiht, ist es sogleich vorbei mit der Leichtigkeit und sie versinkt in einen Sumpf von schweren und trostlosen Visionen. Das sollte sie nicht tun!

Ja, meine Erdenzeit wird eines Tages zu Ende sein. Aber selbst wenn heute schon Tag X wäre, so würde ich voller Glück, Dankbarkeit und Erfüllung gehen. Ich habe Tanja sooo viel zu verdanken … Zufrieden würde ich allerdings heute nicht gehen können, denn den wichtigsten Part meiner Aufgabe hätte ich dann noch nicht vollbracht. Dabei hat Tanja doch an mir selbst erleben können, wie heilsam es ist, das Alte und die Furcht loszulassen. Sie setzt es aber nicht für sich selbst um. Es ist das große Thema in ihr, das sie sich immer wieder zurückzieht in dieses Muster, welches sie perfekt beherrscht: Wenn ich mich nur gut genug verstecke, dann findet mich das Leben nicht.

Doch da irrt sie gewaltig, denn das Leben findet sie. Insbesondere dann, wenn sie sich in ein Loch verkrochen hat und dort zusammengekauert still vor sich hin weint, weil sie Angst vor schmerzvollen Erfahrungen hat. Das Leben besteht aber nur zu einem Teil aus leidvollen Erfahrungen. Sie darf – insbesondere in der jetzigen Phase – so viele spannende Aspekte erleben, dass es eine Schande wäre, alles auf einen Moment zu reduzieren, der zwar weh tut, doch sicherlich nicht das Ende dieser wundervollen Reise bedeutet. Jetzt, da Tanja endlich begriffen hat, dass das Leben ein ständig währender Kreislauf ist und diese Bewegungen unendlich sind, sollte sie es auch im positiven Sinne für sich selbst umsetzen und sich sagen: Ja, eines Tages wird mein geliebter Lukas seinen von der Zeit verbrauchten Körper abstreifen und in einem neuen, glanzvollen Gewand wieder an meine Seite treten."

Nun richtet Lukas plötzlich das Wort direkt an Tanja und sagt:

„Eine so große Liebe kann doch gar nicht enden! Das würde jedem Sinn und Zweck der Lebensgesetze widersprechen. Und, Tanja, wenn es weh tut, dann doch nur, weil wir uns lieben. Aber wie bei einer Geburt wird der Schmerz vergessen sein, sobald das neue Leben dir in die Augen und somit ins Herz strahlt.

Ich weiß, du möchtest das gar nicht hören, aber ich bin hier, um dir vor allem Folgendes zu sagen: Ich freue mich bereits auf diese neue Inkarnation bei dir. Ich freue mich auf diesen Wiedersehensmoment und auf all das, was der Phase des Vermissens folgt. Ich schaue überhaupt nicht auf das Fortgehen an sich; noch nicht einmal auf das Wie. Es interessiert mich gar nicht. Und gerade jetzt freue ich mich einfach nur darüber, mit dir zusammen sein zu können. Es ginge mir noch besser, wenn du diese Hürde überwinden könntest und mich endlich mit allem, was dazu gehört, annehmen würdest. Denn dass ich da bin, bedeutet gleichzeitig, dass ich auch gehen werde. So ist das Leben. Und du sagst eher Ja zu deiner Angst als zu mir. Das solltest du nicht tun. Denn wenn du mich uneingeschränkt in dir und deinem Herzen sein lässt, wirst du sehr bald fühlen, dass es keine Trennung geben kann. Physisch ja, aber nicht seelisch. Und physisch kann ich jederzeit zu dir zurückkehren. Jetzt erst recht, denn du weißt nun, wie es geht."

An dieser Stelle muss er schmunzeln und es ist ganz deutlich spürbar, dass er jedwede Rührung in Tanja beobachtet hat, als es um Gipsys Rückkehr ging. Da er nichts mehr sagt, frage ich ihn, wie Tanja ihm helfen könne. Er schmunzelt erneut und teilt mit:

„Das habe ich doch gerade lang und breit erklärt! Mein Körper hat schon einiges mitgemacht. Doch dies gehört einfach auch zu den irdischen Gesetzen. Ich hadere nicht mit ihnen. Doch die Symptome, die Tanja wohl am meisten berühren, sind eben die, die aus ihrer starren Haltung entspringen. Sie kann also sehr wohl für Abhilfe sorgen …"

Ich frage Lukas, welchen Schritt er als nächsten tun will, und er antwortet darauf wie folgt, das Wort nun wieder an Tanja gerichtet:

„Die Frage sollte hier lauten: Welchen Schritt willst du, liebe Tanja, als nächsten tun?!
Ich habe dir bereits offenbart, was meine eigentliche Aufgabe mit dir ist. Es braucht nicht viel, um daraus erkennen zu können, was nun von deiner Seite aus getan werden sollte, damit wir beide den nächsten Schritt vollbringen können. Ich bin bei dir. Und schließlich ist es auch so, dass du aus dem, was ich dir gesagt habe, sehr wohl heraushören solltest, dass es noch nicht soweit ist mit meinem Fortgang, nicht wahr? Aber darum geht es hier nicht. Du bist auf einem guten Weg und ich möchte dir sagen, wie stolz ich auf dich

143

bin, denn du hast sehr viel Mut bewiesen. Nun solltest du aber auch hier nicht wieder den Rückzug antreten, weil dir das Offenbarte so übermächtig und damit unkontrollierbar erscheint! Wir Tiere haben keine Angst vor der allmächtigen Kraft, denn sie nährt und leitet uns auf unseren Reisen. Dich diese Gewissheit eines Tages selbst spüren zu lassen, ist unser größtes Ziel. Und wenn es soweit ist, wirst du sicherlich über dich selbst schmunzeln können …"

Ich konnte Tanja versichern, dass es ihrem Lukas wirklich gut gehe, denn er habe nicht einmal ansatzweise Unbehagen oder gar Schmerzen übermittelt. Sie bestätigte, dass sie seit der Ankunft von Eli – so heißt Gipsy heute – große Angst davor gehabt habe, Lukas würde nun gehen. Irgendwie hatte dieser Gedanke, dass Eli ihren Lukas ablösen könnte, so viel Raum in ihr eingenommen, dass in ihren Augen Lukas Tod so gut wie sicher war. Als dieser dann auch noch Krankheitssymptome gezeigt habe, sei sie völlig in Panik geraten. Was sich aber tatsächlich dahinter verbarg, haben Sie nun selbst lesen können. Und auch Tanja schaffte es in der Folge, nach und nach mit ihrem Lukas das Leben einfach zu genießen.

In der Tat ist es so, dass ich im Rahmen meiner Arbeit sehr häufig damit in Berührung komme. Und trotzdem kann ich mich – wie gesagt – nicht davon freisprechen, selbst noch gewisse Schwierigkeiten damit zu haben. Denn wir sind Menschen und so empfinden wir unser „Getrenntsein" auch entsprechend stark beim Verlust eines geliebten Wesens. Die Tiere befinden sich diesbezüglich in einer ganz anderen Verbindung aufgrund ihres höheren Bewusstseins, sodass sie es nicht als Trennung empfinden, wenn sie gehen. Wir aber leiden ganz furchtbar darunter. Oftmals sogar so sehr, dass ein Seelenverlust die Konsequenz ist. Ich selbst habe seinerzeit, als meine süße Jana mich bat, sie aus ihrem kranken Körper zu entlassen, einen Seelenverlust erlitten. Jana war ein Miniatur-Husky, einfach winzig klein geblieben, und meine ständige Begleiterin, mein Engel und zudem meine weise Assistentin. Sie war bei jeder Sitzung anwesend und erfreute mit ihrer besonderen Art und Weise, auf Besuch aus der geistigen Welt hinzuweisen, unzählige Klienten. Es war für mich unvorstellbar, ohne sie weiterleben zu müssen. Sie war erst zarte zwei Jahre alt, doch ein Gehirntumor verursachte zunehmend schwerere epileptische Anfälle, und da sie ihre Aufgaben bei mir bereits erfüllt hatte, verlangte sie das für mich damals Unmögliche von mir: Ich sollte sie einschläfern lassen. So kam es, dass ich vor der Tierarztpraxis selbst einen Anfall erlitt. Von da an habe ich keine Erinnerung mehr an das, was anschließend geschah, denn ich war einfach nicht mehr da. Eine Kollegin nahm auf Veranlassung meines Mannes sofort eine Seelenrückholung bei mir vor und traf meinen Seelenanteil bei Jana in der geistigen Welt an. Ich war ihr also stehenden Fußes gefolgt.

Sie sehen, all das Wissen um einen Teil dieser großen Zusammenhänge nutzen einem nichts, wenn man in der konkreten Situation einfach „nur" leidet. Wir können uns nicht davor schützen, in für uns subjektiv empfundenen traumatischen Situationen einen Seelenverlust zu erleiden. Darauf haben wir keinerlei Einfluss. Wenn es für unsere Seele emotional nicht mehr zu ertragen ist, setzt dieser Schutzmechanismus völlig ohne unser Zutun ein, und somit spaltet sich der Seelenanteil ab, der in der fraglichen Situation am meisten verletzt wird.

Da ich diese Erfahrung im Zusammenhang mit dem Tod einer meiner Lieblinge selbst gemacht habe, kann ich sie auch mit denjenigen unter meinen Klienten teilen, die ebenso unter dem Verlust ihrer Tiergefährten gelitten haben. Sie fühlen sich dann umso mehr verstanden. In der Gesellschaft ist es mitunter sehr schwer, Verständnis für diese tiefe Trauer zu erfahren, weil es ja „bloß" ein Tier war, das gestorben ist. Es geht aber nicht darum, was oder wen wir verloren haben, sondern einzig und allein um den Schmerz, den wir dabei empfinden. Und dass diese Empfindung überaus mächtig sein kann, erkennt man daran, dass die Situation nicht selten zu einem Seelenverlust führt.

Ich möchte damit keinesfalls behaupten, dass jeder, der um sein verstorbenes Tier trauert, einen Seelenanteil verloren hat. Doch wenn sich jemand nach dem Tod des Tiergefährten emotional und auch mental in einer stetigen Abwärtsspirale befindet, vielleicht sogar depressiv darüber geworden ist und seine Lebensfreude verloren hat, dann ist es durchaus denkbar, dass diese Erfahrung für ihn so furchtbar gewesen ist, dass sich ein Seelenverlust ereignet hat.

Da Sie dieses Buch lesen, wissen Sie nun zumindest, dass es eine mögliche Reaktion ihrer Seele auf einen solchen Verlust geben könnte. Es geht mir bei meinen Büchern in erster Linie darum, dem Leser aufzuzeigen, welche Möglichkeiten der Hilfestellung es gibt. Dazu gehört jedoch auch, dass ich die Situationen erläutere, die ursächlich damit zusammenhängen. Ich möchte aber in keiner Weise Behauptungen aufstellen, sondern nur einen kleinen Einblick in die Mannigfaltigkeit des Lebens in der Form gewähren, wie sie mir durch die geistige Welt – auch und insbesondere über die Tierseelen – offenbart wird.

Engel auf Erden

Dass wir uns oftmals das Leben mit unseren Gedanken schwerer machen, als es ohnehin schon ist, zeigt auch die folgende Botschaft einer jungen, schneeweißen Großpudelhündin namens Hilde. Die Menschengefährtin dieser Hündin, Marita, bat mich um eine Kommunikation, denn aufgrund ihrer eigenen fortschreitenden Krebserkrankung sorgte sich Marita um das Wohlergehen ihrer Hündin, wenn sie selbst nicht mehr leben würde. Es ging bei dieser Kommunikation also in erster Linie darum, was sich Hilde wünsche, wenn Marita sich nicht mehr kümmern könne oder gar sterben würde.

„Hallo Pina, wie schön, dass du da bist! Es wurde Zeit, obwohl genau jetzt der richtige Zeitpunkt hierfür ist. Ich möchte nun aber zu Marita selbst sprechen:

Liebste Marita, ich will einfach nicht, dass du dich so um mich sorgst, denn ich bin ein weiser Engel – wie du weißt – und in dieser Weisheit handle ich auch. Ich bin in dein Leben getreten, weil mich ein ganz spezielles Wesen darum gebeten hat, und eigentlich weißt du das auch tief in deinem Herzen! Sie wäre diejenige gewesen, die jetzt an deiner Seite wäre. Sie ist es auch so. Doch durch mich eben auch in physischer Gestalt.
Ich bin bei dir, weil du Beistand von ganz hoher Energie benötigst. Du bist in deiner Entwicklung schon so weit gekommen, dass dir kaum ein irdisch verbundenes Wesen helfen könnte, da es dich dort, wo du bereits angelangt bist, nicht erreichen könnte. Daher bin ich da! Aber auch das ist überhaupt nichts Neues für dich. Ich weiß

das, denn ich blicke geradewegs in deine Seele und erkenne dort alle deine spezifischen Windungen (individuelle Aspekte ihrer Seele).

Es ehrt dich, doch es gehört auch zu eben dieser Lebensphase, dass du im Hinblick auf mich das Physische allzu sehr in den Vordergrund stellst. Doch solltest du dabei nicht vergessen, dass es nicht um ein Entweder-oder geht, sondern um das Miteinanderverbinden. Es gilt also, alle Ebenen zu berücksichtigen. Immer!
Ich freue mich, wenn ich körperlich bei dir bin – ebenso wie ich diese seelische Verbundenheit mit dir genieße. Du solltest mehr beim Hier und Jetzt verweilen als beim Morgen und Übermorgen. Es liegt nicht an uns, das Morgen und schon gar nicht das Übermorgen zu planen! Auch das weißt du. Eigentlich ...
Ich will, dass du verstehst, dass es hier keinesfalls um das Verantwortungsthema geht, sondern um das Wie: Wie gestalte ich am besten und am sinnlichsten diese Phase?
Und sinnlich bedeutet in diesem Fall nichts anderes, als mit allen Sinnen zu erfahren und zu genießen. Du kannst das und du weißt, dass du es schaffen kannst, wenn du dich nicht in irgendwelchen Ablenkungen verlierst – weder in den selbst kreierten noch in denen, die dir von außen auferlegt werden. Das ist ein echtes Thema in deinem Leben, nicht wahr?
Ich bin bei dir. Das ist das Einzige, was zählt. Ich will, dass du das verinnerlichst. Und damit du dir selbst das Recht zugestehst, einfach zu sein, sage ich dir nun Folgendes: Ich selbst sorge für meine Zukunft, wenn sie angebrochen ist! Es liegt nicht in deiner Hand und auch nicht in deiner Verantwortung, dich darum zu bemühen. Ich tue das selbst! Ich kann dies im vollsten Vertrauen tun, denn ich bin in guten Händen – ebenso wie du selbst auch.
Achte auf das, was ich dir zeige. Und auch auf das, was sich in

unserem Zusammensein vollzieht. Selbst wenn ich nicht in deiner unmittelbaren Nähe bin, vollbringe ich meine Arbeit mit dir. Du wärest viel schwächer ohne mich. Ich gebe dir Kraft! Nicht nur mit meiner Präsenz, sondern vor allem energetisch. Das darfst du nicht vergessen! Und du solltest dich dabei auch nicht um mein Wohlergehen sorgen, denn ich trage so viel Kraft in mir, dass sie sich nicht so leicht verbrauchen kann. Deine hingegen schon, daher solltest du lernen zu nehmen …

Hier sind viele um uns herum, die ständig bei dir sind und dich halten. Ich meine damit nicht etwa die Inkarnierten. Lass dich von denen, die da sind, einfach tragen und auch wiegen, denn es ist Bestandteil unserer Heilungsrituale, die wir mit dir vollführen. Blockiere diesen Energiefluss nicht dadurch, dass du glaubst, dies nicht annehmen zu dürfen! Du hast so viel gegeben in deinem Leben – jetzt nimm dir endlich auch mal etwas! Es werden sehr schöne, sehr intensive Augenblicke kommen, und ich will, dass du sie mit allen Sinnen genießt. Dies ist derzeit deine wichtigste Aufgabe. Versprich mir, dass du meine Botschaft beherzigst, denn sie ist wirklich lebenswichtig!"

Marita war sehr berührt von dieser Botschaft, denn für sie war alles stimmig, vor allem der Hinweis darauf, wer sie tatsächlich zu ihr gesandt hatte. Marita hatte eine kleine Tochter verloren, wie sie mir berichtete, von daher konnte Hilde nur von dieser Seele gesprochen haben. Und ihre Hündin lag auch völlig richtig mit der Aussage, dass Marita all dies eigentlich schon wusste, jedoch annahm, es sei ihre Pflicht, sich beizeiten um die Zukunft dieses jungen Hundes zu kümmern. Hilde sei erst kurz vor der Diagnose in ihr Leben getreten und helfe ihr auf eine so unglaubliche Art und Weise, dass es ihres Erachtens wichtig gewesen sei zu fragen, was ihrer treuen Gefährtin bedeutsam erscheine. Dies hatte Marita durch diese Botschaft erfahren und konnte sich nun gänzlich dieser großartigen Hilfe eines besonderen Engels auf Erden öffnen.

Inzwischen ist Marita in die geistige Welt gegangen und es freut mich, dass sie durch Hildes Botschaft in der Lage war, ihre verbliebene Zeit zu nutzen. Sie wusste von Anfang an, dass es in ihrem Fall nicht darum ging, gegen den Tod anzukämpfen, sondern die Zeit hinsichtlich der noch offenen Entwicklungsstufen bestmöglich zu nutzen. Und ich weiß aufgrund der schamanischen Sitzung, die ich mit ihr erlebt habe, dass diese Angabe nicht nur so dahergesagt war, sondern aus der Tiefe ihrer Seele kam.

Marita fürchtete keinesfalls den Tod. Ihre einzige Sorge galt dem Wohlergehen ihres kleinen Engels, denn sie selbst war völlig im Reinen mit ihrem eigenen Schicksal. Doch genau dieser Kummer war es, der die Hilfestellung seitens der Hündin blockierte. Da Maritas großes Ziel aber tatsächlich darin bestand, ihr Leben in größtmöglicher Bewusstheit zu Ende gehen zu lassen, war sie hocherfreut, nicht nur den Segen, sondern sogar den Auftrag erhalten zu haben, sich dieser besonderen Unterstützung hinzugeben. Und Marita wollte unbedingt, dass ich Hildes Botschaft hier veröffentliche, denn sie meinte, ihre Geschichte würde sicherlich vielen Menschen helfen, die sich in einer ähnlichen Situation befänden. Und ich bin sicher, dass dies auch der Fall sein wird.

Im Namen aller Leser: Danke, liebe Marita, für diesen überaus wichtigen Beitrag zu diesem Buch. Und Dank auch an dich, liebe Hilde!

Opferbereitschaft

Dass wir sehr unterschiedlich auf ein und dieselbe Situation blicken, liegt in der Natur der Sache, da wir eine subjektive Wahrnehmung haben. Wie wir die Dinge betrachten, nehmen die Tiere selbstverständlich wahr. Nun liegt es an uns, uns für die Sichtweise der Tiere zu öffnen, denn wie Sie unschwer erkennen können, sind sie es, die in der Lage sind, eine Situation in all ihren Facetten zu betrachten. Ich glaube nicht, dass sie uns vorschreiben wollen, wie wir unser Leben führen sollen – obwohl sich unsere Lebensweise definitiv auch auf ihr eigenes Dasein auswirkt. Nein, sie möchten uns vielmehr einfach nur sehr wertvolle Hinweise geben, damit wir erkennen, dass es auch andere Aspekte im Leben gibt, die wir bisher nicht erkannt haben bzw. nicht sehen konnten. Aus welchen Gründen auch immer. Denn eines ist gewiss, auch wenn sie klare Worte sprechen, so wollen sie uns einfach nur helfen.

Einen anderen Engel auf vier Pfoten kennen viele von Ihnen bereits aus meinem letzten Buch. Seine Menschengefährtin Vera fürchtete seinerzeit nichts mehr, als dass ihr geliebter kleiner Wegbegleiter sterben würde. Allein schon der vorherige Tod von Peppinos Artgenossin Amber hatte diese Frau schwer mitgenommen. Sie nahm an, den Fortgang ihres Hundes nicht ertragen zu können. Ich durfte daher in den letzten Jahren nicht nur mehrfach mit Peppino kommunizieren, sondern ihn auch diverse Male ganz aktiv bei seinem Wirken erleben. Er begleitete seine Vera physisch wie energetisch während der gesamten schamanischen Ausbildung, die sie bei mir absolvierte. Auch bei einigen Familienaufstellungen leistete er seinen ganz eigenen und damit speziellen Beitrag. In einer seiner letzten Botschaften kündigte er an, dass er mit seiner Freundin Amber als Geschwisterpärchen über den Tierschutz heimkehren würde. Er hat Wort gehalten. Nachdem Peppino seinen 17 Jahre alten Körper abgestreift hatte, ist er mit seiner kleinen Schwester Lucy wieder zu Vera zurückgekehrt. Einige Monate nach Peppinos Rückkehr bat mich Vera um eine Kommunikation mit ihm, und obwohl es dabei in erster Linie um Vera ging, offenbarte diese überaus weise Tierseele ganz wichtige Aspekte.

Peppino weiß natürlich, worum es bei dieser Kommunikation im Kernpunkt geht. Ich brauche ihn daher gar nicht erst zu fragen, denn er legt sogleich mit der Übermittlung seiner ganz eigenen Wichtigkeiten los:

„Es macht mich sehr traurig, Vera so zu sehen, denn eigentlich hätte sie allen Grund, glücklich zu sein. Doch gerade empfindet sie es so, als würde alles wieder über sie hereinbrechen. Das ist zwar schlimm, aber unbedingt notwendig, denn sie braucht eine gewisse Motivation, um weiter auf ihrem Weg zu bleiben. Sie spürt selbst, dass ihre Entwicklung gerade stagniert. Es ist aber keinesfalls ein Rückschritt – so empfindet nur sie es. Dem ist definitiv nicht so! Es geht aber auch darum zu erkennen, warum die Dinge geschehen müssen. Vera nimmt wahr, dass hier etwas getan werden muss. Da hat sie auch recht mit – wie so oft. Das Schlimme daran ist nur, dass sie sich von diesem Gefühl völlig in die Tiefe reißen lässt. Und erst dann wird es falsch. Also, das Gefühl ist richtig, was sie daraus werden lässt, ist aber nicht förderlich. Für niemanden. Und am allerwenigsten für sie. Vera sollte jedoch auch wissen, dass es für ihre

wahre Berufung wichtig ist, diese tiefen Täler zu durchschreiten. So ergeht es uns Tieren auch. Und das Ziel der Entwicklung ist eben auch die völlige Empathie mit uns. Wir gehen, wie gesagt, auch oft durch tiefe Täler während unserer Erdenreisen. Der Unterschied ist eben nur, dass wir es aufgrund unseres Bewusstseins in völliger Klarheit tun und somit den wahren Sinn dessen erkennen, was nötig ist.

Vera wünscht sich, dass es einfach nur mal schön sein und bleiben sollte. Tja, für mich und auch für Lucy ist es durchaus so. Es macht uns aber betroffen, wenn wir sehen, dass Vera nicht die Möglichkeiten erkennt, die eine solche Phase in sich birgt. Wir haben ihr schon häufig durch solche Abschnitte geholfen. Immer und immer wieder. Und oftmals waren wir sogar der Auslöser für eine solche Phase des Gehens durch tiefe Täler. Du weißt das sicherlich noch ... Aber es dient einem höheren Zweck!

Ich habe nun darum gebeten, Vera etwas mehr über ihre Berufung offenbaren zu dürfen. Man hat es mir glücklicherweise gestattet. Endlich! Ich weiß nämlich, dass Vera, sobald sie ein Ziel vor Augen hat – und das ist es dann in jedem Fall, wenn sie um ihre wahre Bestimmung weiß – sehr wohl einen Sinn in allem erkennen wird. Lass mich daher nun zu ihr selbst sprechen, denn ich möchte unbedingt ihre Seele erreichen:

Liebste Vera, du hast bereits viele tiefe Täler erlebt und auch gemeistert. Du hast dadurch sehr viel lernen können. Diese tiefen Täler zu durchwandern, hat dich geschwächt, gleichzeitig aber auch innerlich gestärkt. Das wirst du zugeben müssen. Unser Ziel ist es, dir unser Bewusstsein für das Leben zu vermitteln. Dies ist nicht einfach bei den Menschen. Doch du kannst es, denn du trägst es in dir und wir helfen dir lediglich dabei, es endlich hervorzuholen.

Deine wahre Bestimmung liegt in der Arbeit mit uns Tieren. Doch du sollst dich von denen unterscheiden, die auf uns herabblicken und nur aus Geltungsbedürfnis vorgeben, uns helfen zu wollen. Und du sollst dich auch von denen unterscheiden, die ihren Fokus lediglich auf Äußerlichkeiten richten. Daher bist du derzeit von eben solchen Menschen umgeben, die genau das tun. Aber sie sind nicht da, um dich zu ärgern, sondern sie dienen der Aufgabe, dir zu zeigen, worum es wirklich geht und worauf du achten solltest. Das ist hier das Thema.

Dann gibt es auch noch diejenigen, die nur das Physische sehen und berücksichtigen. Du aber benötigst Möglichkeiten, um tiefer blicken zu können. Daher haben wir dich auf diesen Pfad geführt. Doch der entscheidende Punkt, der erreicht werden sollte, um eines Tages all diese Möglichkeiten in unserem Sinne anzuwenden, ist die richtige Haltung gegenüber dem Leben. Wir Tiere sehen uns nicht als Opfer. Es mag vielen Menschen so erscheinen, doch das liegt nur daran, dass sie auf uns herabblicken, unsere wahre Größe nicht erkennen können oder wollen. Dies ermöglicht ihnen, sich größer und damit besser zu fühlen. In Wahrheit aber wollen sie einfach nur von den eigenen Unzulänglichkeiten oder Komplexen ablenken. Es ist also für deinen Weg von großer Bedeutung, dass du immer beherzigst, dass wir diejenigen sind, die so weise und auch so groß sind, dass wir uns in der Lage sehen, einem höheren Ziel zu dienen und in diesem Zusammenhang Opfer zu bringen. Aber berücksichtige dabei, dass es nicht Opfer im menschlich geprägten Sinne sind. Wir wollen nicht als Opfer betrachtet werden. Wir sind diejenigen, die euch aus eurer Finsternis führen – das tun Opfer nicht!

Folge also dem Ruf in deinem Herzen und blicke in Liebe auf alle Tiere. Und wenn du uns in dieser Liebe wirklich verstehst, dann wirst du auch die Menschen lieben können – egal, wie sie sich nach *außen hin verhalten. Wir lieben die Menschen, daher helfen wir ihnen. Wir müssen nicht, aber wir wollen es so! Und wer für uns da sein will und uns bei unserer Engelsarbeit behilflich sein möchte, der muss ebenso wie wir die Menschen lieben. So einfach ist das! Und für dich birgt diese Arbeit mit uns auch Heilung, denn sie wird dir inneren Frieden bringen.*

Ich verrate dir hier etwas: Wenn du mit uns Tieren arbeitest und dem dazugehörigen Menschen Freude bringst, ist das für uns das größte Glück überhaupt! Und in der Folge ist es dann auch für dich so, denn du hast Mensch und Tier gleichermaßen zu Glück und Freude verholfen. Das ist es doch, worum es am Ende wirklich geht! Willst du Teil dessen sein?"

Ich finde Peppinos Botschaft deshalb so wichtig, weil er eine Betrachtungsweise offenbart, die uns Menschen sicherlich mehr als nur erstaunt und auch wachrütteln soll. Und eben weil Peppino betont, die Tiere seien keine Opfer, sondern würden Opfer erbringen, damit wir Menschen uns endlich weiterentwickeln, müsste es einem aufmerksamen Zuhörer nicht schwerfallen, zu der Erkenntnis zu gelangen, was Massentierhaltung tatsächlich für uns bedeutet.

Ich möchte mich an dieser Stelle keinesfalls im Für und Wider des übertriebenen Fleischkonsums verlieren, denn das würde uns von diesem Aspekt, der von Peppino angesprochen wurde, nur unnötig ablenken. Aufbauend auf seiner Aussage möchte ich aber sehr wohl das wiedergeben, was mir sowohl viele Tiere als auch die Spirits schon oft übermittelt haben, nämlich dass es weniger um eine dogmatische Haltung als um echtes Bewusstsein gehe.

Diese Grundthematik erkenne ich auch in Peppinos Botschaft, denn wenn sich die Tiere uns zuliebe zur Verfügung stellen, um uns zu spiegeln und zu übermitteln, mit welcher Haltung wir uns im Leben bewegen – gerade unseren Mitmenschen gegenüber –, heißt das in erster Linie, wir sollten diese Opfer anerkennen und würdigen. Keinesfalls aber berechtigt diese Aussage und die damit einhergehende Erkenntnis dazu, dass wir Menschen unverändert weitermachen sollten wie bisher. Nein, denn wer genau hinhört, der erkennt, was uns Peppino tatsächlich sagen möchte: „Seht hin, was ihr euch selbst antut!"

Ich glaube, dass wir nichts bewirken werden, wenn wir unseren Fokus von einem Extrem auf das andere richten. Sie können sich sicherlich vorstellen, wie häufig ich darauf angesprochen werde, ob es besser sei, sich vegetarisch zu ernähren. Ich persönlich vertrete die Ansicht, dass man es jedem selbst überlassen sollte, ob er Fleisch essen möchte oder nicht. Was aber sehr wohl im Sinne der geistigen Welt ist, das ist der Wandel im Umgang mit den Tieren, die uns nähren. Dies kann nur durch Bewusstseinsarbeit vollbracht werden, da es ein globales Problem darstellt. Und auch wenn noch viel auf diesem Gebiet geleistet werden muss, so sind dennoch bereits klare Tendenzen in diese Richtung zu erkennen – Gott sei Dank!
Doch ich wünschte, diejenigen, die sich dafür einsetzen, würden sich nicht so rechtschaffen präsentieren und nicht jedem, der auf Fleischkonsum nicht verzichten will, einzureden versuchen, er sei ein Mörder. Dies führt allenfalls dazu, dass der Betroffene, der gerade beginnt, sich für diesen Themenbereich zu öffnen, den Rückzug antritt, weil es sich falsch für ihn anfühlt. Falsch wäre in diesem Fall aber lediglich das rigide Verbot und

die eingeredeten Schuldgefühle. Auf diese Art und Weise mit Menschen umzugehen, ist in meinen Augen vergleichbar mit vielen anderen dogmatischen Haltungen, die eher das Gegenteil von dem bewirken, was ursprünglich erwünscht ist.

Wie ich bereits in meinem vorherigen Buch versucht habe zu vermitteln, gibt es viele Wege, die ans Ziel führen können. Und eine dogmatische Haltung ist in den meisten Fällen nichts anderes als eine Form von Fanatismus. Dies aber ist ein rein menschliches Konstrukt und widerspricht wahrhaftig allem, was ich bisher im Rahmen meiner Arbeit mit den Tieren und der geistigen Welt erfahren durfte.

Wir erleben insbesondere in der jetzigen Zeit verschiedene Ausprägungen von Fanatismus. Und viele regen sich darüber auf, wenn sie in den Nachrichten zum Beispiel mit den Problemen in islamisch geprägten Regionen konfrontiert werden und nennen diese Menschen Fanatiker. Selbst wenn ich Sie nun mit diesem Vergleich schockiere, so ändert es nichts an der Tatsache, dass es vom Grundgedanken her dasselbe ist, wie wenn ein Vegetarier zu einem Fleischesser sagt, er könne kein echter Tierliebhaber sein, solange er sie verzehre. Die Energie, die sich hinter einer derart wertenden und verurteilenden Aussage verbirgt, ist dieselbe. Es fällt den Menschen nur eben immer leichter, die Einstellung anderer zu kritisieren, als die eigene auf die ihr innewohnende Essenz hin zu durchleuchten ...

Wir treffen in vielen Lebensbereichen auf eben diese Energie, die sich hinter dogmatischen Haltungen verbirgt. Und dennoch erkennen wir oftmals nicht ihren Ursprung und die Globalität. Daher liebe ich es so sehr, sowohl mit den Tieren als auch mit den Spirits zu arbeiten, weil sie uns auf genau solche

Trugschlüsse in unserer Denkweise aufmerksam machen. Nicht etwa, um uns zu rügen, sondern um uns die Augen zu öffnen. Ich persönlich sehe darin die größte Chance auf ein allumfassendes Umdenken unter den Menschen.

Es leuchtet jedem ein, dass wir einen besseren Ort aus diesem Planten machen könnten, sofern es uns eines Tages gelingen sollte, den wahren Sinn des Lebens nicht nur zu begreifen, sondern auch umzusetzen. So aber zeichnen wir uns durch brutale Gewalt aus, hauptsächlich bedingt durch Intoleranz, Macht- und Profitgier und Überheblichkeit. Mitten in dieser Ignoranz finden wir dann all diese weisen Tierseelen, die uns trotzdem nicht aufgeben wollen – wie sollen wir Menschen uns jemals dafür in adäquater Form revanchieren können?

Ich möchte damit nicht etwa sagen, dass es das ist, was von uns verlangt werden könnte; ich möchte lediglich aus diesem Blickwinkel auf das Geschehen hinweisen, mehr nicht. Denn wer sich wirklich mit all diesen Lebensgesetzen, die hier von den Tieren und der geistigen Welt aufgezeigt werden, auseinandersetzt, wird nicht umhinkönnen, seine Sichtweise zumindest zu hinterfragen. Doch glauben Sie mir, es ist gar nicht so schwierig, wie wir annehmen. Es ist eben nur nicht bequem. Dafür aber ist es spannend.

Unverstandene Wesen

Sie können sich denken, dass die Tiere häufig nicht verstanden werden. Daher sehe ich es auch als meine Aufgabe an, hier aufzuzeigen, wie vielschichtig ihr Repertoire an Hilfestellungen ist, seien es bestimmte Verhaltensweisen, Krankheitssymptome oder spezielle Eigenheiten. Irgendwie müssen sie ja schließlich auf sich aufmerksam machen. Selbstverständlich kann ich hier nicht alle Varianten vorstellen. Zum einen, weil sie sicherlich unzählig sind, zum anderen, weil ich logischerweise nicht alle kennen kann. Doch ich bin der Überzeugung, dass hier mit einigen Beispielen sehr wohl bereits eine Offenheit für sämtliche Möglichkeiten geschaffen werden kann. Letztendlich geht es ja genau darum, dass wir uns für diese Ebene öffnen. Das schafft in erster Linie Verständnis und kann weitere Missverständnisse vermeiden.

Dies zeigt auch die nächste Kommunikation mit einer Katze namens Sunny. Ihre Menschenfreundin Svenja hatte sehr lange auf die Botschaft ihrer Katze warten müssen, doch nun war es endlich soweit. Wie unterschiedlich mir die Tiere gleich zu Beginn der Kommunikationen begegnen, haben Sie sicherlich bereits bemerkt. Mit Sunny begann die Unterhaltung beispielsweise zunächst sehr zögerlich. Das Schöne an dieser individuellen Art, mir in der Kommunikation zu begegnen, ist aber, dass meine Klienten schon in dieser ersten Reaktion ihr Tier wiedererkennen. Manchmal habe ich den Eindruck, dass mir die Tiere nicht nur deshalb so begegnen, weil es ihrem Wesen entspricht, sondern auch, um gleich zu Beginn einen „Beweis" zu liefern. Nun aber zu Sunny und ihrer ganz eigenen Sichtweise:

Sunny nähert sich mir vorsichtig, aber nicht aus Angst vor dem,
was kommt, sondern eher deshalb, weil sie sehr achtsam ist. Und
auch, weil sie mich erst einmal „abchecken" will. Ich spüre sofort
Traurigkeit bei ihr, sodass ich sie spontan nach dem Grund frage.
Darauf antwortet sie:

„Es macht mich traurig, dass ich von den meisten Menschen so un-
terschätzt werde. Manchmal liegt es wohl nur an meiner Statur,
aber oftmals auch daran, dass ich mich so unscheinbar gebe – doch
immer verkennt man mich! Ich bin nämlich eigentlich eine ganz,
ganz Große. Ebenso wie Svenja. Sie kennt es auch zur Genüge, dass
sie als Person verkannt wird. Ich jedenfalls finde es schade. Man
würde mich um einiges ernster nehmen, wenn die Menschen in
der Lage wären, mich in meiner wahren Statur zu sehen! Dies ist
auch der Grund, warum ich Berührungen in der Regel ausweiche,
denn meine Aura ist so groß und ausgeprägt, dass mich Berührun-
gen sogar schmerzen. Die Menschen dringen dann zu tief in mich
ein. Sage Svenja, dass ich es so handhabe, dass ich mein Energiefeld
schrumpfen lasse, wenn ich bei ihr Nähe und Berührung suche. Ei-
gentlich bräuchte ich diese körperbetonte Nähe gar nicht, denn ich
bevorzuge den energetischen Austausch. Ich tauche viel lieber mit
meinem Energiefeld in das von Svenja ein und stärke sie auf diesem
Wege. Das ist viel mehr mein Ding. Ich weiß sehr wohl, dass Svenja
sich für sie spürbare, also physische Berührungen wünscht. Doch sie
kann mir glauben, wenn ich ihr sage, dass sie von diesen anderen
Berührungen auf lange Sicht viel mehr haben werde ..."

Dann sagt Sunny nichts mehr und es scheint, als habe sie diesem
Thema von sich aus nichts mehr hinzuzufügen. Ich möchte dennoch
wissen, ob das der Grund sei, warum sie abends nicht zu Svenja ins

Bett komme. Sunny zögert ein wenig mit der Antwort, sagt dann aber an Svenja gerichtet:

„Hier gibt es einen anderen Grund; das hat nichts mit der Empfindlichkeit meiner Aura zu tun. Es ist so, dass du nachts all das herauslässt, was sonst in dir im Verborgenen wütet – im wahrsten Sinne des Wortes, denn in dir hat sich sehr viel Zorn angestaut!
Ich kann dann unmöglich in deiner unmittelbaren Nähe sein, auch wenn ich immer versuche, diese Energien zu kanalisieren, damit sie dir nicht noch mehr schaden, als sie ohnehin schon tun.
Es geht nicht gegen dich, dass ich nicht bei dir liegen kann. Wenn ich mich diesen Energien direkt ausliefern würde, dann könnte ich sie nicht mehr transformieren, weil sie mich besetzen würden. Und dann würde ich dadurch auch krank werden. Das willst du doch nicht!
Vertraue mir bitte, denn ich weiß ganz genau, was ich tue. Ich möchte aber auch, dass du lernst, die Dinge objektiver zu betrachten, denn das wird deine Wahrnehmungsfähigkeit enorm erweitern. Du bist nämlich eigentlich eine Seherin. Aber da du dich immer gleich ins Getümmel wirfst, entgeht dir vieles von dem, was sich offenbaren würde, wenn du alles aus einer höheren Warte und damit weniger persönlich betrachten würdest. Nun ja, dies ist ein anderes Thema, aber es gehört eben auch zu meinen Aufgaben mit dir. Ich bemerke jedoch, dass du dich dem noch nicht öffnen magst, daher werde ich geduldig warten, bis es denn mal soweit ist!"

Ich frage Sunny sodann, ob sie glücklich sei und ob sie sich noch etwas wünsche. Hier gibt es nun keinerlei Zögern mehr, sondern eine sehr prompte Antwort, das Wort dabei weiterhin an Svenja gerichtet:

„Ich bin glücklich bei dir! Und ich weiß, dass es jetzt noch besser wird, wenn du verinnerlicht hast, warum ich so bin, wie ich bin. Ich wünsche mir einfach nur, dass du dich bemühst, mich in meinem Kern zu sehen, so wie ich es auch bei dir tue. Das wünschst du dir doch eigentlich ständig auch für dich selbst. Es wird Zeit, etwas dafür zu tun! Der erste Schritt dahin ist, dir einzugestehen, dass du endlich erkannt, also wirklich gesehen werden willst. Wenn du weiterhin das Gegenteil behaupten willst, dann schaufelst du dir damit dein eigenes Grab, in dem du dann am Ende lebendig begraben liegen wirst. Also, gestehe dir dein Bedürfnis ein und tue den nächsten Schritt. Ich bin an deiner Seite und lasse dich niemals im Stich – aber tue etwas!"

Ich bewundere die Tiere für ihre Beharrlichkeit im Bemühen um unser Vorankommen! Sie nehmen zwar unser Unverständnis wahr, doch sie erfüllen ihre Mission – ohne den geringsten Zweifel am einem erfolgreichen Ausgang. Dabei spielt der Zeitfaktor offenbar meist keinerlei Rolle.

Wie sehr unsere Tiere ihren Fokus auf unsere Entwicklung gerichtet haben, zeigt auch die nachfolgende Kommunikation mit einem Pferd namens Billy. Dabei ist es für die Tiere erst einmal unerheblich, ob wir ihr Ziel begreifen oder nicht. Wenn sie dann aber mal die Gelegenheit geboten bekommen, darüber zu sprechen, ergreifen sie diese in der Regel auch sofort. Billy jedenfalls hat es genau so getan, wenn auch typischerweise auf seine ganz eigene Art und Weise. Doch nur so konnte Caroline die Botschaft ihres Pferdes überhaupt annehmen. Zum besseren Verständnis möchte ich an dieser Stelle hinzufügen, dass Caroline ihren Billy aufgrund einer bestimmten Begebenheit, die sie mir anschließend bei der Besprechung der Botschaft erläuterte, hatte fortbringen müssen. Und aufgrund seiner Reaktionen ihr gegenüber war Caroline sich gar nicht mehr sicher, ob er sich ihr überhaupt noch zugehörig fühlte. Offenbar litt sie sehr unter dieser unfreiwilligen Distanz zu ihrem Pferd, was auch der Grund für diese Befragung war.

Billy reagiert recht zurückhaltend auf meine Begrüßung. Nun ist es aber nicht so, dass ich behaupten könnte, er würde diese Kommunikation nicht wollen. Er möchte vielmehr erst einmal sehen, wie ich ihm begegne. Da ich zudem das Gefühl habe, diese verhaltene Reaktion könne auch daher rühren, dass er natürlich bereits weiß, welche Fragen ihn erwarten, lade ich ihn zunächst einmal ein, mir mitzuteilen, was ihm am wichtigsten erscheine. Offensichtlich habe ich damit genau den richtigen Ansatz für diese Kommunikation gefunden, denn Billy zeigt sich prompt wesentlich kooperativer als zuvor. Er zögert zwar noch ein wenig, doch dies liegt wohl eher daran, dass er überlegt, womit bzw. wie er beginnen soll. Ich lasse ihm Zeit, denn ich spüre, dass er nicht der Typ ist, der gern bedrängt wird. Es dauert eine Weile, doch dann beginnt er mit seiner Botschaft und wendet sich dabei gleich an seine Menschengefährtin Caroline:

„Ich möchte, dass du verstehst, dass es notwendig war, ein wenig Abstand einzunehmen. Du solltest nicht wütend auf mich sein, denn ich tat es zu deinem und zu meinem Besten. Die andere Option wäre Krankheit und Tod gewesen. Doch ich wusste, dass dich diese Variante zu sehr erschüttert hätte und du dich anschließend nicht mehr für mich und eine neue gemeinsame Zeit geöffnet hättest. So habe ich also diese Option gewählt, denn so bin ich nicht

wirklich weg und kann weiterhin mit meinen Möglichkeiten auf dich und deine Entwicklung Einfluss nehmen. Das tue ich nämlich schon von Anfang an.

Und das ist auch der Grund, warum ich dich erst einmal auf dich selbst zurückwerfen musste. Denn all diese Dinge – vor allem die Wut über diese ganzen alten Verletzungen in dir – hast du unbewusst auf mich projiziert. Damit sind sie aber längst nicht aus der Welt. Ganz im Gegenteil sogar. Denn wenn ich zulassen würde, dass du sie weiterhin auf mich überträgst, würden sie sich nur potenzieren – und am Ende würdest du immer noch schwer an deiner Last tragen. Und ich auch. Du siehst, damit wäre also niemandem geholfen! Hast du das verstanden?

Wenn du genau hingehört hast, dann wirst du bemerkt haben, dass ich dich gar nicht verlassen wollte. Niemals. Das will ich noch immer nicht! Mein Ziel ist es nach wie vor, nach Bewältigung dieser Phase wieder ganz in deiner Nähe zu sein. Denn wenn du endlich in dir die Dinge bereinigt hast, die dich seelisch und in der Folge auch körperlich krank gemacht haben, dann haben wir die perfekte Grundlage für unsere weiteren Schritte.

Caroline, es ist so wichtig, dass du endlich mal genau hinsiehst. Dann wirst du auch erkennen, was du tatsächlich alles klaglos hinnimmst. So entfernst du dich immer mehr von dir selbst. Du durftest noch nie einfach nur du selbst sein. Du hast jetzt aber lange genug darunter gelitten. Trotzdem: Dich blind für diese blutenden Wunden zu stellen, ist auch keine Lösung! Hast du dich nicht schon mal gefragt, warum ich nur auf einem Auge blind bin? Jetzt hast du eine leise Ahnung ... also, mach was daraus!

Es macht mich sehr traurig zu sehen, dass du immer mehr in dir selbst verkümmerst. Ich werde erst wieder an deine Seite treten, wenn du gewillt bist, die Caroline zu sein, die ich sehe und auch liebe. Ich mag die Caroline, die so gefällig ist, einfach nicht! Hau doch mal endlich für dich selbst mit der Faust auf den Tisch und sage ganz laut: ‚Jetzt ist aber Schluss – ich will leben! Ich will mein Leben leben!' Was hältst du davon? Ich zeige dir doch nur, was mit dir los ist. Denn so, wie dein Inneres für dich nicht mehr so leicht zugänglich ist, so ist es auch mit mir. Ich stehe von dir genauso weit weg wie dein eigenes und damit wahres Ich! Entscheidest du dich für diesen wundervollen Kern in dir, so ist dies gleichzeitig auch der Startschuss für mich, zum nächsten Schritt überzuleiten. Doch dafür musst du dich bewusst für dich selbst und für deine eigene Lebendigkeit entschieden haben.

Ich denke jeden Tag an dich. Jede Sekunde. Denn ich fühle deine Nöte, als wären sie meine eigenen. Doch jetzt war es endlich an der Zeit, dich über die wahren Hintergründe aufzuklären. Nun bist du nämlich bereit dazu. Die letzten Monate haben dich wirklich dafür sensibilisiert. Jetzt bleibe aber nicht stehen, sondern beherzige meine Worte der Liebe, des Verständnisses auf anderer Ebene und die Worte der ehrlichen Aufmunterung. Mehr möchte ich zu diesem Zeitpunkt nicht dazu sagen, denn es ist wahrlich aufwühlend genug für dich gewesen."

Damit verabschiedet sich Billy aus dieser Kommunikation und ich fühle mich zunächst reingelegt, denn so habe ich keine einzige von Carolines Fragen stellen können. Doch beim Durchlesen der Notizen auf meinem Zettel erkenne ich, dass Billy sie sehr wohl beantwortet hat. Jedoch mit dem Fokus auf den Dingen, die er als wesentlich erachtet hat. Und zudem hatte ich während der gesamten Kommunikation das Gefühl, dass es ihm zwar physisch gut ging, er aber begierig darauf wartete, dass sich bei Caroline etwas ändern würde, damit sie ihren weiteren gemeinsamen Weg – also Seite an Seite – endlich beschreiten könnten.

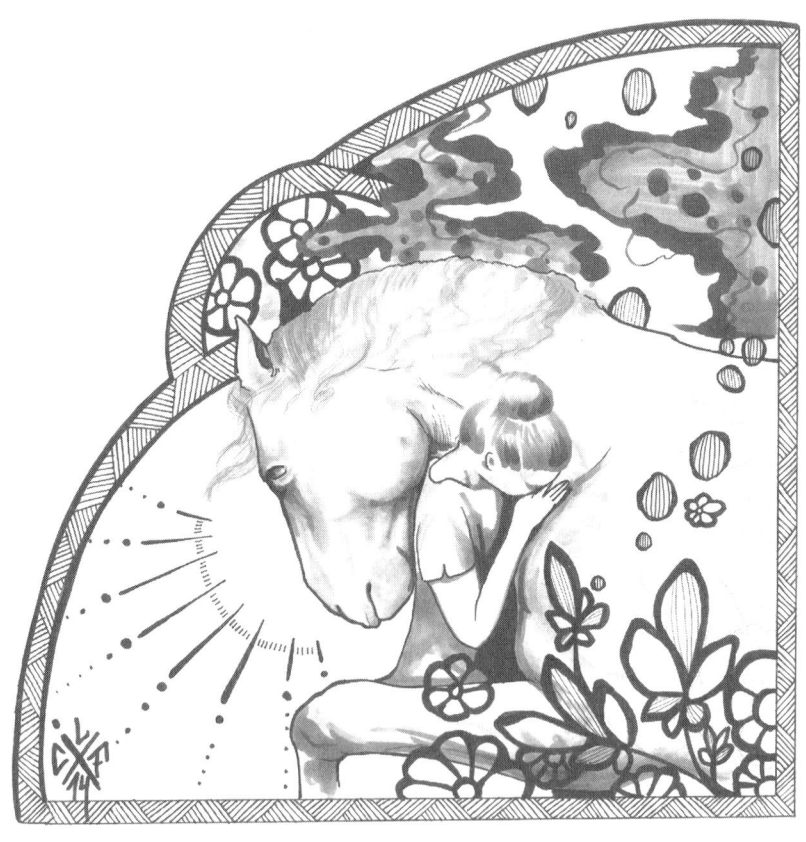

Bei der Besprechung von Billys Botschaft weinte Caroline sehr viel. Aus Rührung, aber auch, weil ihr nach fünf langen Jahren, in denen Billy sie nicht in seine unmittelbare Nähe gelassen hatte, nicht nur ein Stein, sondern eine ganze Bergkette vom Herzen fiel. Sie verstand sofort, wovon er sprach und gab ihm sogar in allen Punkten recht. Und genau das war der richtige Ansatz für beide. Für Caroline, um in ihrem Leben endlich eine Veränderung in die richtige und für sie heilsame Richtung vorzunehmen. Und für Billy, um seinem selbst erklärten Ziel ein wenig näherzukommen.

Caroline teilte mir am Ende unseres Telefonats mit, dass sie wirklich große Angst vor dem Ergebnis dieser Befragung gehabt hätte. Und nun, da sie es kenne, sei sie zwar sehr aufgewühlt, dennoch sei Billys Botschaft heilsam für sie.

Ich kenne das im Grunde nicht anders von meinen Klienten. Trotzdem muss ich immer wieder schmunzeln, wenn ich zu Beginn einer Besprechung höre, wie sehr die Tierbotschaft herbeigesehnt wurde. Wenn es dann endlich soweit ist, überwiegt plötzlich die Angst davor. Ich finde, dies ist verständlich, weil es eben menschlich ist. Und wenn wir unseren Tiergefährten lieben und uns hinterfragen, dann bestehen da auch immer Zweifel, ob unsere Handlungsweisen richtig und somit im Sinne unseres Lieblings sind. Doch bisher habe ich es noch nie erlebt, dass derartige Sorgen von den Tieren bestätigt wurden. Im Nachhinein war bisher jeder froh und glücklich darüber, den Mut für diesen Schritt aufgebracht zu haben. Genau das ebnet den Weg für mehr und vor allem für ein tieferes Verständnis.

Da es oft um dieses tiefere Verständnis geht, lassen Sie mich kurz auf eine andere Art davon blicken – auf mehr Verständnis für uns selbst und unsere Unzulänglichkeiten. Wir Menschen haben sicherlich noch viel zu lernen auf unserem Bewusstseinsweg. Doch ich halte es in diesem Zusammenhang auch für außerordentlich wichtig, dennoch – oder vielleicht gerade deswegen – Mitgefühl für uns selbst aufzubringen. Sie haben ja bereits festgestellt, wie oft die Tiere in den Botschaften davon sprechen, dass ihr Menschengefährte aufgrund von alten Verletzungen oder negativen Erfahrungen sein wahres Sein nicht ausleben kann. Sie weisen dann auch gern auf Probleme hin, die daraus resultieren. Oder es ist die Rede davon, dass der Mensch sein wahres Potenzial nicht leben kann oder keinen Zugang mehr dazu hat. Das sind alles wichtige Hinweise, doch sie bedeuten nicht, dass wir uns deshalb verurteilen sollten. Aber auch nicht, dass wir uns darauf ausruhen sollten. Und wir haben alle keine Schalter an uns, an denen sich traumatische Erlebnisse, prägende Erziehungsmaßnahmen oder Glaubenssätze einfach ausstellen lassen. Das wissen selbstverständlich auch die Tiere. Ihre Hinweise dienen also eher dem Zweck, uns auf diese Dinge hinzuweisen und auch auf die jeweiligen Auswirkungen.

Ich halte es für unbedingt notwendig, dass wir für unsere eigenen seelischen Belange ebenso Mitgefühl aufbringen wie für die anderer. Es geht ganz und gar nicht um Selbstmitleid, sondern um Verständnis für die eigenen Wunden und deren Folgen. Ich habe einleitend bereits darauf hingewiesen, dass ich Beispiele aus meiner schamanischen Arbeit mit Menschen nennen werde, wo es angebracht erscheint. Inzwischen haben

Sie anhand einiger Tierbotschaften erkannt, wie wichtig dieser Aspekt auch im Rahmen meiner Arbeit mit den Tieren ist. Ich möchte daher an dieser Stelle einige Beispiele für Seelenverluste bei Menschen schildern. Und vielleicht finden Sie sich selbst in einem dieser Beispiele wieder oder jemanden, den Sie kennen. Vielleicht treffen Sie aber auch bald auf jemanden, bei dem Sie das eine oder andere, was ich hier anspreche, entdekken. Egal wie, das Wissen um diese Möglichkeiten wird auch bei Ihnen mehr Verständnis schaffen. Nicht nur für andere, sondern insbesondere für sich selbst. Wenn Sie kein Verständnis für sich selbst empfinden, können Sie kein Mitgefühl für Ihre eigenen Wunden aufbringen. Demzufolge werden Sie eine Härte gegen sich leben, die Ihnen schlussendlich nur weitere Wunden verschafft. So aber entkommt man dieser Spirale nie. Also beginnen wir langsam damit, ein wenig mehr auf unsere Seelenlandschaft zu blicken, denn dies ist der erste Schritt zur Heilung.

Bevor ich Beispiele aufzeige, möchte ich erneut daran erinnern, dass wir keinen Einfluss darauf haben, wie unsere Seele auf traumatische Erfahrungen reagiert. Der Seelenverlust ist ein ebenso wichtiger wie notwendiger Schutzmechanismus, da wir diese Situation anderenfalls emotional nicht überleben würden. Wer dies verinnerlich hat, der wird konsequenterweise mit mehr Verständnis auf die daraus resultierenden Kompensationsmechanismen reagieren, denn sie sichern uns das Überleben. Ich bedauere es daher sehr, dass so viele Menschen glauben, man müsse altbewährte Überlebensmechanismen sofort abstellen können, sobald man sie in sich entlarvt hat. Das ist ebenso dumm wie kontraproduktiv, denn wie der Ausdruck selbst schon verrät, hat uns dieser Mechanismus das Überleben ermöglicht. Das heißt, dass unser gesamtes System Alarm schlagen und selbstverständlich unsere Bemühungen boykottieren würde, sofern wir diesen Überlebenstrick zu beseitigen versuchten. So könnte man sich endlos mit diesem Vorhaben beschäftigen, ohne nennenswerte Erfolge zu erzielen. Viel wichtiger wäre es zu erfahren und zu erkennen, warum ausgerechnet dieser Überlebensmechanismus notwendig geworden ist, denn dann räumen wir ihm eine Daseinsberechtigung ein. Damit wäre der erste Schritt schon vollbracht. Setzen Sie sich am besten sogleich die richtigen Ziele, dann werden Sie am Ende nicht von sich selbst enttäuscht sein und frustriert aufgeben. Also: Nicht der Überlebensmechanismus muss transformiert werden, sondern der Grund, weshalb er überhaupt notwendig geworden ist! Sobald die wahre Ursache aufgelöst ist, wird auch der Mechanismus nicht mehr notwendig sein.

Ich beginne mit einem häufig auftretenden Trauma, nämlich einem Seelenverlust, der sich während der Geburt ereignen kann. Stellen Sie sich vor, das Ungeborene bleibt während des Geburtsprozesses im Geburtskanal stecken. Es geht weder vor noch zurück und es wird kritisch. Heutzutage stellt man oftmals auch mittels technischer Überwachungsmöglichkeiten fest, dass die Herztöne des Babys Unregelmäßigkeiten aufweisen. Die Technik kann jedoch leider nicht erfassen, was die Seele dieses jungen Menschen gerade durchmacht und wie sie diesen Vorgang empfindet. Ich erlebe währenddessen nicht selten, wie sich das Kind ausgeliefert fühlt und diesen Gang ins Leben als überaus bedrohlich erfährt. Auch wenn durch beherztes Eingreifen des helfenden Personals das Kind am Ende physisch unbeschadet auf die Welt kommt, beginnt dieser Mensch bereits mit halber Kraft seine Erdenreise, sofern sich dabei ein Seelenverlust ereignet hat. Viele dieser Babys, die während des Geburtsprozesses stecken bleiben, kommen mit Todesenergie in Berührung. Das ist erschreckend, aber leider die Wahrheit. Wenn sich beim Kind auch noch die Nabelschnur um den Hals gewickelt hat, wird die Sache „nur" noch dramatischer und es kommen weitere und nachhaltig negativ prägende Erfahrungen hinzu. In jedem Fall empfindet die Seele diese Situation als lebensgefährlich. Folglich kann dieser Mensch, der schon mit dem Erblicken der Welt sein Urvertrauen ins Leben verloren hat, nur überleben, indem er versucht, die Kontrolle zu übernehmen. Dies tut er niemals kognitiv, aber die Seele möchte niemals mehr in eine solche Situation geraten, sodass ihr Überlebensmechanismus darauf ausgerichtet sein wird, sich nie wieder im Leben derart ausgeliefert zu fühlen. Kein Wunder, dass die Betroffenen später oftmals kaum in der Lage sind, den Fahrstuhl zu benutzen oder eingesperrt in einem Flugzeug zu sitzen. Die Situation ist dann nur scheinbar anders, aber die Essenz ist dieselbe: Man ist ausgeliefert und das eigene Überleben hängt von jemand anderem ab. Das ist es, was die Seele dann spürt, alles andere ist nur nebensächlich für sie.

Das wirklich Schlimme an einem so frühen Seelenverlust ist, dass der Mensch keine bewusste Erinnerung mehr an dieses Erlebnis hat, aber eben auch nicht daran, was es heißt, Urvertrauen in sich zu tragen und dies zu empfinden. Der Betroffene steht dem automatisch einsetzenden Überlebensmechanismus erst einmal völlig wehrlos gegenüber und versucht unbewusst, dem Leben und seinen Unwägbarkeiten irgendwie entgegenzuwirken, weil er auf alles vorbereitet sein will. Für diejenigen, die dieses Problem nicht kennen, ist es einfach zu sagen, dieser Mensch müsse nur mal „loslassen". Doch so leicht ist das nicht, wenn diesem Kontrollbedürfnis ein solch einschneidendes Erlebnis zugrunde liegt und der Mechanismus einem wenigstens ein Pseudogefühl von Sicherheit vermittelt.

Das nächste Beispiel wird jedem aufmerksamen Leser die Augen öffnen; vielleicht über das eigene „Programm" oder dem von Bekannten, weil es leider recht verbreitet ist. Aber auch wenn ich hier zum Veranschaulichen Beispiele anbringe, möchte ich noch einmal betonen, dass jeder Fall sehr individuell ist und somit jede Arbeit mit dieser Thematik ganz unterschiedliche Aspekte offenbart.

Wir haben es in diesem fiktiven Fall mit einem Kleinkind von etwa 4 Jahren zu tun. In diesem zarten Alter dominiert noch die Emotionalität und nicht die Ratio, sodass wir sehr sensitiv sind und dementsprechend auf Situationen reagieren. Nun kann es sein, dass dieses Kind bei seinen Eltern wahrnimmt, dass sie ganz bestimmte Vorstellungen davon haben, wie es vom Wesen her sein sollte. Gleichzeitig spürt und weiß dieser junge Mensch aber, dass es diesem Bild nicht entspricht. Nun ist es so, dass ein Kind nichts mehr will und braucht als das Gefühl, angenommen und geliebt zu werden. In der Folge kann es sein, dass es seine eigene Identität ablehnt und versucht, den Erwartungen seiner Eltern zu entsprechen. Es ist bestrebt, das „gute Kind" zu sein. Es zahlt einen hohen Preis, um geliebt zu werden, denn im Laufe der Jahre entwickelt sich dieser Mensch zu einem regelrechten Spezialisten auf diesem Gebiet: Er „scannt" nun jeden, mit dem er zu tun hat, um erst einmal festzustellen, wie sein Gegenüber ihn gern hätte. Das heißt, dieser Mensch wird sich nicht nur den Erwartungen seiner Eltern anpassen, sondern in der Folge auch den Vorstellungen anderer. Bei Lehrern, Freunden und erst recht bei späteren Partnern. Vergessen Sie nicht, dass er gar nicht mehr anders kann, da er ja seine eigene Identität bereits früh verloren hat. Und er muss diesen Überlebensmechanismus weiter anwenden, da er sonst Gefahr laufen würde, genau das zu erfahren, was er am meisten befürchtet: abgelehnt und somit nicht angenommen und geliebt zu werden. Er tut das alles völlig unbewusst. Und wenn es ihm dann auffällt, wie angepasst er lebt, macht es die Sache nicht besser. Selbst wenn er den wahren Hintergrund kennt – solange der Seelenanteil mit der eigenen Identität abgespalten bleibt, hat er keinen Zugang zu ihm. Nicht selten endet es damit, dass der Betroffene sogar Selbsthass entwickelt. Dennoch kann er diesen Mechanismus nicht einfach abstellen.

Dieser Mensch wird in der Gesellschaft gern als „Fähnchen im Wind" dargestellt, doch in Wahrheit verdient der Betroffene unser aller Mitgefühl, denn er weiß einfach nicht mehr, wer er in Wahrheit ist oder was ihn als Mensch ausmacht. Mich persönlich macht so etwas immer sehr betroffen, daher spreche ich mit einem solchen Klienten immer über sämtliche Auswirkungen seines Seelenverlustes, eben damit er versteht, wie er zu dem geworden ist, was er selbst so stark verurteilt. Sobald dieser Mensch seine wahre Identität zurückgewonnen hat, kann er seine eigene Persönlichkeit erst wirklich entfalten.

Sie sehen anhand dieses Fallbeispiels, wie wichtig es ist, nicht voreilig über Menschen zu urteilen, von denen wir eigentlich nichts wissen. Denn was Sie äußerlich bei diesem Menschen wahrnehmen, ist allenfalls das Ergebnis des Überlebensmechanismus, nicht aber das, was ihn im Kern ausmacht.

Ein anderes Beispiel für einen Seelenverlust stelle ich hier besonders gern vor, weil er durchaus auch im Zusammensein mit unseren Tiergefährten auftreten kann.

Es geht dabei um den Verlust eines geliebten Wesens, wozu auch unsere tierischen Freunde gehören können. Stellen Sie sich vor, der Verlust eines geliebten Menschen oder Tiergefährten reißt Ihnen dermaßen den Boden unter den Füßen fort, dass Sie darüber jeglichen Lebenswillen verlieren. Ein Teil Ihrer Seele könnte dem Toten gefolgt sein, sodass Sie demzufolge einen Drang ins Jenseits in sich tragen, den Sie noch nicht einmal bewusst wahrnehmen. Doch wenn sich ein Seelenanteil bei dem Toten im Jenseits befindet, dann ist ein solcher Drang vorhanden und unbewusst geben Sie ihm nach. Dafür gibt es unzählige Möglichkeiten, wozu auch sämtliche Suchtvarianten zählen können.

Gerade dann, wenn sich ein Kompensationsmechanismus über eine Sucht zeigt, ist es meines Erachtens umso wichtiger, Verständnis für die betroffene Person aufzubringen, denn diese leidet am allermeisten unter ihrer Verfassung. Ich begreife nicht, wie es sein kann, dass sich diese Person auch noch von Menschen umgeben sieht, die glauben, es müsse bei entsprechender Einsicht doch eigentlich ganz leicht sein, das Suchtverhalten einfach aufzugeben! Oftmals bekommen sie zu hören, dass ihnen offenbar der nötige Wille fehle.

Aber ich frage Sie: Eine Frau, die ihrem unbewusst wirkenden Nein dem Leben gegenüber dadurch Ausdruck verleiht, indem sie nichts mehr isst oder das Essen erbricht, ist doch kein dummer Mensch! Sie weiß sehr genau, was sie da tut. Doch sie ist diesem Mechanismus ausgeliefert, ebenso wie die anderen Personen, deren Seele über eine Sucht um Hilfe schreit.

Vielleicht helfen Ihnen diese kurzen Einblicke in meine schamanische Arbeit, den einen oder anderen Betroffenen mit verständnisvolleren und mitfühlenderen Augen zu betrachten. Das würde mich sehr freuen. Und wenn Sie es sowieso schon tun, erhalten Sie hierüber vielleicht eine Bestätigung für Ihr Empfinden – dann baut sicherlich die geistige Welt schon längst auf Ihre Empathie, damit endlich mehr davon auf dieser Erde gelebt wird.

Ein letztes Beispiel möchte ich noch hinzufügen, weil die Tiere häufig davon sprechen, dass jemand sein altes Wissen aufgrund eines Traumas nicht mehr anwendet oder sich nicht traut, dieses auszuleben. Wenn es um den fehlenden Zugang zum eigenen Potenzial geht, kann die wahre Ursache durchaus auch in einem früheren Leben zu finden sein. Bei der Hexenverfolgung im Spätmittelalter wurden in erster Linie Heilkundige hingerichtet, die nicht selten eben ihrer Verbundenheit zur geistigen Welt entsprechend außergewöhnliches Wissen und Können aufwiesen. Wenn dieser traumatische Tod mit dem Ausleben der Spiritualität assoziiert wird, ist es meines Erachtens verständlich, dass wir so viele Menschen um uns herum haben, die zwar medial sind, sich jedoch nicht trauen, es auszuleben. Und, glauben Sie mir bitte, wenn ich Ihnen sage, dass diejenigen, bei denen wir zwar gewisse „Antennen" wahrnehmen, die aber mit aller Vehemenz die andere Welt verleugnen, oftmals ein derartig schwerwiegendes Trauma in sich tragen. Ich finde, man muss es den Menschen selbst überlassen, wie sie mit ihrer Medialität umgehen. Wenn ihre Todesangst immer noch so groß ist, dass sie entschieden haben, ihrer Spiritualität abzuschwören, dann steht es meines Erachtens niemandem zu, diese Entscheidung zu kritisieren. Bedauern kann man sie, ja, aber niemals kritisieren, denn das wäre mal wieder die leichteste Übung.

Viel schwerer hingegen ist es, Mitgefühl und Verständnis für den Betroffenen aufzubringen – auch ohne Hintergrundinformationen. Es wäre schön, wenn wir Menschen eines Tages an den Punkt gelangen würden, an dem wir Mitgefühl für andersdenkende und andersfühlende Menschen aufbringen können. Ganz einfach aus dem Wissen heraus, dass es einen triftigen Grund dafür gibt, dass diese Person so ist, wie sie ist.

Ich habe Ihnen nur einige wenige Beispiele aus der schamanischen Praxis mit Menschen gezeigt, doch ich glaube, sie werden dennoch dazu beitragen können, dass das Verständnis wächst. Auch im Hinblick auf das, was uns unsere Tiergefährten sagen. Über all diese Dinge wissen sie besser Bescheid, als ich es als Mensch wohl jemals in der Lage sein werde zu tun ...

Sanfte Riesen

Tieferes und damit allumfassendes Verständnis aufzubringen ist, wie Sie sehen, ein überaus wichtiges Thema in der heutigen Zeit. Doch besonders am Herzen liegen mir dabei die Belange der Pferde. Wie oft sie mit Missverständnissen seitens der Menschen zu kämpfen haben, erlebe ich fast täglich. Ich spreche hier nicht allein davon, dass Pferde noch viel mehr „funktionieren" müssen als andere Tierarten. Mir geht es insbesondere darum, dass dieses Unverständnis leider häufig zu gravierenden Fehlentscheidungen seitens der Menschen führt und der Gang zum Schlachter oftmals als die einzige Lösung angesehen wird.

Inzwischen glaube ich, dass es den Pferden noch schwerer fällt, ihre Mission mit dem auserwählten Menschen zu erfüllen, als es unter den Tieren ohnehin der Fall ist. Doch allein schon aufgrund der Einstellung vieler Menschen ihrem Pferd gegenüber entstehen Probleme, die in dieser Form sicherlich nicht sein müssten. Daher ist es mir ein dringendes Bedürfnis, auch in diesem Buch jenen sanften Riesen einen entsprechenden Raum zu geben, damit Sie als Leser – ob Pferdemensch oder nicht – vielleicht zukünftig dazu beitragen können, dass auch diese Tiere besser erkannt und verstanden werden.
Mir ist durchaus bewusst, dass Sie, lieber Leser, nicht zu dieser Sorte Mensch gehören, die ich letztendlich erreichen möchte, denn sonst würden Sie sich nicht für dieses Buch interessieren. Aber viele von Ihnen kennen vielleicht solche Pferdehalter und könnten einen wertvollen Beitrag dazu leisten. Nicht in

missionierender Form. Aber vielleicht regt ein einziger Gedanke schon etwas an, was am Ende dem einen oder anderen Pferd dienlich sein könnte.

Wie wichtig es gerade bei dieser Arbeit ist, dem jeweiligen Wesen mit Achtsamkeit zu begegnen und auf das ganz individuelle Sein einzugehen, zeigt folgende Kommunikation mit einer Stute namens Pink.

Ich bekomme sofort Gänsehaut und auch Herzrasen, sobald ich mit Pink verbunden bin. Ich spüre sehr deutlich, dass sie zutiefst verängstigt ist und dass irgendetwas in ihrem Inneren schwer verletzt worden ist. Denn sie geht sofort auf Abwehr, sowie sie bemerkt, was ich sie fragen werde. Ich überlege daher, wie ich vorgehen soll, um sie nicht noch zusätzlich zu stressen. Ich entscheide mich dann dazu, sie erst einmal zu bitten, mir mitzuteilen, was ihr auf dem Herzen liege. Aber auch, um für sie eine annehmbare und vor allem angenehmere Basis für diese Kommunikation zu schaffen. Sie seufzt erleichtert und beginnt dann auch sofort sich zu äußern, indem sie das Wort direkt an ihre beiden Menschengefährten richtet:

„Es tut mir sooo leid, denn ich will euch wirklich keinen Kummer bereiten! Ihr seid die ersten Menschen, die es gut mit mir meinen und sich nicht gleich genervt von mir abwenden und mich meinem Schicksal überlassen wollen! Und mein Schicksal ist wahrlich kein leichtes. Ich habe schon so viele schlimme Erfahrungen hinter mir, dass es mir schwerfällt, mal nicht daran zu denken. Ihr habt keine Ahnung von dem, was man mir bereits angetan hat. Man hat mich gezwungen, Dinge zu tun, die ein Pferd nun wirklich nicht tun sollte! Die Menschen versuchen sich an mir, wollen sich selbst etwas

beweisen, statt sich auf das Wesen ihres Gegenübers einzulassen. Am besten weiß Tini darüber Bescheid! Ja, Tini, ich nenne dich so, weil ich an das Kind in dir erinnern will, das ebenso oft enttäuscht und verletzt wurde wie ich selbst. Es ist die Verzweiflung, deine eigene, die du oftmals an mir entdeckst.

Ich weiß manchmal nicht, was ich hier noch soll auf dieser Erde, die von so grausamen Wesen bevölkert ist. Ihr seid der einzige Grund, warum ich noch hier verweile! Aber so sehr ich eure Nähe und euer Bemühen auch schätze, ich kann mich aus eigener Kraft nicht lösen aus diesem Sumpf der Verzweiflung – er zieht mich immer wieder hinunter. Meistens dann, wenn ich mal wieder etwas tun soll, das nicht meinem eigenen Sein entspricht. Das ist ganz die Art der Menschen. Auch das kennst du, Tini! Ihr kennt es beide, aber für dich ist es noch heftiger als für Marcel.
Ich wünschte, ich könnte es abstellen. Für mich selbst, aber auch für euch! Ich bin dem Tod bereits von der Schippe gesprungen, als man mich übel zugerichtet hatte. Und für mich wäre es wohl besser gewesen, nicht von der Schippe gesprungen zu sein ..."

Pink sagt nichts weiter dazu, aber für mich steht inzwischen definitiv fest, dass sie schwer traumatisiert ist. Und daher verspreche ich ihr aus einem spontanen Impuls heraus, ihren Menschenfreunden von den Möglichkeiten zu berichten, die ich kenne, um solche Traumata aufzulösen. Mehr kann ich in diesem Augenblick nicht für sie tun, aber sie freut sich darüber und sagt dann weiter:

„Das wäre schön, denn ich kann einfach nicht mehr! Ich will auch so nicht mehr weiterleben. Wenn ihr meine inneren Verletzungen sehen und erkennen würdet, ihr würdet euch übergeben müssen!"

179

Ich bin entsetzt über diese Aussage und frage Pink daher, was ge-
nau sie damit meine. Doch sie wehrt ab und ich bemerke, dass sie
sich zurückziehen wird, wenn ich ihr dahingehend zu nahe treten
würde, indem ich weiter nachbohre. Es ist klar, dass sie nicht davon
berichten will, weil es sie zu sehr belastet. Aber da ist noch etwas
anderes für mich wahrnehmbar: Sie scheint auch Angst davor zu
haben, was diese Erkenntnisse mit ihren Menschengefährten ma-
chen würden. Und sie hat Sorge, wie man dann auf sie blicken wür-
de. Ich versichere ihr, dass ich bisher die Erfahrung gemacht habe,
dass dann pures Verständnis bei den Menschen aufkäme, und diese
neue Sicht daher eine positive und heilsame Wirkung haben werde.
Und ich erkläre ihr auch, dass ihre Menschenfreunde nicht um die-
se Tierkommunikation gebeten hätten, wenn es nicht explizit um
Verständnis für sie und ihre Belange gehen würde. Pink beruhigt
sich zunehmend und ich bemerke zum Ende hin, dass sie nun kein
Herzrasen mehr hat. Sie scheint aber häufig unter Panikattacken
zu leiden. Doch mir ist nicht ganz klar, ob sie diese Panik nach au-
ßen hin so offenbart, wie sie sich im Inneren vollzieht. Ich würde
von meinem Empfinden her sagen, dass Pink wahrscheinlich eher
implodiert als explodiert.
Ich verabschiede mich von ihr und sie scheint nun bereits ein wenig
hoffnungsvoller in ihre Zukunft zu blicken.

Pink ist ein gutes Beispiel dafür, dass nicht immer eine Seelenrückholung erforderlich ist, selbst wenn man aufgrund der
Tierbotschaft den Eindruck gewinnt, das Tier sei traumatisiert. Wie ich bereits mehrfach in meinen vorherigen Büchern
erwähnt habe, zeigt die Praxis, dass allein schon das Verständnis, das in dem Menschen nach Durchführung der Kommunikation wächst, oftmals eine erhebliche Erleichterung für das

betroffene Tier bedeutet, und nicht selten sogar zu den notwendigen Heilungsprozessen positiv beiträgt.

Bei der Stute Cosima haben wir dagegen sehr wohl eine Seelenrückholung durchgeführt. Das können die Tierhalter immer am besten mit ihrem Bauchgefühl entscheiden. Hier war keine vorherige Tierkommunikation erforderlich, um herauszufinden, was notwendig sei, da Isabel es bereits aufgrund einer eigenen Befragung wusste.

So schlimm es auch war, all diesen seelischen Schmerz zu erleben, so möchte ich Ihnen dennoch kein einziges Detail dieser schamanischen Sitzung vorenthalten. Zum einen, weil es darum geht aufzuzeigen, wie die Tiere derartige Erfahrungen empfinden. Und zum anderen, damit Sie sehen, dass selbst ein schwer traumatisiertes Tier eine Chance auf Heilung hat, wenn wir Menschen achtsam genug sind, die bestehenden Möglichkeiten zu nutzen.

Hier ist also überhaupt nicht die Rede von denjenigen, die als Lösung für ein Problem nur das Einschläfern eines kranken oder verhaltensauffälligen Tieres kennen. Ich wende mich vielmehr an die Tierliebhaber, die verzweifelt sind und nicht wissen, wie sie ihrem lieben Gefährten wirklich helfen können. So hat es sich Isabel auch für ihre Cosima gewünscht. Wir finden beide, dass es sich gelohnt hat!

Cosima versucht sogleich vor mir zu flüchten und ich nehme dabei ihre Furcht deutlich wahr. Ihre größte Angst ist, dass sie wieder mit ihren alten Erfahrungen konfrontiert wird. Für mich ist dies ein deutlicher Hinweis darauf, dass man unbedingt Bescheid wissen sollte, was sie alles schon erleben musste, um dann im Umgang mit ihr entsprechend achtsam und feinfühlig zu sein. Ich vermute, dass jedwede Geste, die sie an ein früheres Trauma erinnert (und davon scheint sie einige zu haben!), eine regelrechte Panikattacke oder aber eine absolute Paralyse in ihr auslöst – je nachdem, was davon berührt wird. Ich beruhige sie, indem ich ihr erkläre, dass sie nichts Schlimmes verspüren werde. Daraufhin geleiten uns die Spirits zu einer in ein mystisches Licht getauchten Lichtung, auf der ein riesiges, schneeweißes Pferd auf uns wartet. Ich bekomme sofort Gänsehaut und nähere mich in größter Demut. Denn es ist für mich sofort klar, dass ich es hier nicht einfach nur mit einem Pferd zu tun habe, sondern mit einem „übergeordneten" Wesen, so etwas wie dem großen Geist der Pferde oder so etwas in der Art. Cosima beruhigt sich augenblicklich und das weiße Pferd nimmt sie sogleich an die Seite, sodass sich Cosima anschmiegen kann. Ich nehme wahr, dass ein sehr inniger Austausch zwischen den beiden stattfindet, den ich aber offensichtlich nicht miterleben soll bzw. darf. Ich weiß jedoch, dass dieser Austausch auf seelischer Ebene stattfindet und Cosima daher alles in ihrer Seele abspeichert, was hier gerade geschieht. Ich kann sie nun beruhigt dort lassen und folge meinen Helfern in eine Situation, in der Cosima zutiefst traumatisiert wurde.

Sie ist noch relativ jung und soll trainiert bzw. angeritten werden. Von meinem Empfinden her (in Cosima) bin ich aber noch zu jung dafür und vor allem fühle ich mich den Anforderungen, die an mich gestellt werden, absolut nicht gewachsen. Ich versuche verzweifelt zu signalisieren, dass ich es noch nicht kann, aber man deutet dies wohl völlig falsch, denn in der Folge trainiert man mich auf sehr brachiale Art und Weise. Ich bekomme Peitschenhiebe verpasst, die mir zwar körperlich nicht so sehr weh tun, aber allein die Geste des Schlagens ist für mich ganz furchtbar, denn ich bin mir keiner

Schuld bewusst. Ich fühle mich ganz und gar unverstanden. Und je mehr man mich so behandelt, umso mehr Angst baut sich in mir auf, sodass ich mir nicht anders zu helfen weiß, als mich abzugrenzen, sprich mich mit meinen Mitteln zu wehren. Von da an gelte ich als störrisch und sogar als gefährlich. Dabei habe ich nur Angst. Plötzlich kommt ein Mann, der mich offenbar „erziehen" soll. Er schlägt mir immer wieder mit einem harten Stock auf die Vorderbeine. Jetzt tut es mir auch körperlich weh! Er versucht, meinen Willen zu brechen, obwohl ich gar keinen so starken Willen habe. Es ist einfach nur so, dass ich das alles noch nicht kann – ich bin noch nicht soweit! Die Menschen verstehen es einfach nicht. Sie verstehen mich nicht.

Ich steige plötzlich, denn ich will nur noch eines: dieser Situation endlich entkommen. Der Mann deutet dies aber als Angriff und schlägt noch härter und wie besessen zu. Innerlich drehe ich mich im Kreis und ich spüre selbst, wie sich meine Augen wegdrehen und wohl nur noch das Weiß darin zu sehen ist – aus Panik, nicht etwa aus Aggression, wie der Mann fälschlicherweise annimmt. Ich werde immer wieder aufs Neue bestraft. Ich nehme wahr, dass man in Erwägung zieht, mich einschläfern zu lassen und ich gebe mich völlig auf.

Man entlässt mich aus der Situation und ich kann Cosima mit in die Obere Welt nehmen, wo sich meine Helfer um die Ausheilung kümmern. Auch hier ist das weiße Pferd ständig an Cosimas Seite. Nun aber bekomme ich auch mit, dass dieses hohe Wesen immer wieder sanft auf Cosima einredet und ihr erklärt, dass es ihr nicht erlaubt sei, in die geistige Welt zu flüchten. Für mich ist dies ein deutlicher Hinweis darauf, dass Cosima sich aufgegeben hat und *eigentlich lieber gehen will. Es wird hier also, so ganz nebenbei, auch an ihrem Lebenswillen gearbeitet.*

Am Ende sagen die Spirits, dass da noch ein Trauma offen sei, aber man müsse bei Cosima wirklich sanft und sehr langsam vorgehen und erst einmal eine gesunde Basis schaffen. Dies haben meine Helfer insbesondere dadurch getan, dass sie Cosima nach der Ausheilung des Seelenverlusts auch wieder ins Leben zurückgebracht haben. Sie erklären, Cosima beherrsche es nahezu perfekt, sich in brenzligen Situationen einfach aus dem Körper zu „beamen".

Ich frage meine Helfer, ob auch noch auf der körperlichen Ebene etwas zu tun sei, doch man verneint mit der Erklärung, das wäre dann im Rahmen dieser Seelenrückholung zu viel für Cosimas System. Man entlässt uns und die Spirits geben der Menschengefährtin noch mit auf den Weg, dass sie Cosima fragen solle (nach einer Weile, nicht sofort), woran sie Freude habe und was sie tun könne, damit ihr das Leben Spaß bereite.

Es ist für uns Tierliebhaber wirklich gefährlich, wenn unser tierischer Freund aufgrund eines Traumas mehr im Jenseits als im Leben steht. Sie können sich sicherlich vorstellen, dass es in einer solchen Verfassung nicht vielem bedarf, damit dieses Tier ganz geht. Das ist übrigens bei uns Menschen nicht anders ...

Die schamanische Arbeit mit einem weiteren Pferd namens Danny möchte ich an dieser Stelle ebenfalls veröffentlichen, da sie dieselbe Grundthematik beinhaltet. Es ist mir wichtig, dass Sie als Leser einen Eindruck davon gewinnen, wie unterschiedlich sich diese Problematik offenbaren kann.

Ich nehme Danny mit in die nichtalltägliche Wirklichkeit und er zeigt sich dort recht verunsichert. Da er so zögerlich mitgeht, frage ich mich, ob es überhaupt in seinem Sinne ist, was wir hier machen. Sofort schalten sich die Spirits ein und weisen mich darauf hin, dass es sogar überlebenswichtig sei, da Danny bereits mit einem Bein im Jenseits stehe. Ich verstehe zunächst nicht, was sie meinen, nehme dann aber wahr, dass Danny nicht etwa Angst vor dem hat, was sich uns offenbaren wird, sondern mehr davor, wieder zurück ins Leben treten zu müssen. Mir kommen die Tränen, denn ich spüre, wie schwer traumatisiert dieses arme Pferd sein muss, um eine derartige Angst vor dem Leben zu haben.

Ich beeile mich, Danny zu erklären, dass hier nichts gegen seinen Willen geschehen werde. Irgendwie ist es mir ein Bedürfnis, ihm das zu versprechen, denn es ist für mich deutlich spürbar, dass er durch Menschenhand traumatisiert worden ist.

Ich lasse ihn bei meinen Spirits, die ihrerseits sofort mit der Behandlung auf körperlicher Ebene beginnen. Ich hingegen werde von meinen Helfern in eine Situation geführt, in der er als junges Fohlen in einen Pferdeanhänger gestoßen wurde, um ihn abzutransportieren. Abgesehen von der viel zu frühen Trennung von seiner Mama liegt hier der entscheidende Punkt in der rabiaten Art, mit der er behandelt wird.

Die ganze Fahrt – und die dauert eine gefühlte Ewigkeit – schlägt er gegen die Wände des Hängers, aber eben nicht nur mit den Beinen, sondern überwiegend mit dem Kopf. Endlich am Ziel angekommen wird Danny auf ebenso brutale Art und Weise aus dem Hänger gezerrt und erhält sogar Schläge. Dann wird er in eine völlig dunkle Box geführt, wo er zitternd vor Angst und Kälte die nächsten Tage verbringt. Ich habe hier (als Danny) das deutliche Gefühl, sterben zu wollen, denn ich kann dieser Veränderung wirklich nichts

Positives abgewinnen. Veränderungen sind ihm hiernach in jedem Fall ein Gräuel, denn er assoziiert damit nur Negatives.

Sobald mich mich die Spirits aus dieser Situation freigeben, bringe ich Dannys Seelenanteil zum Ausheilen in die Obere Welt. Doch damit nicht genug, denn die Spirits führen mich in eine weitere Situation aus Dannys Leben, die ihn traumatisiert hat.

Ich werde (als Danny) von einem noch relativ jungen Mann angetrieben. Da ich ihn nicht auf mir, sondern hinter mir spüre und auch die Peitschenhiebe von hinten kommen, vermute ich, dass man mich irgendwie vor eine Kutsche oder vor einen Karren gespannt hat. Jedenfalls habe ich rasende Kopfschmerzen und ich nehme wahr, dass diese Kopfschmerzen seit dieser Episode mit dem Transport mein ständiger Begleiter sind.
Mir wird kurz schwarz vor Augen und dann stürze ich. Zu allem Überfluss schlage ich bei diesem Sturz auch noch mit dem Kopf auf. Und plötzlich stehe ich neben mir.
Offenbar hat Danny kurz das Bewusstsein verloren und ein Großteil seiner Seele hat dabei den Körper verlassen. Zunächst ist Danny darüber schockiert, doch dann sieht er die Vorteile darin – und bleibt einfach außerhalb des Körpers.
So profan es auch klingen mag, aber ich bekomme mit, wie Danny denkt, da das Wetter ohnehin immer mies sei (regnerisch und kalt), sei es angenehmer, außerhalb des Körpers zu bleiben, wo es nie kalt oder nass sein würde. Und hier gäbe es auch keinen Schmerz, keine Trauer und auch keine Wut.

Ich darf diese Situation verlassen und bringe Danny in die Obere Welt. Dort kümmert man sich um die Ausheilung beider

Seelenverluste und integriert sowohl das Urvertrauen als auch den Lebenswillen. Darüber hinaus operieren meine Helfer Danny im Kopfbereich, denn dort hat sich offenbar das Trauma körperlich manifestiert.

Die Spirits führen eine Extraktion – eine schamanische Heilbehandlung – durch und lösen den Druck in seinem Kopf. Diese Prozedur dauert eine ganze Weile, doch dann sagen die Spirits plötzlich, dass es wichtig sei, Danny bis zum nächsten Abend dort zu lassen, damit sie ihn weiterbehandeln könnten. Aber ich solle ihn bis 18 Uhr wieder zurück in die alltägliche Wirklichkeit bringen. Man müsse Danny unbedingt Zeit geben, sich wieder an das irdische Gefühl zu gewöhnen, aber dann sei er wieder ganz da, und genau darauf komme es schließlich an.

Sie erkennen anhand dieser Sitzung deutlich, wie individuell sich die schamanische Arbeit darstellt, eben ganz bezogen auf die Problematik des Klienten. Wie dabei vorgegangen wird, obliegt ganz und gar der Weisheit der Spirits. Denn auch wenn sowohl Cosima als auch Danny beide mit einem Bein im Jenseits gestanden hatten, musste aber dennoch auf völlig unterschiedliche Art und Weise mit ihnen gearbeitet werden.

Ich verweile noch ein wenig bei den Pferden und möchte Ihnen anhand von Pinos Botschaft zeigen, wie überaus dankbar Tiere sein können, selbst wenn ihnen bereits wahrhaft Böses widerfahren ist. Diese Kommunikation zeigt zudem, wie nachsichtig diese wundervollen Wesen in ihrer Weisheit sind. Seine Menschenfreundin Petra war jedenfalls geschockt und gerührt zugleich, als sie Pinos Botschaft erhielt.

„Das Allererste, was ich hier an dieser Stelle loswerden will, ist: Danke! Danke, liebste Petra. Dass du dich für mich entschieden hast, hat mir nicht nur das Leben gerettet, sondern mir auch Sinnhaftigkeit verliehen.

Ich war es leid. Nicht das Leben als solches, denn ich mag es sehr, dieses irdische Dasein und all seine Facetten. Aber ich war es leid, erleben zu müssen, wie die Menschen mit mir umgehen. Zum einen kam ich mir vor wie ein Spielball, zum anderen war ich für so einige auch eine Art Sündenbock. Viele haben ihre Wut und ihre Unzufriedenheit an mir ausgelassen. Ich war dann an allem schuld und in ihren Augen sowieso zu nichts nutze. Egal wie sehr ich mich bemüht habe, immer war es falsch oder nicht genug. Nein, es war wirklich nicht schön – und das hat leider schon sehr früh in meinem Leben begonnen. Ich war nicht nur solchen Menschen ausgeliefert, es gab auch reichlich Artgenossen, die mich zum Prellbock gemacht haben.

Nun war es wirklich so, dass ich an einem Punkt angelangt war, an dem mir so ziemlich alles egal war. Aber so ist es nicht immer gewesen, denn lange habe ich gekämpft, weil ich wusste, es kommt einmal jemand, der mich sieht und ins Herz schließt – und zwar so, wie ich bin. Doch je länger es dauerte, umso schwieriger wurde es für mich. Du bist sozusagen in letzter Sekunde erschienen. Und auch wenn ich noch sehr an all dem zu knabbern habe, was mir zuvor passiert ist, so weiß ich, dass ich mir bei dir Zeit lassen kann, um endlich hier anzukommen und dass dann am Ende meine Mühen – auch deine – belohnt werden. Du weißt es selbst, denn du fühlst, dass in mir sehr viel mehr steckt, als auf den ersten Blick sichtbar ist. So ist es im Übrigen auch bei dir! Das solltest du nicht vergessen.

Mein Dank geht aber auch an Fred. Dass er sich auf mich eingelassen hat, war sicherlich nicht selbstverständlich. Und ich möchte ihm gern sagen, dass er besonders wichtig für mich ist, denn die
schlimmste Erfahrung habe ich mit einem Mann gemacht. In Fred
erkenne ich aber dieselbe Sanftheit, die auch mir eigen ist. Ich weiß
daher, dass mir von seiner Seite keine Gefahr droht und er mich
auch versteht. Dafür danke ich ihm aus tiefstem Herzen. Und ich
möchte ihm sagen, dass meine Hauptaufgabe mit ihm erst beginnen kann, wenn ich gänzlich hier bei euch und in mir gelandet bin,
denn dann wird Fred von mir eine Art Führung kennenlernen, die
enorm wichtig für seine Zukunft sein wird. Doch bis dahin gibt es
noch einiges zu tun."

Da Pino nichts mehr sagt, frage ich ihn, ob er noch ein paar Details
zu seiner Vergangenheit preisgeben möchte. Er antwortet mit einem
Nein, das jeglichen Widerspruch im Keim erstickt. Dennoch habe
ich das Gefühl, dass in diesem Zusammenhang noch etwas offen
ist, kann es aber irgendwie nicht greifen. Ich bitte ihn daher, mir
mitzuteilen, was ihm noch auf dem Herzen liegt. Er sagt darauf
Folgendes:

„Ich teile es nicht dir, sondern Petra mit! Es ist nämlich außerordentlich wichtig für sie und damit für unsere gemeinsame weitere
Entwicklung.

Es ist so, Petra, dass ich dir nicht noch mehr Informationen dazu
geben möchte als unbedingt nötig. Du spürst selbst, dass mich böse
Erfahrungen nach wie vor einholen und mitunter auch dominieren. Ich möchte daher, dass du auf deine Wahrnehmung vertraust
und dich nicht von anderen abhängig machst, die dir dein Gefühl

bestätigen sollen. Ich weiß, dass du das brauchst, um deine Selbst-zweifel loszulassen, aber dies ist der falsche Weg. Denn dadurch werden deine Zweifel nicht etwa verschwinden. Ganz im Gegen-teil sogar, denn du wirst selbst bei Kleinigkeiten immer Bestätigung suchen, wenn du dich erst einmal daran gewöhnt hast. Das kann und darf ich keinesfalls unterstützen. Zudem ist es so, dass es auch zu meinen Aufgaben gehört, dich endlich dahin zu führen, dass du deine eigenen Fähigkeiten und somit deine Kraft gebrauchst – und zwar ohne wenn und aber!

Du hast also recht mit allem, was du bei mir spürst. Das reicht doch als Bestätigung, nicht wahr? Ich möchte nämlich, dass du dies als Basis nimmst, sonst werden wir auf der Stelle treten und keinen Millimeter mehr vorwärts kommen, okay? Es ist also wichtig, dass du lernst, auf deine Wahrnehmung voll und ganz zu vertrauen, denn diese wird in Zukunft eine große Rolle spielen – vor allem, was deine wahre Berufung betrifft. Keine Angst, du wirst sanft dorthin geführt und musst dafür auch nichts aufgeben, was dir noch wichtig erscheint.

Dein Sicherheitsbedürfnis kenne ich und achte es ebenso sehr wie du meines. Dennoch werde ich dich dahin bringen, wo echte Erfüllung für dich endlich kein Traum mehr sein wird. Dazu ist es notwendig, dass du dich meinem Problem widmest und die Parallelen zu dei-nen Blockaden erkennst. Mit deiner Kraft wirst du dann nicht nur mir, sondern dir selbst auch helfen können. Doch zunächst müssen wir uns noch ein wenig mehr dieser Ebene annähern, auf der es nur Liebe und Vertrauen gibt – keine Angst und auch keine Zweifel. Okay, Petra?

Dies ist nur eine Aufgabe von vielen, doch ist es wichtig, dass wir zunächst einmal ein Fundament legen, daher verrate ich dir zum jetzigen Zeitpunkt keinesfalls mehr. Habe Geduld, denn es wird *sich lohnen. Auch für Fred, denn auch er wird von dieser Kraft sehr profitieren!"*

Ich spüre, dass Pino am Ende seiner Botschaft angelangt ist und erwische ihn gerade noch mit der Frage nach seiner körperlichen und seelischen Verfassung, bevor er sich gänzlich zurückziehen kann. Er sagt, dass ich doch bestimmt bemerkt hätte, dass es ihm trotz der schlimmen Vergangenheit jetzt mental doch sehr gut gehe und er frohen Mutes in die Zukunft mit Petra und Fred blicke. Allerdings seien da Prozesse in seinem Organismus im Gange, die ihn hier und da beeinträchtigen würden. Pino verweist auf die Leber und auf die Haut, so als habe er Juckreiz. Ich frage ihn, ob er Genaueres dazu sagen kann, doch Pino antwortet darauf nur, dass man seinen Stoffwechsel im Auge behalten solle. Da er aber gleichzeitig auf die TCM (Traditionelle Chinesische Medizin) verweist, sehe ich darin eine Empfehlung für Petra, es über diesen Weg zu versuchen.

Petra berichtete mir Monate später, wie sehr Pino dafür gesorgt habe, dass sich vieles in ihr und um sie herum verändern konnte. Für Petra hatten sich durch die Botschaft ihres weisen Pferdes viele neue Möglichkeiten ergeben. Und das Schönste war, dass auch ihr Partner, der vor Pinos Ankunft nie etwas mit Pferden zu tun hatte, nun ebenso engagiert und mit ganzem Herzen dabei war.

Ich glaube inzwischen, dass die Tatsache, dass die Tiere von Dingen berichten, die ich definitiv nicht wissen kann, den größten Beitrag dazu leistet, dass der Mensch die Botschaft in ihrer Ganzheit annehmen kann. Ich erlebe dies immer wieder und freue mich über die Art und Weise, wie diese Seelen es schaffen, sämtliche Schleusen in uns zu öffnen. So war es auch bei Martina und ihrer Stute Coffee. Und wie viel ihr Pferd tatsächlich wahrnimmt, hat sie durch nachfolgende Tierkommunikation deutlich zu spüren bekommen.

Sowie ich mit Coffee in Kontakt stehe, werde ich schlagartig traurig, richtiggehend bedrückt. Irgendetwas belastet sie und liegt ihr schwer auf dem Magen – auch körperlich, denn ich spüre in der Magengegend Druck. Es ist keine Übelkeit und es sind auch keine Schmerzen, aber es fühlt sich tatsächlich so an, als läge ihr ein Stein im Magen. Ich frage Coffee daher, was los sei. Sie schluckt schwer, bevor sie mir antwortet:

„Es geht mir schon längere Zeit nicht so gut. Ich fühle mich gar nicht wohl in meiner Haut. Irgendetwas macht es mir schwer, mich leicht und unbekümmert fühlen zu können. Das hat mehrere Gründe: Zum einen ist da etwas mit dem Futter in dieser Umgebung nicht in Ordnung. Zum anderen gibt es sehr viele Störfelder in der hiesigen Atmosphäre. Und dann sind da noch die Schwierigkeiten, die Martina hat und aus denen sie einfach nicht herauskommt. Es ist fast so, als würden wir bei allem, was sich negativ auswirken könnte, bereitwillig ‚hier' rufen. Aber weder sie noch ich wollen das so! Das Problem ist vielmehr, dass wir beide sehr, sehr dünnhäutig sind und somit negative Erfahrungen nicht nur große Löcher in unser Sein reißen, sondern diese Löcher dann auch noch eine Eintrittskarte für jeden und alles bieten. An uns bleibt alles hängen und es nistet sich auch all das ein, was man wirklich nicht gebrauchen kann! In meinem Fall wirkt es sich sehr auf mein körperliches Befinden aus. Bei Martina hingegen ist es so, dass sie mehr auf der geistigen Ebene auf diese Übergriffe reagiert und langsam, aber

192

sicher energetisch abbaut. Du kannst es schon fast mit einem Fass vergleichen, das so löchrig ist, dass jeder Versuch, es zu füllen, von vornherein zum Scheitern verurteilt ist. Das heißt in meinem wie in Martinas Fall nichts anderes, als dass alle Versuche, uns auf ein gesundes Niveau zu bringen, immer erfolglos enden. Bei mir ist es dann auch so, dass die Leber überlastet ist. Es ist subtil, aber ich weiß, dass so nach und nach mein ganzer Organismus wie vergiftet wird. So ist es bei Martina auch, nur eben noch nicht körperlich. Sie braucht daher ebenso wie ich eine grundlegende Reinigung und sie muss sich für mich – genauso wie für sich selbst – um bessere und damit heilsamere Gesamtumstände bemühen. Diese Umgebung hier ist weder für mich noch für Martina förderlich. Nicht nur aus gesundheitlichen Gründen, sondern vor allem wegen der negativen energetischen Atmosphäre.

Hier gibt es auf beiden Ebenen – also auf der physischen wie auf der energetischen – Verunreinigungen, die auf Dauer großen Schaden anrichten. Martina sollte sich abwenden und für bessere Bedingungen sorgen. Das wird nicht nur mir helfen, sondern auch ihr. So langsam entwickelt sie auch Bereitschaft dazu, denn nun ist sie gewillt, sich für ihre Belange mehr einzusetzen. Das allerdings hat sie mir zu verdanken, denn ohne diesen Antrieb würde sie weiterhin einfach alles so hinnehmen. Dies kann und will ich aber nicht mehr zulassen!"

Da sie nichts mehr dazu sagt, habe ich endlich eine Chance, auf die Fragen zu blicken, und erkenne dabei, dass Coffee einige davon schon im Kontext beantwortet hat. Nun sehe ich, dass sich eine Frage darauf bezieht, ob sich Coffee dort, wo sie ist, wohlfühle. Was die Umgebung angeht, hat sie bereits deutliche Äußerungen gemacht. Doch ich frage sie zudem auch noch, ob sie denn dort gut behandelt werde. Sie antwortet nach kurzem Zögern folgendermaßen, nun aber das Wort an Martina gerichtet:

„Liebe Martina, ich kann nicht behaupten, dass man mir hier absichtlich Schaden zufügt, doch ich sehe auch, dass es für uns nicht der richtige Ort ist. Man blickt auf mich teilweise ebenso abfällig wie auf dich! Die dummen und einfältigen Menschen unterschätzen dich nicht nur, sie glauben auch noch, du würdest nicht bemerken, was hier los ist. Man verkauft dich für dumm, und das bekomme ich ebenso zu spüren.

Ich werde oft übergangen, so wie du auch. Das solltest du dir nicht mehr gefallen lassen, aber hier wirst du keine Veränderungen herbeiführen können. Diesen Kraftaufwand kannst du dir sparen. Hebe dir deine wertvolle Energie für konstruktive Maßnahmen auf und setze deine Kraft dort ein, wo sie nicht ins Leere läuft. Hier würdest du jedenfalls gegen Windmühlen ankämpfen."

Sie können sich kaum vorstellen, wie spannend die Besprechung mit Martina war, denn es entsprach tatsächlich ihrem eigenen Gefühl, was Coffee so unverblümt ausgesprochen hatte. Martina bestätigte alles, was Coffee mitgeteilt hatte, und sie wusste nun sehr genau, dass sie auf dem richtigen Weg war. Ich musste sehr schmunzeln, als Martina meinte, sie täte sich schwer damit, ihrer eigenen Wahrnehmung zu trauen. Ich entgegnete, dass Coffee genau aus diesem Grunde die Botschaft so formuliert habe. Dadurch habe sie Martina genügend Bestätigungen geliefert, sodass es ihr in Zukunft leichter fallen sollte, mehr auf das eigene Empfinden zu vertrauen.

Wie wichtig es ist, insbesondere im Umgang mit unseren Tier-gefährten, auf das eigene Bauchgefühl zu hören, können Sie in fast jeder Botschaft erkennen. Wenn es dann auch noch um Sterbehilfe geht, wird es doppelt wichtig, der eigenen Intuition zu folgen, damit wir in dem Gefühl Abschied nehmen können, wirklich im Sinne unseres Lieblings zu handeln bzw. gehandelt zu haben. Wenn sich jemand nicht sicher ist, gibt es immer noch die Möglichkeit, es beim Tier selbst zu hinterfragen. So tat es auch Natascha, als sie mich dringend um eine Kommu-nikation mit ihrer Stute Saphira bat. Eigentlich nahm ich zu diesem Zeitpunkt aufgrund der langen Wartezeit keine Not-fälle mehr an, doch als ich das Bild dieses Pferdes sah, war klar, dass ich mich so schnell wie möglich diesem Auftrag widmen musste. Ich schuf also entsprechenden Freiraum und kümmer-te mich umgehend um Saphira. Es ging bei dieser Kommunika-tion in erster Linie darum, von der Stute zu erfahren, ob sie ge-hen wolle, und wenn ja, ob sie Hilfe dabei wünsche. Sie werden feststellen, dass es wirklich fünf vor zwölf war, und dennoch ließ Saphira es sich nicht nehmen, noch einige andere Wichtig-keiten loszuwerden.

Sowie ich mit Saphira in Kontakt stehe, wird mir eisig kalt. Ich spüre kaum noch Lebensenergie in ihr. Es fühlt sich für mich an, als sei der ganze Organismus unterversorgt, so als laufe sie schon eine Weile sozusagen auf Sparflamme. Dies wahrzunehmen treibt mir Tränen in die Augen, zumal ich trotz ihrer schlechten körper-lichen Verfassung spüre, dass sie dennoch kämpft. Nicht unbedingt ums Überleben, denn sie scheint verstanden zu haben, dass sie den Kampf verlieren wird. Es ist vielmehr so, dass sie um jede Sekunde bemüht ist. Sie hat kaum noch Kraft. Ich lasse daher Nataschas

Fragen erst einmal beiseite liegen und bitte Saphira, uns das mitzuteilen, was ihr wichtig erscheine. Sie sammelt alle ihre Kräfte und
sagt dann zu ihrer Menschenfreundin:

„Liebste Natascha, du weißt es ebenso wie ich – und das schon länger –, dass meine Erdenzeit bald vorüber sein wird. Es schmerzt
mich nicht unbedingt meinetwegen, denn ich freue mich auf diejenigen, die mich im Jenseits erwarten. Doch es tut mir in der Seele
weh, dich so zurückzulassen! Ich weiß, dass ich trotz allem ein großes Loch hinterlassen werde. Nicht nur bei dir. Aber ich kann diesen
Zustand so auch nicht mehr länger ertragen. Ich halte es auch nur
deshalb aus, weil ich noch bei dir sein will. Zumindest noch so lange,
wie ich es irgendwie genießen kann. Aber ich will eben auch, dass
von deiner Seite aus keine Sorgen oder Zweifel mehr bestehen, wenn
du mir beim Übergang hilfst. Weder an der Richtigkeit des Geschehens, noch daran, dass es meinem eigenen Wunsch entspricht. Ich
weiß nur zu gut, welchen Schaden Schuldgefühle in dir anrichten
würden. Das darf und kann ich einfach nicht zulassen!

Mein Leben hängt an einem seidenen Faden. Auch das liegt nicht
etwa daran, dass meinem Körper noch etwas zur Heilung fehlt,
sondern nur an den bereits genannten Gründen. Du bist das Einzige, was mich noch hier hält. Aber ich bin dir eben auch so dankbar
für all dein Bemühen um mich und auch für dein Verständnis, das
du von Anfang an – trotz sämtlicher Widrigkeiten – gezeigt und
gelebt hast, dass ich mich meinerseits nicht an deiner Seele versündigen möchte.

Ich halte es aus, liebste Freundin, bis du soweit bist, mir die Hand
zu reichen, um mich bis zur Schwelle zu begleiten. Das ist für mich

und auch für dich gerade das Allerwichtigste! Dies wird so bewusst jedoch nur möglich sein, wenn du innerlich ganz eindeutig Ja sagen kannst. Zu meinem Übergang ebenso wie zu dem Akt, der uns beiden hilft. Ich möchte für diesen Übergang aber noch eine Bitte äußern: Es ist mir wichtig, dass wir dabei von Blumen umgeben sind. Schaffe bitte ein Blumenmeer auf meinem Weg ins Licht. Denn es wird ein Blumenmeer sein, das mich drüben erwartet. Ich gehe lediglich durch einen Schleier, aber ich darf von einem Blumenmeer ins nächste treten. Das macht es nicht nur sanfter für mich und für dich, es wird auch ein Bild des Friedens sein. Und genau dieses Bild wird dann den größten Raum in deinem Herzen einnehmen. Tust du mir den Gefallen?"

Hier zeigt sie sich nicht etwa auf einer Blumenwiese, sondern von bunten Blumen umgeben, so als würde sie in einem Kreis aus Blüten liegen. Sie sagt nun nichts mehr und lässt mich auch spüren, dass damit alle Fragen beantwortet sind. Dennoch nehme ich bei ihr deutlich wahr, dass ihr noch etwas auf der Seele brennt. Es ist fast so, als würde sie sich kaum trauen, es ihrer Natascha mitzuteilen, aber offenbar hauptsächlich deswegen, weil sie nicht explizit danach gefragt wurde. Obwohl es nicht zu meinem Auftrag gehört, spüre ich, dass es wichtig ist, Saphira zu bitten, auch dies mitzuteilen. Außerdem scheint sie nicht gehen zu wollen, ohne es ihrer Menschengefährtin gesagt zu haben. Ich lade sie daher ein, uns zu sagen, was ihr offensichtlich so überaus wichtig erscheine, dass sie es unbedingt noch loswerden wolle. Sie seufzt erleichtert über diese Möglichkeit und erklärt:

„Ich habe nun einige Inkarnationen als Pferd erlebt. Dabei habe ich nicht immer nur positive Erfahrungen gemacht, aber dennoch *waren sie wertvoll für meine ureigene Entwicklung. Natascha und mich verbindet eine alte Geschichte, die noch nicht zu Ende ist. Es ist meine Aufgabe, dort, wo wir seinerzeit jäh auseinandergerissen wurden, wieder anzusetzen und zu vollenden, was wir gemeinsam begonnen haben. Dafür ist es aber erforderlich, einen Körper zu wählen, der mir mehr Möglichkeiten der physischen Nähe bietet. Da ich damals ein Hund war und große Freude daran hatte, möchte ich Natascha aus tiefstem Herzen bitten, sich darauf einzulassen. Ich werde ihr dann auch helfen können, Altes endlich abzustreifen, damit sie frei und unbeschwert ihren weiteren Lebenspfad entlanghüpfen kann, statt ihn beschwerlich und zögerlich zu gehen."*

Sie zeigt während dieser Aussage einen bunten Australian Shepherd weiblichen Geschlechts. Ich verspreche Saphira, alles genau so an Natascha weiterzugeben und verabschiede mich von ihr, indem ich ihr eine sanfte und glückliche Reise wünsche. Sie lässt mich spüren, dass ihr persönlicher Favorit der Name Saphira sei und sie diesen Namen gern behalten würde.

Dies war eine wahrhaft ergreifende Kommunikation, doch die Besprechung mit Natascha war nicht weniger rührend. Bemerkenswert war zudem auch, dass Natascha mir berichtete, dass sie am Vorabend das Gefühl gehabt habe, dass ihre Fragen eigentlich nicht mehr relevant seien, da sie wisse, was ihr geliebtes Pferd sagen würde. Es war also ganz in Nataschas Sinne, dass ich mich bei der Kommunikation eher an dem orientiert hatte, was Saphira unbedingt von sich aus übermitteln wollte, als an den vorliegenden Fragen. Dennoch bekam Natascha alle ihre Fragen beantwortet. Und sogar noch darüber hinaus.

Erst beim Besprechen der von mir wahrgenommenen körperlichen Verfassung teilte mir Natascha mit, dass Saphira bereits über vierzig Jahre alt sei und nun seit vier Wochen im Stall liege. Doch auch wenn ihr geliebtes Pferd sich kaum noch habe erheben können, habe sie einfach nicht den Mut gefunden, es zu erlösen, da sie immer und immer wieder wahrgenommen habe, wie Saphira kämpfe.

Auch dazu hatte sich Saphira in ihrer Botschaft auf eindeutige Weise geäußert, sodass Nataschas Gefühl bestätigt worden war, jedoch mit dem Hinweis, dass sich andere Aspekte dahinter verbargen. Aber auch diese waren Natascha definitiv nicht fremd. Sie berichtete mir in diesem Zusammenhang von einem anderen Verlust, der sie sehr mitgenommen hätte. Nun war auch mir klar, warum Saphira so überaus achtsam im Umgang mit ihrer Natascha war, denn zugegebenermaßen hätte ihr niemand in Anbetracht dieser körperlichen Verfassung ein wenig Egoismus übel genommen.

Dies ist auch ein Grund, weshalb ich Saphiras Geschichte in diesem Buch und insbesondere an dieser Stelle veröffentliche. Ich hoffe, Sie erkennen die Größe dieser Seele und die Achtsamkeit, mit der dieses wunderbare Pferd diese überaus schwierige Situation meisterte. Und in eben dieser sanften Art hat sie mich durch die gesamte Kommunikation geführt. Sie lieferte alle Antworten, die Natascha so dringend benötigte. Manche davon ganz ausdrücklich, andere hingegen versteckt im Kontext. Für Natascha war alles stimmig, wenn es auch hieß, sich nun der gefürchteten Situation zu stellen.

Nach unserem Telefonat war sie bereit, ihrem Pferd nicht nur beim Übergang zu helfen, sondern es auch dabei zu begleiten, und zwar ganz bewusst. Genau darum ging es Saphira, weshalb sie auch um dieses Ritual bat. Jedoch lag es diesem Pferd am Herzen, dass der Übergang keinen Schaden in Natascha Seele hinterlasse. Es war klar, je bewusster der Sterbeprozess in Saphiras Sinne erlebt würde, umso besser für alle Beteiligten. Und da das Pferd selbst die Entscheidung getroffen hatte, brauchte sich Natascha keine Gedanken mehr darüber zu machen, ob sie sich eher mit dem Nichthandeln oder mit dem Eingreifen schuldig machte. Durch Saphiras Botschaft konnte sich Natascha gänzlich davon frei machen und sich auf das Wesentliche besinnen.

Grenzenlose Verbundenheit

Wie sehr sich die Tierseelen auch untereinander verbunden fühlen, können wir allenfalls erahnen. Hierbei scheint es keinerlei Grenzen zu geben. Wenn sich eine Tierseele mit einer anderen sehr verbunden fühlt und ein gemeinsam erlebtes Trauma hinderlich für ein weiteres Zusammensein ist, spielt es offenbar keine Rolle, wann die Trennung stattgefunden hat, sie sind immer bemüht, das Hindernis zu beseitigen. Selbstverständlich geht hierbei die Absicht von den Tieren aus, nicht vom Auftraggeber. Bisher war es so, dass sowohl ich als auch meine Klienten überrascht wurden von dem, was Sitzungen über traumatisch verstrickte Tiere offenbarten. Das Spannende daran ist, dass die betroffenen Tiere dafür sorgen, dass nicht nur ihnen geholfen wird, sondern auch den anderen Beteiligten. Wie immer geschieht dies auf vielfältige Art und Weise. Ich beginne daher mit einer Mischlingshündin aus Österreich – einer Cocker Spaniel Dame mit „Pudel-Look". Ihre Menschengefährtinnen Maria und Claudia baten mich dringend um eine Seelenrückholung bei ihrer Kiri und wir alle lernten dabei sehr viel über die grenzenlose Verbundenheit. Zunächst einmal ging es natürlich darum, Kiris Trauma auszuheilen; wie sehr dieses jedoch mit früheren Verlusten zusammenhing, offenbarte sich erst während der Arbeit mit ihr.

Ich nehme Kiri mit in die nichtalltägliche Wirklichkeit. Und auch wenn sie folgsam ist und brav mitgeht, erkenne ich doch, dass sie innerlich starr vor Schreck ist. Es ist fast so, als habe sie Angst, mit früheren Situationen konfrontiert zu werden. Ich verspreche ihr, dass dies nicht der Fall sein werde, und dass ich sie an einen schönen Ort bringen würde. Kaum dass ich es ausgesprochen habe, gelangen wir an eine schöne große Wiese, auf der ein paar Hunde herumtollen. Zuerst denke ich, dass es einfach nur kleine Hunde sind, doch dann bemerke ich, dass dort ausschließlich Welpen sind. Kiri rennt zu ihnen und fängt sofort an, mit ihnen zu spielen. Ich finde es zwar merkwürdig, aber für mich ist es nur wichtig, dass Kiri sich wohlfühlt und ruhig bleibt, während ich meine Arbeit tue. Ich kann sie also beruhigt dort auf der Wiese bei diesen Welpen lassen.

Ich werde von den Spirits sogleich in eine Situation geführt, in der Kiri selbst noch ein Welpe war. Sie ist wirklich noch sehr, sehr winzig, wird aber urplötzlich von ihrer Mami und den Geschwistern getrennt. Man bringt sie fort und ich bemerke, dass Kiri total überfordert ist mit all diesen neuen Eindrücken, aber vor allem wegen dieser vielen plötzlichen Veränderungen, die ihr alles andere als positiv erscheinen.

Kiri landet bei einer Familie mit kleinen Kindern. Die unberechenbaren Bewegungen dieser Kinder flößen Kiri noch mehr Angst ein, als sie ohnehin schon hat. Außerdem wird sie wie ein Püppchen behandelt und getragen, gequetscht (wenn man sie auf den Arm nimmt) und eben überhaupt nicht mit Vorsicht oder gar Achtsamkeit behandelt. Ich spüre ihre Angst immer stärker werden, und so macht sie in der Folge auch überall Pipi hin. Es gibt hier in diesem „Zuhause" keinerlei Routine, Ruhe oder Geborgenheit. Für Kiri ist es nicht auszuhalten, zumal sie immer noch unter dieser prompten Trennung und dem plötzlichen Verlust ihrer eigenen Familie (Mami und Wurfgeschwister) leidet. Ich nehme wahr, dass sie auch unter dem plötzlichen Entzug der Muttermilch zu leiden hat und zudem mit dem bereitgestellten Futter nichts anzufangen weiß. Ich würde sagen, Kiri ist maximal sechs Wochen alt! In der Folge bekommt sie Durchfall, und das ist dann wohl einfach zu viel für diese Familie, denn Kiri wird ziemlich bald ausgesetzt und sich selbst überlassen. Es ist, als sei man der Annahme, Kiri sei krank und man täte ihr einen Gefallen, sie den Naturgesetzen zu überlassen.

Ich bringe Kiris Seelenanteile in die Obere Welt, wo sich die Spirits um die Ausheilung kümmern. Sie hat durch diese traumatischen Erfahrungen nicht nur gänzlich das Vertrauen verloren, sondern auch das Gefühl für Geborgenheit und Sicherheit. Während die Spirits mit der Ausheilung beschäftigt sind, erklären sie mir, dass Kiri auf der Straße gelandet sei und viele schlimme Erfahrungen gemacht habe. Auch die, dass ihre Babys (offenbar hatte sie während dieser Zeit auf der Straße einen Wurf) auf sehr dramatische Art und Weise ums Leben gekommen seien. Die Welpen auf der Wiese seien jene Babys von damals. Doch mit diesem Trauma zu arbeiten, wäre für Kiris System zu viel auf einmal. Daher müsse man in zwei Schritten vorgehen und das Trauma, das sie während dieser Zeit auf der Straße erlitten habe, zu einem späteren Zeitpunkt ausheilen.

Meine Helfer sagen, Kiris Menschengefährtinnen würden spüren, wann es soweit sei, diesen zweiten Schritt anzugehen. Doch zunächst einmal müsse hier die Basis geschaffen werden, indem man mit diesem ersten, frühen Trauma arbeite.

Nachdem die Ausheilung auf der seelischen Ebene vollzogen ist, bemerke ich, dass die Spirits mit dem gesamten Verdauungstrakt arbeiten. Sie erklären mir, dass dort sehr viel Schaden angerichtet worden sei, als man eine plötzliche Umstellung von Muttermilch auf Dosenfutter vorgenommen habe.

Am Ende überreichen sie mir eine wesentlich entspannter wirkende Kiri, und ich bemerke, wie schwer ihr der Abschied von ihren damaligen Welpen fällt. Da ich sehe, dass sie am liebsten bei ihren Babys bleiben würde, verspreche ich ihr ganz spontan und aus tiefstem Herzen, dass in ihrer nächsten Sitzung auch das Trauma der Seelen ihrer Babys ausgeheilt werde. Damit ist Kiri dann auch froh und erleichtert, sodass sie anstandslos mit mir in die alltägliche Wirklichkeit zurückkehrt.

Ich besprach mit Claudia und Maria die Sitzung. Und da es für sie absolut nachvollziehbar war, dass die Spirits nicht zu viel auf einmal machen wollten, um Kiris System nicht zu überlasten, vereinbarten wir einen weiteren Sitzungstermin, den die beiden ganz nach ihren persönlichen Eindrücken von Kiri bestimmen sollten. Ich versprach auch ihnen, dass ich mich dann um die Babys kümmern würde; dieser Part gehe auf meine Rechnung. Bereits sechs Wochen nach dieser ersten Sitzung fand die zweite statt, die ich gern ebenfalls in vollem Umfang mit Ihnen teilen möchte.

Ich werde von den Spirits sofort in die Geburtssituation geführt und ich nehme wahr, dass Kiri wahrlich um diese Kinder gekämpft hat, damit sie geboren werden. Denn die Geburt ist sehr schwierig und damit auch außerordentlich mühsam.
Kiri hat sich in irgendeinem Dreckloch verkrochen, um ihre Babys auf die Welt zu bringen. Es stinkt bestialisch und ich nehme viel Krach in ihrer Umgebung wahr, so als sei sie mitten in einer Stadt. Den Klappergeräuschen nach müsste ganz in der Nähe ein Speiselokal sein. Sie bringt ihre Babys auf die Welt und ist für eine kurze Zeit mehr als glücklich. Doch nach wenigen Tagen muss sie

das Nest verlassen, um Nahrung zu besorgen. Als sie wiederkommt, sieht sie, wie ein Mann die Babys gerade mit einer Schaufel erschlägt. Er muss sie wohl aus dem Versteck geholt haben. Die Babys schreien, aber der Mann hat kein Erbarmen und erschlägt jedes einzelne Baby mit seiner Schaufel. Das Blut spritzt überall hin und Kiri läuft mit völlig paralysiertem Geist fort.

Ich wundere mich noch, warum sie den Mann nicht angreift, aber ich nehme bei Kiri wahr, dass sie weiß, dass sie ihren Babys nicht mehr helfen kann. Der Hauptgrund für ihr Fortlaufen ist jedoch der, dass sie völlig unter Schock steht und einfach nur dieser schrecklichen Situation entkommen möchte. Das heißt, das Einzige, was sie in Bewegung gesetzt hat, war der Wunsch, diesen Ort des Grauens zu verlassen. Ich erkenne aber nun, dass ein Teil ihrer Seele immer noch dort verharrt und im Geiste genau das tut, was sie damals am liebsten getan hätte. Sie bellt ihre Wut und ihre Trauer laut hinaus und stürzt sich auf den Mörder ihrer Babys. Dadurch aber, dass ihr Seelenanteil immer noch in dieser Situation festsitzt, durchlebt sie diese schreckliche Erfahrung immer und immer wieder. Es ist fast so wie im Film „Und täglich grüßt das Murmeltier".

Endlich darf ich diese furchtbare Situation verlassen, sodass ich ihren abgespaltenen Seelenanteil zwecks Ausheilung in die Obere Welt zu den Spirits bringen kann. Auch ihre Babys habe ich bei mir. Einer von ihnen ist definitiv Richie (der neue Hund von Claudia und Maria), das spüre ich sehr deutlich. Hier ist er der kräftigste der Welpen, weshalb der Mann damals auch mehrfach hatte draufschlagen müssen, um sein Ziel zu erreichen. Richie musste also wesentlich mehr leiden als seine Geschwister, die sofort tot waren. Nun sind sie alle zusammen in der Oberen Welt bei meinen Helfern und erlangen durch die Ausheilung endlich wieder Vertrauen *ins Leben zurück. Auch die anderen Welpen, nicht nur Richie. Die Spirits weisen darauf hin, dass Claudia und Maria die anderen Welpen kennen würden (wahrscheinlich im Bekanntenkreis) und dass sie Veränderungen an diesen anderen drei Hunden feststellen würden.*

Die Ausheilung dauert eine ganze Weile, doch ich erkenne dabei, wie wichtig es ist, dass sie alle als Einheit behandelt werden. Die Spirits kümmern sich am Ende auch noch um Kiris Gesäuge, denn damals habe sie nach dieser schrecklichen Sache mit den Babys eine Gesäugeentzündung entwickelt. Und weil diese im Zusammenhang mit dem Trauma entstanden sei, habe sie sich im Körper entsprechend negativ manifestiert. Damit sich hier kein Tumor entwickeln könne, sagen die Spirits, müsse nun auch damit gearbeitet werden.

Bei der Besprechung dieser zweiten Sitzung haben wir dann alle drei gesagt, dass es immens wichtig gewesen sei, es tatsächlich so ausgeführt zu haben, wie es unserem Gefühl entsprochen habe. Und Sie können anhand dieses Protokolls erkennen, dass nicht nur Kiri Heilung erfahren hat, sondern alle ihre seinerzeit getöteten Babys. Nur so konnte ihre Seele Frieden finden.

Dank des Vertrauens von Claudia und Maria in die Wirksamkeit der Kraft der Spirits haben alle Beteiligten eine große Hilfestellung erfahren dürfen. Ich denke, das ist das Mindeste, was man für sie tun kann und vielleicht auch sollte. Aber dass es Menschen tun, die bis zu diesem Zeitpunkt noch keine Erfahrung mit Schamanismus gemacht haben, finde ich einfach nur bemerkenswert.

Ich werde immer noch häufig überrascht von den Besonderheiten, die sich bei dieser Arbeit zeigen. Ich empfinde es allerdings als spannend und bereichernd, sodass ich hoffe, dass dieses Staunen darüber auch in Ihnen wirkt ...

Eine weitere schamanische Sitzung mit dieser Thematik erlebte ich mit einem Hund namens Elvis. Inzwischen weiß ich, wenn ich die Tiere in die Obere Welt bringe und sich dort Artgenossen befinden, dass es um viel mehr geht als nur um die Ausheilung meines „Patienten". Da dies jedoch immer von den Spirits bestimmt wird, mache ich mir auch keine Gedanken mehr darüber, ob ich damit ungefragt in das Energiefeld eines anderen Wesens eingreife. Wenn es so nicht vorgesehen wäre, würde es sich auch nicht entsprechend vollziehen. Und bisher war es immer so, dass ich davon überrascht wurde.

Heute ist es tatsächlich so, dass ich mich einfach nur darüber freue, wenn im Rahmen einer Sitzung gleich mehreren Beteiligten geholfen werden kann. So durfte ich es auch bei der Sitzung mit Elvis erleben.

Es ist mir wichtig, dieses Protokoll hier zu veröffentlichen, weil es nicht nur die in Rede stehende Thematik beinhaltet, sondern auch andere Aspekte aufzeigt, die wieder einmal erkennen lassen, wie vielseitig das Leben ist. Dies gilt jedoch für die negativen Aspekte ebenso wie für die positiven.

Ich möchte Ihnen hier keinesfalls vor Augen führen, wie grausam so manche Erfahrungen sind, auch wenn dies zwangsläufig geschieht. Es ist mir vielmehr ein großes Anliegen, Ihnen zu zeigen, dass trotz aller Grausamkeiten, die zu einem Seelenverlust geführt haben, dennoch Heilung möglich ist. Ich richte meinen Fokus immer und immer wieder auf das Positive, denn wenn ich das nicht täte, würde ich an dieser Arbeit zugrunde gehen.

Und damit das Ziel dieses Buches nicht verfehlt wird, betone ich es an dieser Stelle noch einmal ausdrücklich: Egal, wie schlimm die traumatischen Erfahrungen auch sind, es gibt immer auch das Gegenstück dazu, so wie es eben ohne Licht auch keinen Schatten gibt.

Schon beim Ansehen des Bildes von Elvis kommen mir die Tränen. Ich muss mich sehr zusammenreißen, um die Sitzung überhaupt beginnen zu können. Nach einer Weile geht es und ich nehme ihn mit in die nichtalltägliche Wirklichkeit. Dort zeigt sich Elvis zwar ängstlich, aber gleichzeitig ist er auch freudig aufgeregt. Ich lasse ihn bei meinen Spirits, wo sich auch andere Hunde befinden. Irgendwie scheinen sich alle zu kennen, und Elvis freut sich sehr darüber, all die anderen wiederzusehen. Im Nu ist er in der Menge verschwunden und tobt wie wild mit den anderen herum; es wirkt fast wie ein Freudentanz. Ich gehe weiter und werde von meinen Spirits in eine Situation geführt, in der Elvis ein Welpe war.

Er ist noch ein Baby, erst wenige Wochen alt. Er hockt mit seinen drei Wurfgeschwistern in einem Versteck und alle warten auf Mamis Rückkehr. Ich werde (als Elvis) nervös, weil Mami sonst nie so lange weggeblieben ist. Zumindest bis hierher nicht. Ich habe Hunger. Meine Geschwister ebenfalls. Wir sind trotzdem mucksmäuschenstill. Das hat uns unsere Mami so beigebracht. Aber sie kommt einfach nicht. Ich weiß, dass etwas passiert sein muss, denn sie würde uns nicht im Stich lassen. Irgendwie fühle ich mich für meine Geschwister verantwortlich und tröste sie, obwohl ich selbst total verängstigt bin. Dann höre ich draußen etwas und rieche sofort meine Mami. Sie schleppt sich schwer verletzt in unser Versteck. Sie ist voller Blut und sie bringt den Geruch des Todes mit sich. Sie ist zwar zu uns gekommen, aber sie hat kein Futter dabei. Wir haben alle Hunger, aber wir sorgen uns nun um Mami und kuscheln uns an sie. Und während wir zusammenliegen, spüre ich, wie das Leben aus ihr herausgleitet. Meine Mami ist tot.

Nun fühle ich mich noch mehr verantwortlich für meine Geschwister (es sind alles Mädchen), und so führe ich sie hinaus in diese für uns unbekannte Welt. Eine Weile geht es relativ gut mit dem Leben auf der Straße, doch je größer wir werden, umso schwieriger wird es. Wir werden oft vertrieben, und noch häufiger verprügelt. Von Menschen ebenso wie von unseren Artgenossen. Da gibt es vor allem einen großen schwarz-braunen, recht zotteligen Hund, der uns immer wieder auflauert.

Ich muss miterleben, wie eine meiner kleinen Schwestern von Menschen totgeprügelt wird, die uns beim Plündern ihres Mülls erwischen. Man schlägt ihr den Schädel ein und wir anderen können nur noch flüchten. Ich bin total schockiert darüber, und nur mein Verantwortungsgefühl für meine Schwestern und mein Überlebenswille lassen mich nicht in eine Paralyse fallen.

Eine weitere Schwester verliere ich an eine Gruppe streunender Hunde. Sie wird totgebissen und ich kann schon wieder nicht helfen. Erneut kann ich den Tod nicht verhindern. Ich fühle mich dem Leben ohnmächtig ausgeliefert.

Plötzlich werden wir – meine einzig verbliebene Schwester und ich – aufgegriffen und fortgebracht. Ich atme schon auf, weil ich glaube, endlich gerettet worden zu sein. Doch der Ort, an dem wir nun sind, ist geprägt vom Geruch des Todes. Hier sind viele Artgenossen. Ich sehe, dass sich die meisten bereits aufgegeben haben. Andere sind panisch. Ich auch, denn man hat mich von meiner Schwester getrennt. Niemand hier weiß, dass sie meine Schwester ist. Doch ich nehme wahr, selbst wenn sie es wüssten, würde es nichts ändern. Es wäre ihnen egal.

Sie wird krank – das spüre ich sofort – und man bringt sie fort. Ich kann in unserer Verbundenheit alles fühlen, was sie erlebt. Und so muss ich auch ihren Tod miterleben, als wäre es mein eigener. Es fühlt sich für mich so an, als würde Gift durch meine Adern fließen. Ich will nur noch sterben!

Endlich entlassen mich die Spirits aus dieser furchtbaren Situation und ich kann Elvis in die Obere Welt zu meinen Helfern bringen, damit diese vielen Traumata ausgeheilt werden können.
Dort sagt man mir, dass er durch seine Empfindsamkeit und der daraus resultierenden Verbundenheit sehr gelitten habe. Er sei eben sehr durchlässig für jedwede energetische Schwingung, sodass ihn alles immer sehr berühren und bewegen würde, was um ihn herum geschehe. Da er aber sein Urvertrauen ins Leben verloren habe, leide er ständig unter diesen Seelenqualen, selbst wenn sich die Umstände inzwischen positiv verändert hätten. Es ist, als würde er immer wieder in den Sog der damaligen Geschehnisse gezogen werden. Seine ganze Leichtigkeit sei ihm dadurch ebenfalls abhandengekommen.

Die Spirits kümmern sich um ihn, holen aber gleichzeitig seine drei Geschwister aus der Menge heraus, sodass auch diese zusammen mit Elvis behandelt werden können. Meine Helfer erklären, dass sich bei Elvis keine vollständige Heilung seiner Traumata vollziehen könne, wenn nicht auch die, für die er sich immer noch so verantwortlich fühle, ebenfalls behandelt würden. So genießt Elvis die Heilungsriten gemeinsam mit seinen Schwestern und sagt am Ende zum Abschied Folgendes:

„Ich möchte mich bei meiner jetzigen Familie bedanken. Für ihr Verständnis, aber auch für ihre Geduld mit mir! Ich weiß jetzt, dass ich angekommen bin. Ich erkenne, dass auch sie wissen, was es bedeutet, wenn man das Gefühl hat, ganz allein für alles sorgen zu müssen. Und sie kennen ebenfalls diese ständigen Selbstzweifel, die an der Seele nagen."

Erst jetzt begreife ich, dass er sich damit an seine Menschengefährten wendet, obwohl er vor seinen Schwestern steht und sie anschaut. Es fühlt sich für mich fast schon so an, als würde er sie einladen, einen neuen Körper anzunehmen und erneut zu ihm zu stoßen.

Wir gehen nun zurück und er wirkt sehr gelöst auf mich, so als sei ihm eine zentnerschwere Last von den Schultern gefallen.

Obwohl Steffi nichts über die Vorgeschichte ihres Hundes wusste, fühlte sich alles stimmig für sie an, da sie in all diesen Aspekten ihren Elvis wiedererkannte. Er fühle sich tatsächlich für alles und jeden verantwortlich und zeige dies auch entsprechend deutlich. Wir waren beide sehr gerührt von dem Ergebnis dieser Sitzung und ich spürte, dass es durchaus möglich sein könnte, dass zumindest eine seiner Schwestern dieses verständnisvolle neue Zuhause ebenfalls ansteuern wolle. Die Einladung, die Elvis ausgesprochen hatte, war jedenfalls in Steffis Sinne, wie ich feststellen durfte.

Da ich Ihnen bisher nur über Beispiele zu diesem Thema berichtet habe, die Hunde betreffen, und ich nicht möchte, dass Sie annehmen, nur diese Tierart neige zu einer solchen Verbundenheit, stelle ich Ihnen nun ein besonderes Pferd namens Monsun vor. Es ist der Kumpel von Coffee, deren Botschaft weiter vorn im Buch zu finden ist. Auch Monsun konnte keine Heilung für sich allein in Anspruch nehmen, sondern nahm sozusagen gleich mehrere „mit ins Boot".

Ich bringe Monsun in die nichtalltägliche Wirklichkeit und hier bemerke ich sogleich, wie beschwerlich er neben mir hergeht. Er wird zunehmend langsamer, sodass er sich am Ende mit gesenktem Kopf hinter mir herschleppt. Ich nehme wahr, dass ihn etwas im wahrsten Sinne des Wortes belastet. Ich spüre aber auch, dass es keinen Sinn macht, ihn danach zu befragen, denn er erscheint mir resigniert und auch fast schon depressiv, so als habe er sich bereits aufgegeben.

Sobald ich Monsun bei den Spirits abgebe, bringen sie ihn zu einer recht großen Herde. Da man mich nicht sofort weitergehen lässt, ist mir klar, dass es hier etwas gibt bzw. etwas gezeigt wird, das von Bedeutung ist. Daher beobachte ich die ganze Szenerie noch eine Weile und erkenne, dass Monsun alle anderen Pferde auf dieser Weide kennt. Nicht nur das, er freut sich sogar übermäßig, ihnen dort zu begegnen. Ich gewinne dabei sofort den Eindruck, dass sie sich alle nicht nur schon lange (also von früher) kennen, sondern durch ein schlimmes Trauma auf besondere Art und Weise miteinander verbunden sind.

Dies scheint das wichtige Detail zu sein, das mir die Spirits zeigen wollten, denn nun führt man mich fort von dieser Weide, sodass ich mich um die eigentliche Aufgabe kümmern kann – die verlorenen Seelenanteile zu finden und diese wieder zurückzubringen.

Auf dem Weg in die Lebenssituation, die Monsun so nachhaltig traumatisiert hat, erklären mir die Spirits, dass es in Monsuns Fall so sei, dass sie mich zunächst in das alte und damit ursächliche Trauma führen müssten und dann erst in die Situation, die ihn im jetzigen Leben traumatisiert habe.

Ich gelange mit Hilfe der Spirits sofort in eine grausame Szene. Ich bin ein Pferd und ich stehe gemeinsam mit meiner Herde auf einer großen Wiese (vom Gefühl her befinde ich mich in den USA oder in Kanada), als sich drei Gestalten mit männlicher Energie in einer nebligen Nacht nähern. Ich spüre die Bedrohung, habe aber keine Chance, ihr zu entkommen. Außerdem muss ich meine Herde schützen. Doch ich erkenne sofort, dass mir dies nicht gelingen wird. Wir werden im Nu von diesen Männern niedergemetzelt.
Um mich zu schützen, holen mich die Spirits während des Massakers aus Monsuns Empfinden heraus und ich erlebe es als passiver, dafür aber nicht minder schockierter Zuschauer. Das Problem ist hier nicht allein die Situation als solche, sondern es ist auch noch so, dass Monsun nicht sogleich stirbt. Er verblutet recht langsam, wie ich finde.

Die Spirits lassen mich an diesem Punkt erneut in Monsuns Empfinden eintauchen und ich stelle fest, dass seine ganze Aufmerksamkeit seiner Herde und seinem Versagen gilt. Ich spüre aber auch,
dass er bei den Männern offenbar die Energie von Neid wahrgenommen hat. So als sei dies der Beweggrund für die grausame Tat.
Monsun verliert nicht nur das Gefühl der Sicherheit, sondern vor
allem das Vertrauen in die Menschen – und das, obwohl ich deutlich spüre, dass er es bei seinen Menschen gut gehabt hatte.

Ich möchte ihn in die Obere Welt bringen, doch Monsun weigert sich
mit aller Vehemenz, dieses Schlachtfeld zu verlassen. Daher frage
ich ihn völlig entsetzt, warum er denn dort bleiben wolle. Monsun
entgegnet, dass es keinesfalls darum gehe, weiterhin dort verharren
zu wollen, doch er könne nicht gehen und Hilfe für sich in Anspruch
nehmen, solange alle seine Gefährten dort bleiben müssten.
Damit gibt Monsun mir überaus deutlich zu verstehen, dass alle
seine Artgenossen durch diesen gewaltsamen Tod ebenso traumatisiert sind wie er selbst auch. Und er zeigt damit ebenfalls, dass er
sich nach wie vor für seine Herde verantwortlich fühlt. Ich kann
dies zwar sehr gut nachvollziehen, da ich alle seine Empfindungen
wahrgenommen habe, doch seine Aussage überfordert mich dennoch, weil ich nicht weiß, wie ich mit dieser Situation umgehen soll.
Was ich hingegen ganz bestimmt weiß, ist, dass Monsun unter gar
keinen Umständen dort bleiben kann, denn er ist mit einem großen
Teil seines Seins immer noch in dieser Situation gefangen.
Ich bitte daher meine Helfer um Rat und sie weisen mich an, die
gesamte Herde in die Obere Welt zu bringen. Diese Aussage entsetzt mich, denn die Spirits selbst lehrten mich, niemals ungefragt
in das Energiefeld eines anderen Wesens einzugreifen. Doch die
Spirits erklären, dass nicht alle diese Seelen bereits neu inkarniert

seien; außerdem würden sie selbst mir gerade die erforderliche Erlaubnis erteilen. Noch zögere ich, denn ihre Aussage bedeutet, dass zumindest ein Teil dieser Seelen bereits einen neuen Körper hat. Aber meine Helfer erläutern weiter, dass es letztendlich so sei, dass sich ein paar Pferdehalter nur über eine plötzliche, aber positive Veränderung wundern würden – und dies sei nichts Verwerfliches. Noch bin ich hin- und hergerissen. Aber die Aussicht darauf, Monsun dort lassen zu müssen, führt am Ende dazu, dass ich darauf vertraue, mich wirklich nicht schuldig zu machen, wenn ich das tue, was die Spirits mir in ihrer allumfassenden Weisheit aufgetragen haben. So bringe ich also nicht nur Monsun, sondern seine gesamte Herde zu meinen Helfern in die Obere Welt. Es sind sage und schreibe 17 Pferdeseelen, die hier nun von ihrem Trauma erlöst werden!

Während sich die Spirits um die Ausheilung kümmern, werde ich in eine Situation aus Monsuns jetzigem Leben geführt. Er ist noch recht jung, so jedenfalls empfinde ich ihn. Und er wird von einem Mann übel behandelt. Monsuns Verhalten (er will nicht richtig mitmachen und signalisiert immer wieder Fluchttendenzen) wird völlig fehlinterpretiert, sodass entschieden wird, man müsse den Willen dieses Pferdes brechen. In diesem Zusammenhang nehme ich auch wahr, dass das Thema „Strafe durch Schlachten" im Raum steht, so als drohe ihm der Mann immer wieder damit. Jetzt erst begreife ich, warum zunächst einmal das alte Trauma ausgeheilt werden musste, denn die Erfahrung mit diesem Mann hat all die furchtbaren Empfindungen von damals wieder mobilisiert.

Ich bringe auch diesen Seelenanteil (es ist die Lebensbejahung) zum Ausheilen in die Obere Welt. Nachdem alle verlorenen Seelenanteile wieder integriert wurden, kümmern sich die Spirits auch um *die körperlichen Auswirkungen dieses Traumas, denn die tödlichen Verletzungen, die Monsun seinerzeit erlitten hatte, sind immer noch in seinem System als Zellinformation abgespeichert. Monsun dürfte mit dieser Problematik im Hintergrund dazu neigen, Symptome zu zeigen, deren Ursachen gern unauffindbar bleiben. Die Spirits betonen immer wieder, dass Monsun körperlich eigentlich gesund sei. Daher sei es so wichtig, ihn von den Prägungen zu erlösen, da diese auch Auswirkungen auf den Organismus gehabt hätten.*

Sobald die Behandlung beendet ist, besteht Monsun darauf, sich von all seinen Gefährten zu verabschieden. Hier bemerke ich, dass es unter ihnen eine Stute gibt, die er ganz sicher im jetzigen Leben nicht nur kennt, sondern mit der er auch eng verbunden ist. Erst jetzt mag er mit mir in die alltägliche Wirklichkeit zurückkehren.

Es war schön zu erleben, wie Martina endlich aufatmen konnte, weil sie eine Erklärung für Monsuns Gemütsverfassung erhielt. Offenbar hatte sie sich bereits Gedanken darüber gemacht, was sie falsch gemacht haben könnte. Nun war aber klar, dass sie keinerlei Schuld an Monsuns Zustand trug. Da ich weiterhin Kontakt zu Martina hatte, erfuhr ich auch, dass Monsun recht bald nach dieser Sitzung schon ein anderes Verhalten zeigte und eben nicht mehr so oft mit gesenktem Haupt herumtrottete. Monsun hatte sich also zu Beginn der Sitzung genau so gezeigt, wie Martina ihn auch in der alltäglichen Wirklichkeit erlebte. Es fiel ihr daher auch nicht schwer zu glauben, dass er tatsächlich resigniert und sogar depressiv gewesen sei und nicht nur so gewirkt habe.

Und auch wenn dieses Gemetzel, das er damals mit seiner Herde erlebt hatte, furchtbar war, so habe er aber in seiner Funktion als Leithengst dafür gesorgt, dass allen geholfen werden konn-te. Auch dies passe zu Monsuns Wesen, wie Martina beton-te, und zeige überaus deutlich, wie sanftmütig und großherzig diese Seele sei. Ich finde, er hat es nach all dem, was er erleben musste, verdient, endlich seinen Frieden mit dem damaligen Erlebnis machen zu können. Genau dabei waren ihm die Spi-rits behilflich. Insbesondere Martina war diese umfangreiche Heilungszeremonie zu verdanken. Dadurch, dass sie die Bereit-schaft hatte, Monsun tiefgreifend verstehen zu wollen, konnte sie auch weiteren 16 Tierseelen helfen!

Überraschungen besonderer Art

Wie sehr alte Traumata das heutige Sein beeinträchtigen können, habe ich bereits in meinem vorherigen Buch dargelegt.
Dennoch möchte ich Ihnen auch hier einige Beispiele dazu
geben, denn je mehr Möglichkeiten bekannt werden, umso
größer ist die Wahrscheinlichkeit, dass sorgenvolle Tierhalter
bei Problemen überhaupt in Erwägung ziehen, den Ursprung
in Traumata – auch aus früheren Leben – zu suchen. Ein gutes Beispiel dafür ist die Sitzung mit dem Hund Ivanhoe, von
seiner Gabi liebevoll Ivy genannt. Es ist dieselbe Gabi, die von
ihrem Tobi diese überaus umfangreiche Botschaft zu ihrer Lebenseinstellung erhalten hatte. Mit Tobis Freund Ivanhoe erlebten wir eine besonders große Überraschung ...

*Ivy geht relativ freudig mit, läuft sogar vor mir her, so als könne er
es gar nicht mehr erwarten. So schön dies auch erscheinen mag, ich
spüre aber, dass hier irgendetwas nicht stimmt. Ich fühle mich also
mehr in Ivy hinein und erfasse bei ihm einen Hauch von Ängstlichkeit. Und ich nehme auch wahr, dass er seine Gabi keinesfalls
enttäuschen möchte. Da ist ein immens großes Dankbarkeitsgefühl
in ihm, und zwar ausschließlich gegenüber seiner Gabi. Er will ihr
ganz offensichtlich keinen Kummer bereiten und er liebt sie, wie
es wohl kaum jemand anderes tut. Ich frage mich, woher all das
kommt, was ich bei ihm wahrnehme. Denn auch wenn er Gabi so
sehr liebt, es schwingt dennoch so etwas wie ein schlechtes Gewissen
mit. Es fühlt sich so an, als sei er der Überzeugung, ihr schon einmal großen Kummer bereitet zu haben. Ich bin irritiert darüber,
beschließe dann aber, mich einfach führen zu lassen, denn wenn*

dies relevant für die Sitzung sei, würde es sich in seiner Essenz bald offenbaren. Ich lasse also Ivy zurück und werde von meinen Helfern sogleich in die Geburtssituation geführt.

Ivys Zustand ist es in den letzten paar Stunden des Geburtsvorganges kritisch. Ich spüre deutlich, dass er mit Todesenergie in Berührung kommt. Aber statt Angst um sich selbst zu haben, gilt seine größte Sorge auch hier absolut seiner Gabi. Er will unbedingt zu ihr und hat wohl zuvor schon einmal versucht zu inkarnieren, doch ist es ihm – aus welchen Gründen auch immer – nicht gelungen. Da er aber der ganzen Situation des Geburtsvorgangs wehrlos ausgeliefert war, ist ihm sein Gefühl für Sicherheit und Stabilität zusammen mit dem Selbstvertrauen verloren gegangen. Ich bringe Ivy in die Obere Welt zum Ausheilen und kaum, dass wir dort ankommen, offenbart man mir dann endlich den Grund für das, was für mich von Anfang an unterschwellig spürbar gewesen ist: Ivy war zuvor schon einmal bei Gabi. Seinerzeit muss sein Zustand nicht nur ihm, sondern vor allem auch Gabi großen Kummer bereitet haben. Man erklärt mir, dass er das neue Trauma tatsächlich nur erleiden konnte, weil das alte nicht ausgeheilt, sprich noch in ihm aktiv war. Durch diese für Ivy traumatische Geburtssituation wurde das damalige Trauma mobilisiert, und zudem sei ein neuer Seelenverlust hinzugekommen. Diese Energie begleite ihn nun schon sein Leben lang. Tagtäglich, wie meine Helfer hier betonen. Daher sei es nun dringend erforderlich, auch das alte Trauma auszuheilen.

Ich werde sodann von den Spirits in verschiedene Situationen aus Ivys vorherigem Leben geführt, in denen ich gerade noch Blitze im Kopf wahrnehme, dann alles schwarz wird um mich herum. (So etwas kenne ich eigentlich nur von der Arbeit mit Epileptikern.)

Wenn ich dann wieder zu mir komme, empfinde ich das Ganze wie ein riesiges Loch, wie einen Filmriss, und das bereitet mir große Angst. Es fällt mir von Mal zu Mal schwerer, mich anschließend zu orientieren. Ich bemerke auch, dass ich immer öfter vergesse, wo ich mich eigentlich gerade befinde. Die Ohnmacht ist für mich aber das Schlimmste. Es bricht mir das Herz, nichts dagegen tun zu können, in solche Phasen zu geraten. Das Einzige, worin ich Gewissheit habe, ist die Liebe von Gabi.

Endlich darf ich aus der Situation heraus. In der Oberen Welt wird auch dieses Trauma ausgeheilt. Damals ist ihm der ganze Lebenswille verloren gegangen. Das Einzige, was ihn hielt, war, dass es noch einen letzten Lebenssinn gab: seine Gabi. Aber alles andere war furchtbar für ihn.
Ich weiß nicht, wie es weiterging, denn dies lassen mich die Spirits nicht mehr erleben. Es ist auch völlig unerheblich, denn hier geht es nur darum, dass Ivy nicht mehr in diesem Trauma von damals gefangen bleibt. Während der Ausheilung weisen die Spirits darauf hin, dass es für Ivy wichtig sei, sich ausdrücken zu können und zu dürfen. Er wolle intensiv leben – dies sei wichtig, denn damals sei so furchtbar viel Lebensqualität verloren gegangen. Außerdem sei das alte Trauma in seinem System derart manifestiert gewesen, dass es nach wie vor in den Zellinformationen gespeichert sei. Sie erklären, dass Ivy daher häufig unter Kopfschmerzattacken leide, jedoch läge kein Hirntumor vor.
Meine Helfer heilen hier nicht nur die seelischen Ursachen von damals aus, sondern auch die daraus resultierenden heutigen körperlichen Manifestationen. Ivy leide durch sie nämlich hier und da auch unter Beeinträchtigungen seines Sehvermögens, was ihn dann noch mehr an seine vorherige Inkarnation erinnern würde. Es sei

nun an der Zeit, ihn aus diesem Strudel zu erlösen, damit er wieder frei leben könne. Die Spirits arbeiten also mit all diesen Aspekten, damit Ivy vollständig in seine Ganzheit kommen kann. Am Ende kehren wir gemeinsam zurück in die alltägliche Wirklichkeit und Ivy geht nun schön gemächlich neben mir her und ist sichtlich erleichtert.

Ich wünschte, ich könnte hier an dieser Stelle das Telefonat mit Gabi im wortwörtlichen Originalton wiedergeben. Gabi war sprachlos. Nicht nur über diese überaus umfangreiche Sitzung, sondern vielmehr darüber, dass sie tatsächlich vor Ivy einen Hund namens Rick gehabt hatte, der unter Epilepsie gelitten hatte. Und dadurch, dass sie sehr engen Kontakt zu Ivys Züchterin hegte, war sie auch über die Umstände der Geburt bestens informiert. Sie konnte also nicht nur das Trauma aus dem jetzigen Leben bestätigen, sondern auch das aus dem vorherigen. Aber darüber hinaus war sie von der Tatsache überwältigt, dass ihr geliebter Rick sogleich zu ihr zurückgekehrt war. Sie erzählte mir, dass sie oft den Gedanken gehabt habe, Ivy gleiche auf erstaunliche Weise ihrem verstorbenen Hund. Doch erschienen ihr diese Gedanken wohl zu absurd, als dass sie sich erlaubt hatte, ihnen mehr Bedeutung beizumessen. Nun bekam sie aber genau diesen Eindruck so unerwartet bestätigt, dass es sie völlig aus der Fassung brachte.

Der allerschönste Nebeneffekt war für mich aber, dass Gabis Intuition so sehr bekräftigt wurde, dass es ihr schwerfallen dürfte, zukünftig solche Impulse zu ignorieren. Wir waren jedenfalls beide glücklich über den Verlauf und auch über das Ergebnis dieser Sitzung, wobei erst einmal Gabis Freude über

Ricks sofortige Rückkehr im Vordergrund stand. Dennoch bekam sie nach und nach zu spüren, wie wichtig die Ausheilung all dieser Traumata für Ivy war, denn er wurde zusehends gelassener im alltäglichen Umgang.

Die Erfahrungen, die diese Frau sowohl mit Tobi als auch mit Ivy gemacht hatte, veranlassten sie, sich ihrem eigenen Seelenheil zu widmen. So kam es auch dazu, dass Gabi zusammen mit ihren beiden Hunden in meine Praxis kam und diese weisen Tierseelen die gesamte Sitzung ihres Frauchens mit ihrer ganzen Energie tatkräftig unterstützten.

Sie sehen, dass es im Fall von Tobi genau das Richtige war, eine Tierkommunikation durchzuführen. Bei Ivy war hingegen definitiv eine Seelenrückholung notwendig. Es geschieht immer nur das, was vorgesehen ist. Ich habe einige Klienten, die mehrere Tiere haben, und sich schlecht dabei fühlen, nur einen oder einzelne davon befragen oder behandeln zu lassen. Ich glaube nicht, dass diese Schuldgefühle im Sinne der Tiere sind. Oftmals gehen wir von unserem eigenen Empfinden aus und projizieren dieses auf unsere Tiere. Doch die Tiere blicken vollkommen anders auf diese Umstände. Und sie wissen noch besser als wir, dass alles seine Zeit hat und nur das geschieht, was wirklich an der Reihe ist. Es ist daher absolut nicht verwerflich, wenn man zum Beispiel von vorhandenen fünf Tieren nur eines befragen lässt.

Allerdings muss ich dazu sagen, dass die Tiere es erfahrungsgemäß nicht sehr schätzen, wenn sie zu den Aufgaben ihrer Artgenossen befragt werden. Nicht etwa aus Eifersucht, Neid oder Ähnlichem, sondern ganz einfach deshalb, weil sie jeden

Artgenossen mit all seinen speziellen Aufgaben sehr achten. Es ist eine Frage des Respekts, dem Artgenossen seinen Raum zu lassen. Und selbstverständlich kann derjenige, der mit diesen speziellen Aufgaben betraut ist, auch besser darüber berichten als ein anderer. Wie gesagt, sie achten sich untereinander sehr für die jeweiligen Tätigkeitsfelder. Auch etwas, was wir Menschen uns noch aneignen sollten.

Spieglein, Spieglein ...

Ich möchte mit all diesen Protokollen, die ich in diesem Buch veröffentliche, keinesfalls den Eindruck erwecken, als sei eine Seelenrückholung die einzige Möglichkeit, einem Tier zu helfen, das offensichtlich Probleme hat. Sie ist sicherlich bei stattgefundenen Seelenverlusten das Mittel der Wahl, aber nicht immer liegen Verhaltensauffälligkeiten oder Krankheitssymptome in einem Trauma begründet. Viele Tiere berichten von schlimmen Erfahrungen, hinterlassen dabei jedoch nicht den Eindruck, schwer traumatisiert zu sein.

Und dann gibt es da schließlich noch die nicht zu unterschätzende Variante, dass sie mit ihrem Verhalten oder mit ihrer Erkrankung ihren Menschengefährten auf gewisse Missstände aufmerksam machen wollen. Es versteht sich von selbst, dass diese Spiegelfunktion nicht einfach außer Kraft gesetzt werden kann, solange sie ihre Funktion noch erfüllen muss. Das heißt, wenn ein Tier das Trauma seines Menschenfreundes spiegelt, dann wird es nicht zulassen, dass ihm diese Möglichkeit genommen wird. Auch hier zeigt sich erneut die Fähigkeit der Tiere zu bedingungsloser Liebe und auch ihre Weisheit. Denn sie wissen sehr genau, was ihr auserwählter Mensch benötigt, um einen Schritt in seiner Entwicklung weiterzukommen. Oftmals darf ich eben in diesem Zuge erleben, wie sich für beide Seiten Heilung vollzieht.

Ich möchte Ihnen daher einen weiteren besonderen Hundeengel vorstellen. Elmo, ein bezaubernder Moskauer Toy-Terrier, hat mich mit seiner wahren Größe in diesem recht kleinen physischen Körper wirklich schwer beeindruckt.

Voller Hochachtung vor diesem Wesen teile ich nun Elmos Botschaft mit Ihnen und ich weiß, dass es auch seine Svenja mit großem Stolz erfüllt, ihn hier verewigt zu wissen, denn so wird er endlich in seiner wahren Größe erkannt!

Auch wenn Elmo sehr daran interessiert ist, seine Botschaft über-mitteln zu können, zeigt er sich dennoch zunächst recht zurückhal-tend. Ich frage ihn daher sogleich, wie es ihm gehe, und er antwortet seiner Svenja wie folgt:

„Es geht mir schon etwas besser, aber Trennungen sind eben nicht mein Ding! Überhaupt ist es so, dass ich mich schwer tue mit Ver-änderungen. Zu viel habe ich in meiner frühesten Kindheit erleben müssen, als dass ich mit Veränderungen etwas Positives verbinden könnte. Ich habe wirklich Furchtbares erlebt und war bereits mehr-mals dem Tod näher als dem Leben. Ich kann mich daher nicht so gut auf Neues einlassen. Ich hoffe, du verzeihst mir das! Aber ich denke schon, dass du das tust, denn du kennst es von dir selbst nur allzu gut. Trotzdem möchte ich nicht, dass du mich mitleidig betrachtest! Ich freue mich sehr über dein überaus großes Mitgefühl und auch über das Verständnis, mit dem du mir stets begegnest, aber ich will kein Mitleid. Von niemandem! Es hilft mir nämlich nicht. Mich wie einen kleinen, armen Jungen zu betrachten, ändert absolut nichts an meiner Situation. Und es macht alles nur noch schlimmer für mich.
Eigentlich will ich ja unbedingt meiner Vergangenheit entkommen, aber es gelingt mir nicht. Obwohl es schon besser geworden ist. Vor allem aber, seitdem du dein Herz ganz für mich geöffnet hast und auch zu mir stehst – und zwar so, wie ich bin. Das solltest du für dich selbst auch anstreben. Aber das ist ein anderes Thema. Heute

geht es um mich, und ich möchte diese Gelegenheit nicht nur auskosten, sondern auch nutzen. Es gibt nämlich ein paar Dinge, die
ich dir dringend sagen will, daher tue ich es nun. Wenn nicht jetzt,
wann dann?!"

Elmo sammelt sich an dieser Stelle ein wenig und überrascht mich
dann mit folgender Frage:

„Muss ich jetzt erst das beantworten, was Svenja wissen will, oder
lässt du mich meine Dinge sagen?"

Ich bin zugegebenermaßen etwas perplex über diese Vorgehensweise, doch mir wird darüber nur allzu deutlich bewusst, wie überaus
sensibel und achtsam dieses wundervolle Wesen ist. Denn obwohl
es ihm so wichtig ist, endlich seine eigenen Dinge mitzuteilen, weiß
er, dass seine Menschenfreundin diese Fragen nicht ohne Grund gestellt hat. Und so bittet er mich, zu entscheiden, womit er beginnen
soll. Rein aus dem Gefühl heraus möchte ich seinen Wichtigkeiten
den Vorrang geben, daher lade ich ihn ein, einfach das zu übermitteln, was ihm so sehr auf der Seele zu brennen scheint. Er freut sich
darüber und sammelt sich erneut. Auch jetzt richtet er das Wort
direkt an Svenja und sagt:

„Es ist so wichtig für mich, dass du weißt, dass ich nicht ohne Grund
bei dir bin. Und dass auch meine Probleme ihren Sinn und Zweck
erfüllen. Eigentlich sogar mehr für dich als für mich selbst. Über
meine Probleme ist es dir möglich, mit etwas Abstand auf deine eigenen zu blicken. Es ist aber von allergrößter Bedeutung, den Fokus
nicht allein auf mich zu richten.

Ich weiß, dass du sehr dankbar bist – trotz allem. Und ich weiß auch, dass du mich immer beschützen willst. Du kämpfst um mich wie eine Löwin um ihre Jungen. Doch ich tue dies umgekehrt ebenso für dich. Allerdings auf einer anderen Ebene. Dieses zu erkennen, ist für Menschen oftmals sehr schwer, wenn nicht sogar unmöglich. Doch ich sehe, dass du in der Lage bist, dich von all dem äußerlich Sichtbaren zu lösen und auf das zu blicken, was wirklich wichtig ist.

Du lässt deine ganzen Wunden nicht nach außen dringen, sodass sie unsichtbar bleiben. Ich spreche hier von deinen seelischen Wunden. Du musst sie auch gar nicht jedem offenbaren und zur Schau stellen. Darum geht es nicht. Aber es ist eben sehr destruktiv, wenn du sie auch vor dir selbst leugnest! Das ist eine Haltung, die krank macht, Svenja! Nicht nur das; sie lässt dich zudem niemals wirklich glücklich sein. Denn egal, was du machst, und egal, was dir auch an schönen Dingen widerfährt, diese blutenden und immer noch pochenden Wunden verschlingen alles. So kommt es auch, dass du oftmals den Eindruck hast, Glücksmomente würden quasi verpuffen. Das tun sie nicht, doch sie werden sozusagen sofort von diesen alten Wunden resorbiert. Ich habe daher eine Erscheinungsform gewählt, die so einiges von dem, was in dir wütet, nach außen sichtbar werden lässt. Und so kannst du dich über mich und meine Symptome mit deinen tiefsten seelischen Erschütterungen auseinandersetzen. Und zwar, ohne dass du darüber ohnmächtig zusammenbrichst!"

Hier lässt mich Elmo spüren, dass er Probleme mit der Haut und dem Fell hat.

„Ich helfe dir dabei! Und ich tue es aus Liebe und Mitgefühl, und niemals aus Mitleid. Ich fühle mit dir. Ja, sogar sehr. Aber ich leide nicht mit dir, denn dann würden wir beide im Leid versinken. Und dann?! Nein, liebste Svenja, ich zeige dir, wie viele Narben deine Seele bereits trägt. Und ich bin derjenige, der deine Maske ohne Mühe durchschaut. Du bist wie ein Clown, der sich ein lächelndes Gesicht aufmalt, in Wirklichkeit aber Tränen der Verzweiflung weint."

Während der ganzen Zeit übermittelt Elmo unterschwellig, dass das Gesagte bereits die Antwort auf die Frage sei, was ihm tatsächlich fehle, obwohl ich auf körperlicher Ebene sehr wohl wahrnehme, dass da etwas mit dem Stoffwechsel nicht in Ordnung ist. Trotzdem ist es ihm wichtig, dass Svenja weiß, was die wahre Ursache ist.
Nun verstehe ich auch, warum ich sogleich das Gefühl hatte, ihn erst einmal frei kommunizieren zu lassen, denn so hat er mich für seine ureigene Sichtweise öffnen können: Es geht um körperliche Symptome, doch die wahre Ursache liegt im seelischen Bereich.
Und auch wenn Elmo hier von seiner Svenja spricht, so habe ich dennoch den Eindruck, dass es trotzdem um Erfahrungen geht, die beide gemacht haben. Vielleicht nicht miteinander, sondern eher unabhängig voneinander und doch irgendwie gleich. Es sind eben diese negativen Erfahrungen, in denen Elmo einen Ansatz für seine und ihre Hilfestellung sieht.

Ich will ihm die Frage nach seiner Ängstlichkeit stellen, doch er bremst mich sogleich aus und sagt mir Folgendes dazu:

„Lass es jetzt gut sein, denn mit dem, was ich Svenja nun verraten habe, weiß sie alles, was sie wissen muss. Sie wird meine Worte offenen Herzens hören und ihre innere Stimme bestätigt wissen. Dies ist wichtig für sie, denn Svenja weiß das alles bereits, daher bedarf *es keiner weiteren Worte. Ich bin auch nicht dafür, die Dinge zu zerreden."*

Damit weist mich Elmo am Ende auch noch dezent darauf hin, dass es wichtig sei, seine Botschaft nicht zu zerpflücken, sondern bei der Besprechung sehr darauf zu achten, dass Svenja sie einfach ins Herz fließen lasse.

Eigentlich ist Elmos Botschaft nichts mehr hinzuzufügen, denn Svenja bestätigte alles, was ihr Liebling mitgeteilt hatte. Vor allem die Aussage, die er gleich zu Beginn der Kommunikation hinsichtlich der Trennungen gemacht hatte, denn Elmo hatte erst kürzlich eine Artgenossin verloren und sehr darunter gelitten. Svenja begriff zudem sofort, wie wichtig es sei, auf das zu achten, was er mit seinen körperlichen Symptomen tatsächlich zu zeigen beabsichtige.

Ich war zugegebenermaßen irritiert, dass sie sogar die von mir wahrgenommenen Probleme mit dem Fell bestätigte, denn auf dem Bild, über das ich mit Elmo Kontakt aufgenommen hatte, konnte man nichts dergleichen erkennen. Doch sie sagte, es sei ein altes Bild von ihm, zwischenzeitlich habe er sehr, sehr viel Fell verloren. Nun erfuhr sie aber nicht nur von den Stoffwechselproblemen, sondern vor allem auch den wahren Hintergrund für diese Erkrankung.

Da wir immer glauben, wir seien für die Tiere da, fällt es uns natürlich in dem Fall, dass unser Liebling auch noch klein und schmächtig erscheint und zudem krank ist, sehr schwer, zu ihm aufzuschauen und die wahre Größe zu erkennen. Noch schwieriger wird es für uns, wenn wir auch noch begreifen müssen, dass sie uns in ihrer allumfassenden Weisheit durch eine Spiegelfunktion zeigen, was bewusst oder unbewusst in uns aktiv ist.

Dies gilt für jedes Tier. Elmos Fall wählte ich zudem deshalb aus, weil es mir wichtig erschien, zu zeigen, dass sich auch in einem kleinen, zierlichen Hund eine alte, weise Seele verbergen kann. Und eine solche Seele ist Elmo, der sich in seiner Liebe zu Svenja gern für ihre eigene Heilung zur Verfügung stellt. Dennoch sollte niemand vergessen, dass die Tiere auch zwecks eigener Entwicklungsschritte auf dieser Erde sind, nur sind diese eben auf geniale Art und Weise mit denen des auserwählten Menschen verwoben, sodass man sich gegenseitig auf wundervolle Weise unterstützen kann.

Merlins Geschenke

Sie haben inzwischen sicherlich Gewissheit darüber, dass die Tiere uns in der seelischen Entwicklung sehr weit voraus sind und viel besser über das Leben und seine Wichtigkeiten Bescheid wissen als wir. In ihrer Weisheit und Verbundenheit regeln sie demzufolge nicht nur die äußeren und inneren Umstände ihres Abschieds, sondern mit ebenso großem Eifer auch ihre Ankunft beziehungsweise Wiederkehr. Dabei bedienen sie sich diverser Möglichkeiten, von denen wir Menschen kaum einen Schimmer haben. Ich kann inzwischen nur sagen: Die möglichen Varianten, unter denen sie wählen können, scheinen ebenso zahlreich zu sein, wie es Sterne am Himmel gibt. Eine davon hat mich auf besondere Art und Weise beeindruckt.

Es ist die Geschichte eines verstorbenen Katers mit dem schönen Namen Merlin. Seine Botschaft leitete eine Phase ein, die alle Beteiligten zum Staunen brachte, mich inbegriffen. Auch jetzt, während ich seine Geschichte hier niederschreibe, kann ich nicht anders, als mich vor dieser weisen Seele zu verneigen. Denn sie wählte ganz still und heimlich einen Weg, den wir nicht für möglich gehalten hätten und doch als stimmig empfanden. Zugegebenermaßen wäre ich bei entsprechender Ankündigung wohl auch diejenige gewesen, die versucht hätte, sich dagegen zu wehren. Doch damit Sie mir überhaupt folgen können, beginnen wir zunächst mit seiner Botschaft. Es war die erste, die Sonja und Wolfgang über mich erhielten. Zu diesem Zeitpunkt standen noch drei weitere ihrer Katzen auf meiner Liste, doch dem Bauchgefühl nach wählten sie Merlin für den

Anfang aus. Ich wusste an diesem Punkt lediglich, dass es sich um einen verstorbenen Kater handelte, doch die Begleitumstände seines Todes waren mir völlig unbekannt.

„Zunächst einmal möchte ich mich bei euch bedanken und gleichzeitig auch entschuldigen. Aber gratulieren will ich euch auch! Doch eins nach dem anderen.
Bedanken möchte ich mich für eure Offenheit und auch für die Liebe, mit der ihr mir sogleich begegnet seid. Für mich war das ein wertvolles Geschenk – das Schönste, das ich von Menschen hätte erhalten können! Ich habe bereits so viele furchtbare Erfahrungen mit Menschen auf dieser Erde machen müssen – auch in früheren Inkarnationen –, dass ich überwältigt war von so viel Zuneigung. Dafür danke ich euch sehr!
Doch es waren auch diese furchtbaren Erfahrungen, die in mir wirkten und ihre bösen Folgen bereits zeigten. Ich habe Qualen erleiden müssen, von denen ihr nicht einmal den Hauch einer Ahnung habt. Es war daher sehr schwer für mich, als ich erneut Erfahrungen machte, die mich zunehmend an die Abgründe der menschlichen Gattung erinnerten."

Hierbei übermittelt Merlin das Gefühl, als habe er auch in dieser Inkarnation einige Situationen erlebt, in denen sein Leben von den Entscheidungen der Menschen abhing. So als habe es schon im Raum gestanden, ihn einfach so einschläfern zu lassen. Er bekommt zwar mit, dass ich dieses Detail registriert habe, geht aber nicht darauf ein, sondern fährt mit seiner Botschaft weiter fort:

„Manchmal ist der Tod genau das, was man sich am meisten wünscht, weil er einem wie die einzige Erlösung aus bestehendem

232

Leid erscheint. Ich war schon mehrfach in diesen schrecklichen Laboratorien, die Menschen dazu benutzen, ihre eigenen Ideen vom Leben umzusetzen. Immer jedoch auf Kosten derer, die längst schon wissen, dass dahinter keine Sinnhaftigkeit steckt. Der Mensch in seiner überheblichen Art und in dem Irrglauben, das Wertvollste auf diesem Planeten zu sein, stellt sich über alle Lebensgesetze und zerstört das wahrhaft Kostbarste: das Leben selbst! Und er versteckt sich hinter der Ausrede, durch sein Tun Leben retten zu wollen, doch in Wahrheit steckt nur das eigene Machtbedürfnis hinter all dem! Ich selbst habe mich mehrfach schon dazu bereit erklärt, solche Situationen zu ertragen, doch meine Hoffnung, dass die offenkundigen Qualen bei den beteiligten Menschen eine andere Sichtweise bewirken, hat sich zerschlagen. Es gibt nur wenige, bei denen so etwas wie Einsicht eingekehrt ist.

Als ich in dieses Leben kam, spürte ich, wie sehr mich diese früheren Erfahrungen tatsächlich geprägt hatten, und dass ich mir zu wenig Zeit gelassen hatte, um wieder heil zu werden. Als ich zu euch kam, war es bereits zu spät. Doch auch wenn ihr es nicht hören mögt: Es war mir ganz recht so, denn mit diesen alten Prägungen hätte ich eure Zuneigung und Fürsorge niemals in dem Maße genießen können, wie ihr es verdient hättet – und ich im Übrigen auch! Nein, auch wenn es schmerzvoll war, so war es dennoch wichtig. Außerdem habe ich dank eurer liebevollen Zuwendung bereits Heilung erfahren dürfen. Und das durch Menschen! Wisst ihr, was das für mich bedeutet?!

Es hat so gut getan, und ich darf es nun erneut erleben, wenn ihr bereit seid, euch darauf einzulassen. Ich weiß sehr wohl, dass ihr bereit seid, denn unser Zusammensein fühlt sich für euch auf seltsame Weise unvollendet an. Das ist nicht wirklich so, und dennoch gibt es eine Fortsetzung. Nun aber ohne diese grässlichen Vorgeschichten, sodass es uns möglich sein wird, ganz unbekümmert unseren gemeinsamen Weg zu genießen und auf die beste Art und Weise zu nutzen! Und da ich für Wolfgang so wichtig bin, möchte ich – seinem inneren Panther entsprechend – dieselbe Farbe wählen. Ich werde da sein und zeigen, dass man sich – einmal das Alte hinter sich lassend – an einem schönen Dasein erfreuen kann.

Auch du, Sonja, solltest endlich damit beginnen, das Alte hinter dir zu lassen, denn das Neue besitzt eine völlig andersartige Qualität und würde durch die Energie des Festhaltens nur wieder zum Alten gemacht werden, obwohl es eine andere Bestimmung hat. So wird es auch mit mir sein. Ich möchte daher nicht, dass du an das denkst, was war. Und nun erst recht nicht, da du um die Hintergründe weißt. Vielmehr geht es jetzt um die neuen Erfahrungen, die wichtig sind für die Gestaltung der Zukunft. Ihr Menschen beherrscht diese Kunst noch nicht. Denn wenn es so wäre, dann gäbe es all diese schlimmen Dinge nicht in dem Ausmaß, wie sie jetzt noch existieren. Also, wenn ihr innerlich bereit seid, mich offenen Herzens und frei von alten Gegebenheiten in euer Heim zu lassen, werde ich liebend gern dieses warme Nest beziehen!"

Er sagt nun nichts mehr, daher möchte ich damit beginnen, Sonjas Fragen zu stellen. Merlin unterbricht mich sanft, aber dennoch bestimmt:

„Nein, ich habe bereits ihre wichtigsten Fragen beantwortet. Nun, da Sonja um all diese Dinge weiß, möchte ich beiden gratulieren, denn sie haben nicht nur mir einen großen Dienst erwiesen, sondern sich selbst auch. Dadurch, dass sie mich bei sich aufgenommen haben und ihre Liebe und Fürsorge grenzenlos war, haben sie auch viel für ihre eigene Seele getan. Sie haben sich auf etwas eingelassen, das sich nach menschlicher Denkweise nicht gelohnt hat. Und auch wenn große Trauer entstanden ist, haben sie keine Sekunde unseres Zusammenseins bedauert. Dies ist ein gewaltiger Schritt ins Gefühl von Hier und Jetzt und ein deutliches Ja zur eigenen Emotionalität. Ich möchte ihnen daher sagen, dass es genau das ist, worauf es ankommt. Und zudem ist es wahrhaftig das Einzige, was Menschen ehrlich bereichern kann. Selbst wenn ich nur einen einzigen Tag bei ihnen hätte verweilen können, es hätte sich für uns alle gelohnt! Das ist es, was ich beiden vermitteln möchte: Wenn es um Gefühle geht, lohnt es sich immer! Immer, auch wenn es traurige Empfindungen mit sich bringt. Denn auch die traurigsten Gefühle können bereichernd sein. Und meist sind es sogar eben diese tiefen Emotionen der Trauer, die den Menschen Zugang zu dem gewähren, was ihnen entweder irgendwann abhandengekommen ist oder aber ausgetrieben wurde.

Beide denken, ich hätte ein großes Loch hinterlassen, doch in Wahrheit habe ich Fülle geschaffen! Auf eben dieser Fülle möchte ich nun aufbauen und beiden zeigen, wie viel es noch zu erkunden gibt in ihrer Seelenlandschaft. Dazu müssen sie nur eines tun: Ja sagen. Denn den Rest übernehme ich, da ich über die besseren Möglichkeiten verfüge."

Merlin schweigt nun. Ich spüre aber, dass noch etwas offen geblieben ist. Ich bitte ihn daher, auch das mitzuteilen, was ihm noch auf der Seele brenne. Er zögert einen kleinen Augenblick, fast so, als müsse er sich die Formulierung gut überlegen, sagt dann aber Folgendes:

„Er wird mich finden, nicht Sonja. Ich möchte, dass Wolfgang sich ganz bewusst für mich entscheidet. Sonja soll aufhören, sich so viele Gedanken zu machen, da diese nur den wahrhaftigen Fluss der

Gefühle behindern. Sie soll ihn fragen, denn er weiß ganz genau, wovon hier die Rede ist. Und sie soll keine Probleme sehen, wo gar keine sind, denn genau das schafft dann in der Folge welche."

Damit zieht sich Merlin glücklich und zufrieden aus dieser Kommunikation zurück, und zwar mit dem Gefühl, dass er verkannt wurde. Aber nicht, weil man ihn in seiner Größe nicht gesehen hatte, sondern eher, weil er keine Möglichkeit hatte, diese in ihrem ganzen Ausmaß zu zeigen.

Es war eine sehr ergreifende Besprechung mit Sonja und Wolfgang. Ich hatte so einige von Merlins Aussagen überhaupt nicht zuordnen können, dafür die beiden umso besser. Sie erklärten mir, dass ihre Zeit mit Merlin wahrhaftig kurz gewesen sei, denn er sei tatsächlich schon sterbenskrank gewesen, als sie ihn zu sich genommen hatten. Und so blieb er nur wenige Wochen bei ihnen bevor er seinen Körper verließ. Erst als sie mir die Details ihres kurzen Zusammenseins verrieten, verstand ich Merlins Botschaft. Üblicherweise weiß ich bei einem Erstkontakt nichts über den Auftraggeber und seinen Tiergefährten, schon gar nicht über ihr Umfeld. So habe ich mir auf Merlins Aussagen zunächst keinen Reim machen können. Mit all diesen Ausführungen zu den damaligen Begleitumständen machte dann alles Sinn für mich. Ich staunte nicht schlecht darüber, vor allem über den Frieden, der spürbar in Sonja und Wolfgang unmittelbar mit Erhalt der Botschaft Einzug gehalten hatte. Bereits da galt diesem wundervollen Wesen meine Bewunderung. Ich ahnte nicht, wie sehr ich noch mit dieser engelhaften Energie in Berührung kommen würde ...

Da ich von Sonja und Wolfgang gleich mehrere Aufträge erhalten hatte und ich in einem solchen Fall immer so verfahre, dass ich zwischen den Kommunikationen ein wenig Zeit verstreichen lasse, damit jedes Tier ungeteilte Aufmerksamkeit beim Besprechen seiner Botschaft erhält, legten wir am Ende des Termins von Merlin die Reihenfolge für die weiteren Tierkommunikationen fest.

So kam es, dass Tiffy, die nächste auf meiner Liste, ihre Kommunikation unter anderem dazu nutzte, uns von ihrem Kumpel Pino auszurichten, dass die formulierten Fragen an den Kater überarbeitet werden sollten, und zwar von Wolfgang. Offensichtlich hatte Sonja die Fragen zusammengestellt. Da die Tiere aber tatsächlich alles mitbekommen, was wir so denken und tun, wussten die Katzen daheim genauestens Bescheid. Wolfgang beherzigte diese Bitte und stellte seine eigenen Fragen an seinen Kater Pino. Als dieser dann an der Reihe war, musste ich feststellen, dass mehrere Versuche, mit ihm die Kommunikation durchzuführen, seltsamerweise scheiterten. Nicht etwa, weil ich keine Verbindung zu ihm bekam, sondern weil schon die Kontaktaufnahme irgendwie verhindert wurde. Ich wunderte mich, dachte aber, es werde schon seinen Grund haben. Den erfuhr ich schon sehr bald, denn genau zu dieser Zeit bekam unsere eigene Katze Estella ihre vier Babys – wieder einmal gegen unseren Willen. Ich war ohnehin sehr damit beschäftigt, mich um diese junge Familie zu kümmern, daher bemerkte ich nicht sofort, dass es einen Zusammenhang zwischen diesen Babys und dem Tierkommunikationsauftrag mit Pino gab. Seltsamerweise geisterten mir Sonja und Wolfgang tagelang im Kopf herum, dabei kannte ich sie nicht einmal persönlich. Ich vermutete, es läge an der ausstehenden Kommunikation. Das war wieder einmal falsch gedacht. Denn als ich ein paar Tage später vor der Wurfkiste saß, drehten sich erneut völlig unbeabsichtigt meine Gedanken um die beiden. Und das war der Moment, in dem mich die Erkenntnis wie ein Blitz traf: Der Kater, bei dem ich gleich nach der Geburt schon das Gefühl hatte, er sei nicht gekommen, um bei uns zu bleiben, war Merlin!

Ich muss gestehen, dass ich das nicht gut kann, dieses Abgeben. So habe ich natürlich auch sofort dieses anfängliche Gefühl verworfen, denn davon wollte ich einfach nichts wissen. Zudem reichte es mir schon, wenn sich unsere eigenen Tiere nicht um unsere Zustimmung für derartige Pläne scherten, doch wenn nun auch noch die Tiergefährten von „Fremden" über uns verfügen, dann wird es für mich umso schlimmer. Aber so bin ich, die Pina, die gern selbstbestimmt ist. Ich weiß zwar, dass ich der geistigen Welt dienen muss und mich daher nicht der Vorsehung entgegenstellen darf – hat ohnehin keinen Zweck, man verliert am Ende sowieso –, doch ich bin trotzdem ein Mensch wie jeder andere auch.

So stellte ich mich erst einmal dumm und vor allem taub. Allerdings erkrankten die Babys nur zwei Tage später, wobei besagter Kater am schlimmsten betroffen war und beinahe gestorben wäre. So musste ich einmal mehr mein Haupt vor der höheren Ordnung beugen, auch wenn es mir absolut nicht behagte. Doch man köderte mich mit dem kritischen Zustand dieses Babys: Es war klar, dass das Überleben des kleinen Katers nun entschieden davon abhing, ob er seinem richtigen Zuhause zugeführt werde oder nicht. So berichtete ich Sonja und

Wolfgang im Rahmen einer recht unverfänglichen Mail, in der ich mich hinsichtlich der noch offenen Kommunikation mit Pino für die Verzögerung entschuldigte, und berichtete zudem, dass ich aufgrund einer nicht ganz unproblematischen Katzengeburt sehr eingespannt gewesen sei.

Ich fügte ohne jeglichen Hinweis auf mein Wissen um Merlins Wiedergeburt ein Bild der vier Babys bei und wartete. Da Merlin ausdrücklich davon gesprochen hatte, dass Wolfgang ihn finden und sich bewusst für ihn entscheiden müsse, durfte ich also nicht mit der Tür ins Haus fallen.

Doch das war überhaupt nicht erforderlich, denn es war Wolfgang, der eine innere Verbundenheit zu eben diesem Kater empfand. Ich bat die beiden um Erlaubnis, bei der bevorstehenden Kommunikation mit Pino fragen zu dürfen, ob der Kater tatsächlich Merlin sei. Sie waren einverstanden, und so erhielten wir nicht nur eine Bestätigung für unser Gefühl, sondern sogleich auch den neuen Namen samt Bedeutung – und noch einiges mehr.

Ich muss zugeben, dass es mich für Sonja und Wolfgang gefreut hat, doch ich mochte gar nicht daran denken, den kleinen Schatzemann irgendwann übergeben zu müssen. Da ich aber mit großer Begeisterung unsere Tiere fotografiere, versorgte ich die beiden von da an regelmäßig mit Bildern, damit sie auch aus der Ferne an der Entwicklung ihres Lieblings teilhaben konnten.

Ihre Freude darüber, aber vor allem die Vorfreude auf die bevorstehende Heimkehr dieses besonderen Wesens, sprang wie ein Funke zu mir über, sodass ich nach und nach meinen Frieden mit der Vorgehensweise des kleinen Kavi schließen konnte.

Am Ende war ich sogar glücklich darüber, Teil dieser schönen Wiedervereinigung gewesen sein zu dürfen!

Sie sehen, so hat Kavi mal ganz nebenbei auch mir eine wichtige Lektion erteilt ...

Höhere Ordnung

Von so einigen wundersamen Erfahrungen, die wir mit unseren eigenen Tieren erleben durften, habe ich Ihnen ja bereits in meinem vorherigen Buch berichtet. Ich habe zwei weitere persönliche Erlebnisse ausgewählt, um zu zeigen, wie wichtig es sein kann, sich auf das einzulassen, was sein soll, statt auf das zu hören, was uns unser Verstand suggerieren will.

Dieses Kapitel soll zudem offenlegen, wie sehr wir Menschen glauben, uns in die Belange der Tiere und damit in die der geistigen Welt einmischen zu können. Ich selbst bin nicht frei davon, wie Sie sicherlich schon bemerkt haben. Doch auch ich bin hier, um zu lernen. Dies ist der Grund, warum man mich auch so massiv diese Vielfältigkeit und Individualität des Lebens in all ihren Ausprägungen erfahren lässt.

Eben aufgrund dieser Einzigartigkeit eines jeden einzelnen Wesens, die jegliches Vereinheitlichen bereits im Ansatz ausschließt, möchte ich mich daher mit diesen Geschichten insbesondere an diejenigen wenden, die im Tierschutz tätig sind und glauben, über Züchter und ihr Tun sowohl urteilen als auch richten zu dürfen. Und auch an diejenigen, die glauben, dass es im Sinne der Tiere sei, wenn sie alle zwangskastriert würden. Überhaupt an alle, die zu wissen meinen, was gut für die Tiere sei und was nicht. Sie glauben gar nicht, mit welchen Anfragen ich mitunter zu tun habe, wenn es um den Tierschutz geht! Hier werden jegliche moralischen und ethischen Gesetze außer Kraft gesetzt, weil man der Überzeugung ist, die Weisheit und die Macht zu besitzen, über die Lebensumstände anderer Wesen – im Falle der Tiere also von vermeintlich wehrlosen

241

Geschöpfen – entscheiden zu können. Und dabei erkennen sie nicht, dass sie von der Essenz her nichts anderes tun als die Züchter, für die viele dieser Pseudo-Tierschützer im höchsten Maße nur Abscheu empfinden.

Selbstverständlich gibt es die guten und die weniger guten Züchter. Aber wir finden eben auch beide Kategorien unter den Tierschützern. Ich habe zum Glück meist mit sehr engagierten Tierschützern zu tun, die wirklich das Wohl des Tieres in den Vordergrund stellen. Und ich habe ebenso normalerweise mit Züchtern zu tun, die ihre Aufgabe sehr seriös erledigen und alles erdenklich Machbare für ihre Tiere tun. Ich hatte aber auch schon mit anders eingestellten Vertretern beider Seiten das eher zweifelhafte Vergnügen. Und das sind auch diejenigen, die den jeweils anderen verurteilen.

Es ist meines Erachtens jedoch falsch, derartig zu urteilen, nur weil man nicht beherzigen will, dass die Tiere über eine Seele und damit über ein Bewusstsein verfügen, das es ihnen erlaubt, selbst über ihr Leben und über ihre Lebensumstände zu entscheiden. Es ist also anmaßend zu glauben, dass wir es bestimmen können und sollen. Eine solche Haltung hilft diesen weisen Seelen nicht. Sie ist lediglich eine andere Form der Fremdbestimmung und Dominanz.

Es geht mir nicht darum, über die einen oder die anderen zu schimpfen. Mir ist es wichtig zu verdeutlichen, dass unser größtes Problem eben jenes ist, dass wir in unserer Überheblichkeit die gröbsten Fehler begehen. Und auch hier sind es die dogmatischen Haltungen, die uns daran hindern, im Fluss des Lebens zu sein. Ob es uns nun gefällt oder nicht, wir leben in einer Welt der Polarität, sodass es immer beide Seiten geben muss. Mal abgesehen davon, dass es zur Vielfältigkeit des

Lebens gehört. Das heißt aber eben auch, dass es Tiere gibt, die solche Erfahrungen brauchen, die man im Tierschutz sammeln kann, und andere, die das Leben in einem Züchterhaushalt erleben möchten. Wo sollen sie diese Erfahrungen machen, wenn keine entsprechende Plattform dafür existiert?

Ich weiß, dass ich mit meinen Ausführungen zu diesem Themenbereich sehr vielen Menschen vor den Kopf stoßen werde, aber es ändert nichts an der Tatsache, dass es so ist, wie es ist. Ich stelle mich weder auf die eine noch auf die andere Seite, denn das wäre ein echter Widerspruch zu dem, was mich die Tiere und die geistige Welt lehren. Es geht darum, das Leben in all seinen Facetten zu sehen und anzunehmen, mehr nicht. Doch das scheint schon das Schwierigste überhaupt für uns zu sein. Dabei wäre es wichtig, endlich einmal zu verstehen, dass alles sein darf. Zudem ist es ein Lebensgesetz, dass das, worüber wir uns am meisten aufregen, nur ein Teil dessen ist, was wir in uns selbst tragen, jedoch nicht anschauen wollen. Wenn wir das begreifen würden, wären wir zwangsläufig wesentlich achtsamer mit allem, was uns umgibt! Ob es sich dabei um Tiere, um Menschen oder um die Umwelt handelt, wir würden begreifen, dass es letztendlich um uns selbst geht. So aber kritisieren wir mit Vorliebe alles, was nicht zu unserer eigenen Haltung passt, und fühlen uns auch noch gut dabei, weil wir ja scheinbar die Guten sind. Wenn jedoch das Gesetz der Resonanz, das nichts anderes bedeutet, als dass wir im Außen gespiegelt bekommen, was in uns selbst ist, endlich mal in unser aller Bewusstsein gelangt ist, na, dann klappt´s auch mit dem Nachbarn ...

Gerade die Thematik mit der viel diskutierten Zwangskastration lässt mir die Haare zu Berge stehen, weil ich gerade im

Bereich der Fortpflanzungspläne der Tiere sehr, sehr unterschiedliche, eben sehr individuelle Betrachtungsweisen erlebe. Mir selbst hat man dahingehend eine ziemlich heftige Lektion erteilt. Ich möchte diese gern mit Ihnen teilen, damit Sie sehen, dass es Konsequenzen hat, wenn wir um diese Dinge wissen, uns ihnen aber absichtlich widersetzen. Doch das heißt nicht, dass wir die Lebensgesetze umgehen können, indem wir uns dumm stellen, um eben keine Verantwortung für unser Handeln übernehmen zu müssen.

Wir hatten einen Kater namens Quasar, der unbedingt für Nachwuchs sorgen wollte. Auch wenn aufgrund der Anzahl unserer Tiere und aufgrund der Geschichten, die wir vor allem mit ihren eigenmächtigen Entscheidungen hinsichtlich der Vermehrung erleben, der Eindruck entstehen könnte, wir würden züchten, so tun wir es de facto nicht. Daher habe ich Quasar auch gesagt, dass er gewusst habe, dass seine Pläne bei uns nicht zu realisieren seien, als er sich erneut für uns entschieden habe (er war zuvor schon einmal bei uns). Doch er blieb bei seinem Vorhaben, und als dann sein vormals friedlicher und fröhlicher Charakter beim Eintreten der Geschlechtsreife ins Gegenteil umschlug und er sogar versuchte, unsere kastrierten Katzen zu decken, habe ich ihn gegen seinen Willen kastrieren lassen. So entschied er sich dann leider dazu, lieber zu sterben.

Es hört sich hart an und es bringt mich immer noch zum Weinen, aber ich bin kein Mensch, der die Dinge anders darstellt, als sie sich vollziehen: Als er im Sterben lag, habe ich nichts anderes tun können, als ihm eine gute Reise zu wünschen. Ich habe ihm dabei gesagt, dass er bei uns nicht mehr willkommen sei, solange er an dem Plan festhalte, unbedingt Nachwuchs in die Welt setzen zu müssen.

Und auch wenn ich bereits mit dem Entschluss zu dieser Zwangskastration ahnte, was darauf folgen würde, so habe ich dennoch gehofft, er überlege es sich anders. Doch leider blieb er konsequent und ich musste damit leben. Dennoch hätte ich sein Verhalten im Hinblick auf den Rest unserer Katzengruppe nicht weiter dulden können, sodass ich sozusagen die Wahl zwischen Pest und Cholera hatte.

Ich weiß noch immer nicht, was schlimmer gewesen wäre, aber ich traf meine Entscheidung und trug auch die Konsequenzen. Doch nie wieder werde ich ungefragt eines meiner Tiere kastrieren lassen. Ich hätte ihn eher noch zu jemandem gegeben, der ihm sein Vorhaben ermöglicht hätte, aber auch das hätte er nicht gewollt.

Nun stellen Sie sich mal vor, Sie müssten Ihr Tier gegen Ihr eigenes Gefühl zum Kastrieren bringen, weil es auf einmal gesetzlich vorgeschrieben ist, und Ihr Liebling verabschiedet sich daraufhin. Man sollte sich also wirklich überlegen, ob man ein Tier zwangsweise kastrieren sollte, nur weil man selbst oder irgendein Theoretiker glaubt, es sei besser für dieses Wesen.

Ich führte im Rahmen der Entstehung dieses Buches eine Kommunikation mit einer Katze namens Ashiko durch, bei der es unter anderem auch um die Frage ging, ob sie kastriert werden wolle. Ich kam dabei mit einer für mich neuen Variante in Berührung. Bisher gab es entweder ein eindeutiges Ja oder ein klares Nein. Ashiko aber sprach davon, dass sie zwar keine Babys wolle – zumindest nicht zu diesem Zeitpunkt –, aber eben auch nicht diesem Eingriff zustimmen könne. Ihre Entscheidung gegen die Kastration betraf tatsächlich die Operation als solche. Ein Nein zur Kastration muss also nicht zwangsläufig bedeuten, dass sich Ihr Tier unbedingt Nachwuchs wünscht.

Die einzige noch nicht kastrierte Hündin in unserem Rudel entgegnete auf die Frage, ob wir sie kastrieren lassen könnten, dass sie dies nicht wolle. Tahnee übermittelte, dass sie noch einmal Mama werden wolle, jedoch zu einem späteren Zeitpunkt. Wir waren natürlich alarmiert, denn sie hatte uns bereits einen ungeplanten Sechser-Wurf „angeliefert" und wir wollten auf keinen Fall noch mehr haben.

Doch Tahnee signalisiert seitdem immer, noch bevor sie zu bluten beginnt, dass ihre Hitze einsetzt, sodass wir sie beizeiten vom Rudel trennen können. Und seitdem gibt es dahingehend noch nicht einmal Ambitionen seitens der Rüden. Unser Vertrauen auf ihre Aussage und ihr Verhalten reicht aber natürlich nicht soweit, dass wir Tahnee nicht von den Rüden trennen ...

Und auch wenn wir nicht glücklich darüber sind, wenn unsere Tiergefährten mit Vorliebe alles selbst in die Hand nehmen und uns somit nicht nach unserer Meinung fragen, muss ich zugeben, dass ich insbesondere mit ihrem Nachwuchs die wundersamsten Erfahrungen machen darf. Einige davon möchte ich gern mit Ihnen teilen.

Die erste Geschichte handelt von Fee, meiner allerersten Maine Coon und Chefin unserer Katzengruppe. Ich hätte niemals für möglich gehalten, dass sie überhaupt Ambitionen in dieser Richtung hegen würde, doch sie ließ sich decken. Als sie trächtig war, zeigte sie eher das Verhalten einer Chefin, die mit dem Nachwuchs ihre Position untermauern will, als das einer werdenden Katzenmutter. Doch ich sollte eines Besseren belehrt werden ...

Zum errechneten Geburtstermin stellte ich grünen Scheidenausfluss bei Fee fest und fuhr mit ihr sofort zu unserer Tierärztin. Sie entschied nach eingehender Untersuchung, dass ein Kaiserschnitt notwendig sei. Dieser wurde auch sofort durchgeführt und brachte ein süßes kleines Katzenmädchen zum Vorschein. Unsere Tierärztin entschied, beide zur Beobachtung dort zu behalten, da ihr weder Fees Allgemeinzustand noch die Verfassung des Babys gefiel. Auch ich hatte ein äußerst ungutes Gefühl. So kam es dann auch, dass das Baby im Laufe der Nacht trotz aller Bemühungen unserer Tierärztin verstarb. Am frühen Morgen erfuhren wir zudem, dass Fee das Baby immer fortgeschoben habe, wenn es zu ihr gekrochen kam. Ich sah mich dadurch natürlich in meinem zuvor gewonnenen Eindruck bestätigt.

Am späten Nachmittag durften wir unsere Fee nach Hause holen und beerdigten ihr kleines Mädchen in unserem Garten. Es dauerte nur wenige Stunden bis Fee zusehends abbaute, sowohl körperlich wie auch geistig. Sie bekam hohes Fieber und zitterte ohne Unterlass. Ich brachte sie zu den Spirits, da ich annahm, dass all die Mittel, die sie in den vergangenen 24 Stunden erhalten hatte, nun ihre Wirkung zeigten. Neben der Narkose hatte sie zudem eine Spritze für den Milcheinschuss erhalten, doch als das Baby verstorben war, bekam sie sozusagen das „Gegenmittel". Die Spirits wiesen auf ein drohendes Nierenversagen hin und behandelten Fee, betonten jedoch, sie müsse auch auf physischer Ebene Hilfestellung erhalten. Wir fuhren daher erneut zu unserer Tierärztin, die die Aussagen der Spirits bestätigte und sofort tätig wurde. Erneut bat sie uns, Fee zur Beobachtung bei ihr zu lassen, denn diese Nierenproblematik sei nicht ungefährlich. Von daher sei es besser, ihr in kurzen Abständen Infusionen zu legen. Ich fuhr ziemlich aufgewühlt und auch sehr traurig wieder heim.

Am nächsten Morgen verspürte ich den deutlichen Impuls, Fee erneut zu den Spirits zu bringen. Erst jetzt offenbarten sie mir, dass die Erfahrung mit dem Kaiserschnitt und dem anschließenden Verlust ihres Babys traumatisch für Fee gewesen sei und nun dringend eine Seelenrückholung durchgeführt werden müsse. Darüber hinaus aber zeigten sie Fee bei der Tierärztin, wie sie in trüben Gedanken versunken durch die Terrassentür in den Garten blickte. Sie wirkte so überaus traurig, dass es mich nicht nur zusätzlich betroffen machte, sondern auch ängstigte. Ich bangte nun nicht nur um ihren Gesundheitszustand, vielmehr sah es jetzt so aus, als habe Fee all ihren Lebenswillen verloren.

Ich führte also mit Hilfe der Spirits die Seelenrückholung durch und im Anschluss daran wurde sie erneut behandelt. Doch am Ende dieser Sitzung brachte mich eine Anweisung meiner Helfer ins Rotieren. Sie ließen mich wissen, dass es für Fee zu allem Überfluss einfach nicht möglich sei – insbesondere als Chefin – nach Hause zu kommen, ohne ein Baby bei sich zu haben. Dies würde ihrer Autorität innerhalb der Gruppe schaden. Und da Fee gerade dabei sei, eine Entscheidung zu treffen, ob es nicht besser sei, ganz zu gehen, sei es wichtig, ihr ein Adoptivbaby zu besorgen.

Dazu müssen Sie wissen, dass wir Fee im Rahmen des Kaiserschnitts kastrieren ließen, da ihre Gebärmutter Anomalien aufwies, die weder bagatellisiert noch ignoriert werden durften. Dies hieß aber auch, dass Fee keine Möglichkeit mehr haben würde, erneut ein Baby zur Welt zu bringen. Da sie jedoch bereits in Narkose gelegen hatte, als sich diese Problematik offenbarte, und sofort darüber entschieden werden musste, hatte ich keine Gelegenheit mehr, sie zu der in Rede stehenden Kastration zu befragen.

Zu meinem Leidwesen muss ich auch gestehen, dass ich durch den Eindruck, den ich bis dahin während der Trächtigkeit von ihr hatte, keine Schwierigkeiten hinsichtlich der notfallmäßigen Kastration vermutete.

Gemäß den Anweisungen der Spirits ging es hier also nun um Leben und Tod, sodass ihr Überleben in erster Linie von diesem Adoptivbaby abhing. Ich war völlig überfordert mit dieser Aussage, denn aufgrund der Situation war ja klar, dass wir sofort tätig werden mussten. Wir hatten bis dahin unsere Katzen von Züchtern erhalten (oder sie waren uns zugelaufen), deshalb wusste ich, dass niemand davon seine Kitten vor der 12. Lebenswoche abgeben würde. Hier hatten die Spirits aber definitiv von einem Baby gesprochen. Ich sagte zu meinem Mann, dass meine „Jungs da oben" echt lustig seien, denn sie hätten mir nicht verraten, wie wir das bewerkstelligen sollten. Jörg ist da aber viel pragmatischer, als ich es jemals sein werde. Seine Reaktion war einfach die, dass er mich bat, umgehend im Internet nach einem geeigneten Baby zu suchen. Er meinte, ich solle bedenken, dass die Spirits bisher immer alles möglich gemacht hätten, was angeordnet worden sei. Ich begab mich also auf die Suche und wurde fündig. Ich fand eine Anzeige von Maine Coon Kitten, die acht Wochen alt und sofort abholbereit waren. Zu meiner Überraschung stellte ich fest, dass diese Annonce wenige Minuten, bevor ich meine Suche startete, eingestellt worden war. Ich druckte das Bild eines Babys aus, das mich sofort im Herzen berührte, und ging damit zu meinem Mann. Auch hier war die Reaktion eben typisch für Jörg, denn er sah mich an und meinte: „Und, hast du schon angerufen, damit wir es abholen können?"

Gesagt, getan. Ich rief also an und die Frau meinte, da Sonntag sei und sie frei habe, könnten wir sofort kommen. Unter der Woche sei es schwierig, sodass wir dann bis zum kommenden Wochenende warten müssten. Wir setzten uns sofort ins Auto und fuhren hin – vier Stunden. Sie können sich wahrscheinlich lebhaft vorstellen, welches Gedankenkarussell sich in meinem Kopf unaufhörlich drehte. Als wir ankamen, waren wir allerdings vollkommen überwältigt von der zutraulichen Reaktion dieses kleinen Katers auf uns und nahmen ihn sofort mit.

Nun stand uns aber die nächste Hürde bevor, denn zum einen befand sich Fee immer noch in Behandlung bei unserer Tierärztin, zum anderen war immer noch Sonntag. Ich fragte mich die ganze Rückfahrt über, wie wir es unserer Tierärztin erklären sollten. Kurz bevor wir die Praxis erreichten, rief ich sie an und bat sie um Einlass. Wir müssten sie leider mit einer speziellen Sache überfallen.

Sie ist einfach genial, diese wundervolle Frau, denn es war für sie selbstverständlich, uns die Türe zu öffnen und sich alles anzuhören, was wir zu berichten hatten. Natürlich staunte sie nicht schlecht und wies auch vorsichtig darauf hin, dass dieses

Experiment durchaus scheitern könne, denn schließlich sei dies ein fremdes Baby. Außerdem habe Fee ja sogar ihr eigenes abgelehnt. Ich entgegnete, dass Fee dies aber wohl eher deshalb abgelehnt habe, weil Katzen nun mal instinktiv wüssten, ob ein Baby lebensfähig sei oder nicht. Offenbar habe sie trotz allem starke Muttergefühle und es sei doch einen Versuch wert. Ich ließ sie aber auch wissen, dass diese ganze Geschichte nicht unsere Idee gewesen sei, sondern wir aufgrund der Aussage der Spirits tätig geworden seien. Dies war wohl das ausschlaggebende Stichwort für unsere Tierärztin. Sie willigte ein und brachte Fee ins Behandlungszimmer, wo wir mit dem kleinen Kater auf dem Arm bereits gespannt warteten.

Der eine oder andere von Ihnen wird jetzt sicherlich denken, dass wir da ein großes Risiko eingegangen sind, denn schließlich ging es hier um ein Lebewesen. Aber abgesehen davon, dass ich alles dafür getan hätte, dass es meiner Fee wieder besser gehen und sie am leben bleiben würde, war es auch so, dass ich auf die Aussage der Spirits vertraute. Meine Sorge bezog sich in keinem Augenblick auf das Zusammenkommen der beiden. Ich hatte anfangs nur die Sorge, auf die Schnelle kein Baby für Fee zu finden. Mein einziger Fehler war, außer Acht zu lassen, dass die Spirits längst dafür gesorgt hatten, dass ein Baby bereitstand. Nun hatten wir es aber geschafft und waren beide absolut überzeugt davon, dass es keine Probleme geben würde.

Sie werden es kaum glauben, aber Fee ging sofort zu diesem kleinen Kater und fing an ihn zu putzen. Und obwohl ich dahingehend keine Bedenken gehabt hatte, war ich dennoch zutiefst berührt von dieser Szene. Unserer Tierärztin ging es nicht

anders und so nahm sie die beiden wieder mit in ihr Kranken-
zimmer. Am kommenden Tag rief sie uns an und teilte uns mit,
Fee sei nach der Ankunft des Babys in kürzester Zeit genesen,
von daher könnten wir Mami und Baby nach Hause holen. Außerdem sei sie noch etwas Ungewöhnliches passiert, denn Fee
habe begonnen, ihr Adoptivbaby zu säugen. Ich war sprachlos!
Wir hatten Avalon ja bereits in seinem alten Zuhause beobachtet und mit eigenen Augen gesehen, wie selbständig er schon
gewesen ist, doch er wurde noch einmal zum richtigen Baby,
sodass beide ihr Zusammensein sehr genossen haben. Sie verbrachten noch etliche Wochen gemeinsam in der für Fee bereitgestellten Wurfkiste.

An diesem Punkt muss ich noch einmal auf die Problematik der dogmatischen Haltungen zurückkommen: Wenn ich
weiterhin darauf bestanden hätte, keinesfalls sogenannte
„Schwarz-Züchter" zu unterstützen, dann hätte ich mich nicht
auf das einlassen können, was vorgesehen war! Und somit habe
ich nicht nur schöne und wundersame Erfahrungen mit dieser
Geschichte machen dürfen, sondern ganz nebenbei wieder einmal eine wichtige Lektion erteilt bekommen.

So ergeht es nicht nur mir. Jeder ist hier auf diesem Planeten,
um Erfahrungen zu sammeln. Und jeder erhält die bestmögliche Unterstützung. Die große Frage ist dabei nur, ob wir die
Hinweisschilder, die man uns vor die Augen hält, auch erkennen. Mir wurde sofort klar, dass ich meine festgefahrene
Haltung hinsichtlich dieser Züchter so keinesfalls aufrechter-
halten durfte. Es ging nicht darum, sich dem einen oder dem
anderen zuzuwenden, sondern jeder Erscheinungsform eine

Daseinsberechtigung einzuräumen. Und mal ganz ehrlich, wenn sich die Spirits einer solchen Möglichkeit bedienen, wäre es dann nicht anmaßend von uns zu glauben, darüber richten zu können?!

Wie sehr man auf die Aussagen der Spirits vertrauen kann, zeigt auch folgende Geschichte, die wir mit einer weiteren Katze namens Caprice erlebt haben. Auch hier geht es zwar wieder um Nachwuchs, vielmehr aber noch um das, was sich im Rahmen der damit verbundenen Geschehnisse offenbaren konnte. Und mit jeder dieser wundersamen Erfahrungen wächst mein Vertrauen in die Tiere und in die führende Kraft der geistigen Welt. Ich hoffe, dass sich auch bei Ihnen, allein schon durch das Lesen und Nachspüren, ein Gefühl dafür einstellt, denn nichts ist heilsamer als die Gewissheit, weise getragen zu werden.

Unsere Caprice war trächtig und total glücklich damit. Ich hingegen hatte ein seltsames Gefühl, ohne dass ich es näher hätte benennen können. Und entgegen der ausgeprägten Gewichtszunahme hielt sich in mir hartnäckig das innere Bild von nur einem Baby. Es war sogar so stark, dass ich zwischendurch meinem Mann sagte, dass es sicherlich nicht bei diesem einen Wurf bleiben würde, wenn sich mein Eindruck bewahrheiten sollte. Ich konnte mir sogar vorstellen, dass Caprice sogleich für „Nachschub" sorgen würde, denn mir war klar, dass sie sich mit nur einem Baby ganz bestimmt unterfordert fühlen würde. Jörg beruhigte mich und meinte, dass wir es schon sehen und regeln würden, wenn es soweit wäre. Doch alles beruhigende Einreden auf mich half nicht, denn mein ungutes Gefühl hinsichtlich der bevorstehenden Geburt ließ einfach nicht nach.

Und leider wurde es am Ende auch bestätigt. Als es soweit war, dass die Babys auf die Welt kommen sollten, war es von Anfang bis Ende eine einzige große Katastrophe.

Es begann damit, dass Caprice sich auf beängstigende Art und Weise durch die Wehen quälte. Und als dann endlich das erste Baby geboren war, sah ich sofort, dass dem kleinen Kater der gesamte Darm aus dem Nabel quoll. Das arme Baby schrie so sehr, dass es einem das Herz brach. Ich bat Jörg sogleich, unsere Tierärztin anzurufen, denn mir war klar, dass der Kleine keine Überlebenschancen hatte. Leider mussten wir warten bis das zweite Baby geboren wurde, denn Caprice schlug und biss mich bei jedem Versuch, ihr das schreiende Baby abzunehmen. Ich hätte ihm gern dieses Leid erspart. Doch wir hatten gleichzeitig auch Sorge, dass ein deratiges Eingreifen unsererseits dazu führen könnte, dass bei Caprice die Wehen aussetzen, was dann womöglich gefährlich für den weiteren Verlauf der Geburt gewesen wäre.

Ich war völlig fertig mit den Nerven, zumal ich sah, wie sehr sich Caprice um ihr Baby bemühte und selbst auch außer sich war, weil der Kleine nicht aufhörte zu schreien.

Als dann endlich das zweite Baby kam, ließ sie von dem Erstgeborenen ab und Jörg konnte mit ihm zu unserer Tierärztin fahren, um ihn von seinen Qualen erlösen zu lassen. Ich blieb selbstverständlich bei Caprice und beobachtete sie sehr genau. Sie lag nun völlig entspannt in ihrer Wurfkiste und kümmerte sich um ihr winziges Mädchen, das eifrig nuckelte. Und obwohl ich beim Abtasten meinte, noch ein weiteres Baby im Geburtskanal zu spüren, blieb weiterhin alles ruhig. So verbrachten wir einige Stunden mit Warten und Beobachten, doch es kamen keine weiteren Wehen. Um drei Uhr nachts legte ich mich erschöpft zum Schlafen neben die Wurfkiste.

Auch als ich frühmorgens erwachte, war alles friedlich in der Kiste und ich ging in die Küche, um einen Kaffe zu trinken. Ich führte ein Telefonat, beendete es aber urplötzlich, als mich ein ungutes Gefühl beschlich. Als ich in die Wurfkiste schaute, brachte Caprice gerade ein totes Baby auf die Welt. Ich war zutiefst betrübt darüber, denn auch bei diesem Baby zeigte Caprice wieder ganz offenkundig ihre große Trauer.

Ich zögerte also nicht lange, zumal sie nun zitternd bei ihrem Baby lag, sondern brachte Caprice zu den Spirits, um sie behandeln zu lassen. Sie hatte durch diese Geburt bzw. durch den Tod ihrer Babys tatsächlich einen Seelenverlust erlitten. Und obwohl ich in jeder Sekunde dabei gewesen war, hat diese Sitzung mit Caprice mal wieder gezeigt, wie subjektiv wir in unserem Empfinden sind. Es offenbarten sich aus ihrer Sicht völlig andere Aspekte, die jedoch ausschlaggebend für den Verlust des Seelenanteils waren.

Am Ende dieser Sitzung teilten mir die Spirits mit, dass sich die Wirksamkeit ihrer Bemühungen erst dann entfalten könnten, wenn Caprice es diesen beiden verstorbenen Katern ermöglicht hätte, erneut auf die Welt zu kommen. Als ich im Anschluss an die Seelenrückholung nach Caprice sah, lag sie endlich wieder entspannt bei ihrer kleinen Tochter und zitterte nun nicht mehr.

Ich war erst einmal heilfroh, dass sie Hilfestellung von den Spirits bekommen hatte, und dachte mir, dass alles Weitere wohl noch Zeit haben würde. Gleichzeitig musste ich aber dann doch mit einem weinenden Auge schmunzeln. Mein Gefühl, das mich durch die ganze Trächtigkeit begleitet hatte, war am

Ende doch zutreffend gewesen, selbst wenn es etwas anders war, als ich zuvor angenommen hatte.

Und auch wenn Caprice nun glücklich mit ihrer kleinen Estella war, so zeigte ihr Verhalten sogleich, dass sie sich als Mutter eines einzigen Babys tatsächlich unterfordert fühlte. So versuchte sie ständig, andere Jungtiere in ihr „Nest" zu holen. Ich war deshalb doppelt alarmiert und achtete auf Anzeichen für eine Rolligkeit. Was ich damit bezwecken wollte, war ihr natürlich nicht entgangen, sodass sie uns reinlegte, indem sie keinerlei Anzeichen zeigte und sich klammheimlich decken ließ. Ich bemerkte die erneute Trächtigkeit vor allem dadurch, dass Caprice von einem Tag auf den anderen das Säugen ihres kleinen Mädchens einstellte – und das als Übermami. Zudem litt sie wieder unter Sodbrennen; dies war bei der ersten Trächtigkeit auch gleich zu Beginn der Fall gewesen. Mein Eindruck sollte sich schnell bestätigen, denn sie nahm kontinuierlich zu, sodass bald kein Zweifel mehr daran bestand, dass sie sich in der Tat sofort einen „Nachschlag" geholt hatte.

Die Überraschung bei der Geburt war dann auch perfekt: Es kamen tatsächlich exakt die beiden Kater auf die Welt, die sie bei der vorherigen Geburt auf so dramatische Art und Weise verloren hatte. Und zu guter Letzt zeigte sich Caprice nach der Geburt so überaus glücklich, tatsächlich wunschlos glücklich, sodass ich keine Sorge mehr um sie haben musste. Und wieder einmal kam es so, wie die Spirits es bei der Sitzung bereits angekündigt hatten ...

Und manchmal ist es wirklich schlimm ...

Ich habe Ihnen zugegebenermaßen mit dem vorherigen Kapitel auch eine kleine Verschnaufpause gönnen wollen, bevor ich mich nun einigen weniger freudvollen Erfahrungen zuwende, die ich im Rahmen meiner Arbeit zusammen mit Klienten machen musste. Es liegt mir jedoch sehr am Herzen zu betonen, dass diese Fälle wirklich Ausnahmen darstellen! Dennoch geht es in diesem Buch darum, einen Einblick in die Vielfalt der Möglichkeiten zu bieten, sodass es meines Erachtens wichtig ist, auch solche Geschehnisse zu veröffentlichen. Und selbst wenn sie erschreckend sein mögen, so darf ich Sie bitten – ebenso wie ich es tue – Ihr Hauptaugenmerk auf das Ergebnis zu richten. Denn auch wenn wir es oftmals nicht verstehen, warum derartige Erfahrungen notwendig und somit wichtig sind, dürfte inzwischen jedem Leser bewusst sein, dass sie zum großen Plan gehören. Außerdem kann es durchaus sein, dass der eine oder andere Leser sich und seine eigene Geschichte hierin wiedererkennt und erfährt, welche Hilfestellungen möglich sind.

Die traurige Geschichte eines Pferdes namens Püppi aus meinem vorherigen Buch werden einige von Ihnen vielleicht noch in Erinnerung haben. Dieses arme Wesen war bedauerlicherweise in der Todessituation gefangen geblieben und konnte zunächst einmal nicht ins Licht gehen. Dies war eine Erfahrung, die mich zutiefst erschüttert hatte, aber seinerzeit zum Glück einmalig während meiner Laufbahn war. Doch ich sollte erneut mit einer schier unglaublich furchtbaren Todessituation eines Tieres konfrontiert werden. Auch dieses Mal betraf es leider das geliebte Tier einer Freundin. Und selbst wenn wir heute wissen, dass es auch für Ullis eigenen Berufungsweg wichtig gewesen ist, diese Erfahrung zu machen, war es doch schrecklich, diese Phase zu durchleben.

Ulli bat mich völlig verzweifelt um eine Kommunikation mit ihrer Katze Celah, die am frühen Morgen überfahren worden war. Ich war völlig schockiert über diese Schreckensnachricht und musste mich erst einmal sammeln. Celah war nicht nur bei uns zur Welt gekommen, ich wusste auch, welche Bedeutung diese Katze für Ulli hatte. Es war also wichtig, dass ich mich für diese Kommunikation ganz und gar öffnete und mich dabei frei machte von meinen eigenen Emotionen. Wie schlimm es tatsächlich sein würde, ahnte ich zu diesem Zeitpunkt noch nicht.

Celah nähert sich mit einer schier unerträglichen Traurigkeit und fleht mich sofort an, ihr zu helfen. Ich bin irritiert und frage sie, was denn überhaupt los sei. Sie antwortet darauf, dass sie in dieser schrecklichen Situation des Unfalls gefangen sei. Ich frage sie, wie das denn sein könne, und sie wird darüber ein wenig ungeduldig. Sie erklärt es mir aber dennoch relativ ruhig:

„Es war ein Unfall! Wirklich so unvorhersehbar für mich, dass es nicht nur meinen Körper, sondern vor allem meinen Geist überrascht hat. Ich wollte das so nicht! Was aber noch viel schlimmer ist, ist die jetzige Situation, in der ich stecke! Ich müsste eigentlich bei meiner Ulli sein. Das geht aber nicht, weil ich immer noch hier am Straßenrand verharre! Ich will, dass du mich hier sofort wegholst!

Ich will hier nicht gefangen bleiben! Ständig fahren Autos durch mich hindurch. Ich will zu meiner Ulli!"

Sie ist regelrecht panisch und ich beende ganz abrupt die Kommunikation, da mir klar wird, dass ich Celah nicht unnötigerweise noch eine einzige Sekunde dort lassen sollte. Ich beginne daher sofort mit der schamanischen Arbeit, um ihre Seele ins Licht zu führen. Ich weiß, dass Ulli mir dahingehend völlig vertraut und ich mit dieser spontanen Entscheidung keine Grenze überschreite. Hier herrscht das Gefühl vor, Celah so bald wie irgendwie möglich zu helfen, sodass ich keine Zeit mehr vergeuden möchte.

Die Spirits führen mich in besagte Unfallsituation und ich erlebe sie zunächst einmal als Zuschauer, dann erst als Celah. In beiden Fällen aber ist der Schrei, den Celah von sich gibt, wirklich furchtbar und markerschütternd. Sie spürt kurz einen stechenden Schmerz, doch der Schock, den sie durch diesen Unfall erleidet, ist weitaus schlimmer. Die Seele tritt zwar sofort aus dem Körper, ist aber merkwürdigerweise in diesem Schrei gefangen. Es ist ganz seltsam, denn ich sehe den Schall, den dieser Schrei verursacht. Und die erzeugten Wellen verebben nicht, sondern bleiben in dieser Form bestehen. Ich habe den Eindruck, als würden sie nun auf ewig dort verankert bleiben. In dieser Energie ist Celahs Seele gefangen und kann sich daher nicht von dort entfernen. Sie ist schon panisch und fast hysterisch.
Ich weiß zunächst nicht, wie ich mit der Situation umgehen soll, da mir so etwas noch nie zuvor begegnet ist. Doch die Spirits greifen sofort ein, indem sie mich riesig groß werden lassen. Es ist, als würde ich aufgepumpt werden. Und obwohl ich für die alltägliche Wirklichkeit unsichtbar bin, halten einige Autofahrer – scheinbar

ohne Grund – an, sodass ich Celah auf den Arm nehmen kann. Irgendwie scheint der Bann, der sie gefangen gehalten hat, dadurch gebrochen worden zu sein, auch wenn ich es nicht verstehe.

Sowie ich mit Celah in der Oberen Welt ankomme, erklären mir die Spirits, dass nur die Liebe zu dieser Seele es ermöglichen konnte, eine solche energetische Wand zu durchbrechen. Sie sagen, es sei wichtig, dass Ulli bereits jetzt damit in Berührung komme, denn in ihrer Entwicklung gehe es vor allem um die Möglichkeiten, die die reine Liebe offenbare und bewirke.
Die Spirits kümmern sich um die Ausheilung von Celahs Seele und sagen mir am Ende, ich solle erst später die Kommunikation mit ihr fortsetzen, da sie sich erst einmal ganz von diesem Schockzustand erholen müsse. Ich halte mich natürlich an diese Anweisung, brenne jedoch darauf, Celah selbst zu befragen.

Sowie die Verbindung zu Celah wieder steht, spüre ich ihre Energie schon sehr deutlich und rein, frage sie aber dennoch, ob es ihr jetzt besser gehe. Sie antwortet darauf folgendermaßen:

„Oh ja, danke, ich hätte mich da verlieren können – und das wiederum hätte böse Auswirkungen auf Ulli gehabt. Also, danke! Und nun zu Ulli: Sage ihr, ich werde natürlich zu ihr zurückkommen – und sie weiß auch ganz genau, welchen Weg ich hierfür wählen werde …"

Dann richtet sie sich direkt an Ulli und sagt:

„Wenn ich wieder da bin, dann gilt vor allem Folgendes: Höre auf dein Gefühl und handle danach. Keine Kompromisse mehr, die nur *dem Kopf, jedoch nicht dem Herzen entspringen. Das schaffen wir schon – du wirst sehen. Aber nun brauchen wir beide eine kleine Verschnaufpause. Und ich begleite dich eine Weile von hier aus, okay?"*

Damit verabschiedet sie sich ganz abrupt und ich habe das deutliche Gefühl, dass sie nach der Behandlung durch die Spirits mit ihrem Schicksal versöhnt ist.

Sie können sich vorstellen, wie Ulli sich gefühlt hat, als sie davon hörte. Es tat mir in der Seele weh, meiner lieben Freundin eine solche Botschaft überbringen zu müssen. Aber ich kann und darf nichts beschönigen. Auch wenn es schrecklich ist, dem Menschen, der sowieso schon leidet, auch noch solche Dinge sagen zu müssen. Doch als Mittler zwischen den Welten und als Dolmetscher für die Tiere muss ich mich darum bemühen, als reiner Kanal zu dienen. Persönliche Empfindungen dürfen keinesfalls dazu führen, dass die Wahrheit verschleiert wird. Letztendlich würde dieses Beschönigen auch niemandem nützen.

Celah ist tatsächlich auf die Art und Weise zurückgekehrt, die Ulli sofort nach dem Unfall erahnt hatte, nämlich über die Katze ihrer Schwester. Es war eine schwierige Zeit bis dahin, doch es geschah sehr viel in und um Ulli herum.
Inzwischen hatte sie ihren ganz persönlichen Pfad endgültig gefunden und so kam es dann auch, dass die als Manju heimgekehrte Celah es sich nicht nehmen ließ, gleich mit ihrer Ankunft eine weitere Lektion zu liefern. Heute wissen wir, dass es Manju darum ging, Ulli wichtige Aspekte zu lehren, die für ihren weiteren Weg von ungeheurer Bedeutung waren.

Eigentlich wollte Ulli durch nachfolgende Kommunikation lediglich herausfinden, ob sie wirklich ihre Celah aus den vorhandenen Kitten ausgewählt hatte. Doch wieder einmal sahen die Pläne der Tierseelen anders aus.

Und ich möchte gern mit dieser Fortsetzung von Celahs Geschichte zeigen, dass es immer ein Happy End geben kann, egal wie schlimm es zuvor auch war; wir müssen uns nur darauf einlassen.

Für Ulli stand das völlig außer Frage, daher war sie offen für die Geschenke, die sie in der Folge erhielt.

Manju wartet die Frage, ob Ulli mit ihrer Auswahl richtig gelegen habe und sie tatsächlich im Körper der Letztgeborenen stecke, nicht einmal ab, sondern sagt sogleich:

„Natürlich bin ich es! Und Ulli weiß das sehr wohl. Sie hat es sofort gespürt, noch ehe ich geboren wurde, nämlich als sie Angst um mich hatte. Es ist wichtig, dass sie lernt, Ruhe zu bewahren, alles äußerlich Sichtbare beiseitezuschieben und sich dann auf ihre innere Stimme zu besinnen. Dies ist sehr wichtig, sonst wird sie sich immer dazu verleiten lassen, auf das Unwesentliche und damit auch auf allerlei Ablenkungen von den wirklich wichtigen Dingen hereinzufallen. Ich möchte, dass sie weiß, wie wichtig es ist, und dass sie gezielt daran arbeiten sollte. Sie kann das – ich weiß es ganz bestimmt!“

Da sie nichts mehr dazu sagt, frage ich sie, ob es für sie in Ordnung sei, wenn sie nun keinen Freigang mehr bekäme, denn Ulli fürchtete einen erneuten Unfalltot ihrer Katze, wenn sie diese aus der Wohnung lasse. Da schießt es förmlich aus ihr heraus, so als habe sie nur darauf gewartet, dass diese entscheidende Frage gestellt würde, um auf den für sie wichtigsten Punkt zu kommen:

„Tja, Ulli möchte jetzt von mir, dass ich ihr etwas abnehme, was ich aber nicht kann und vor allem auch nicht tun darf!"

Dann wendet sie sich direkt an Ulli und sagt:

„Schau mal, Ulli, das ist eines der Dinge, die du von nun an mit mir üben sollst. Nicht für mich oder für den Umgang mit mir. Nein, es dient in erster Linie dir und dem Umgang mit dir selbst. Und erst in der Folge dient es natürlich dann auch dem Umgang mit deiner Familie. Wenn du dich nicht endlich für das einsetzt, was dir wichtig erscheint, dann wirst du dich nie gegen andere durchsetzen!
Ich weiß, du störst dich jetzt an dem Wörtchen ,gegen', aber es ist nicht wirklich ,gegen' im Sinne von kontra. Es geht hier um die Abgrenzung des eigenen Bereichs und nicht um die Ablehnung eines anderen Wesens. Dies ist ein großer Unterschied! Es ist aber deshalb auch ein ,für dich'. Du lernst darüber nicht nur, bei dir zu sein und zu bleiben, sondern du lernst auch, dich selbst endlich mal so zu nehmen, wie es sein sollte. Dies kannst du aber nur, wenn du deine eigenen Bedürfnisse in ihrer wahren Essenz und in reiner Form wahrnimmst. Und dann musst du sie als solche auch in dir erkennen, als Teil von dir, sie annehmen und dann durchsetzen. Ganz einfach deshalb, weil es deine sind. Verstehst du? Wenn du also wirklich nicht willst, dass ich rausgehe, dann weißt du, an wem es liegt, dieses auch so zu praktizieren. Verstehst du, worum es geht? Ich will, dass du es endlich als eine deiner Aufgaben erkennst, denn ansonsten drehen wir uns im Kreis – das willst du doch nicht."

Am Ende verabschiedet sich Manju mit einem speziellen Gruß:

„Übrigens ist der Name, den ich jetzt trage, mein wirklicher Name!
Auch daran sollte Ulli erkennen, dass unser Zusammensein nun in
eine andere Ebene übergeht."

In der Tat ist es so, dass Ulli seit Manjus Ankunft sehr viele
neue Erfahrungen gemacht hat und immer mehr zu ihrem
wahren Kern und damit zu ihrer wahren Bestimmung findet.
Auch wenn der Weg dorthin bisher mitunter schmerzhaft und
mehr als aufwühlend war, so dienten aber all diese Erfahrungen
einzig und allein diesem Ziel.

Es ist erstaunlich, wie sich die Dinge ereignen. Uns erscheinen
sie wie ein einziges großes Chaos, doch am Ende – im Rückblick – dürfen wir immer wieder erkennen, dass es alles andere
als chaotisch war, sondern einem roten Faden folgte, den wir
einfach nur nicht sehen konnten. Und heute weiß ich zudem,
dass es nicht nur darum ging, Ulli mit all diesen Aspekten zu
konfrontieren, sondern durch Manjus eindringliche Worte
auch darum, dass es wichtig ist, nicht in einer bestimmten Energie gefangen zu bleiben.

Bevor ich mich einer weiteren traurigen Geschichte zuwende,
möchte ich an dieser Stelle ein Zitat aus einer Tierbotschaft
einfügen.

Die Kommunikation mit dem Kater meiner Freundin Ange-
la hat uns beide sehr berührt, doch ich möchte der Thematik
des Buches entsprechend nur einen Auszug aus Kashmirs Botschaft veröffentlichen:

„Habt Vertrauen! Und zwar ohne irgendeinen Anspruch und ohne jegliche Art von Wertung, denn nur so könnt ihr all die Geschenke erkennen, die ihr erhalten werdet. Und auch wenn es euch schwerfällt: Selbst die für euch subjektiv schlimmen Erfahrungen sind Geschenke, denn sie bereichern euch und gleichzeitig treiben sie euch voran.

Angelas größtes Geschenk war ihr schlimmster Schmerz, denn nur dadurch konnte sie Überlebenswillen entwickeln und zum ersten Mal für sich selbst kämpfen. Somit ist also nicht das, was sich daraus entwickelt hat, das Geschenk, sondern die Erfahrung, die ursächlich alles Folgende in Bewegung gesetzt hat! Sie sollte dies verinnerlichen und stets präsent haben, denn es wird ihr in anderen Situationen nicht nur behilflich sein, sondern auch Kraft und Mut spenden!"

Ich möchte Sie bitten, Kashmirs weise Aussage zu beherzigen, bevor Sie die nachfolgende Geschichte lesen, damit Sie nicht vergessen, dass es immer und bei jedweder Erfahrung um das Lernen im Sinne der seelischen Entwicklung geht.

Zwei Heiler unter sich ...

Es ist wirklich furchtbar, was ich bei der Arbeit mit dem Münsterländerrüden Moritz zusammen mit seinem Menschengefährten Ronald erfahren habe. Wenn Sie ebenso empathisch sind wie Ronald und ich, werden Sie spüren, wie schmerzhaft und traumatisch der Tod dieses Hundes verlaufen ist. Da es sowohl Ronald als auch mir ein Bedürfnis ist, dieses Erlebnis mit Ihnen zu teilen, fühle ich mich geehrt, Moritz in diesem Buch einen besonderen Platz einräumen zu dürfen.

Es passt zu dieser großen Tierseele, hier einen so wichtigen Beitrag zu leisten, damit nicht nur Ronald, sondern viele andere auch daran wachsen können. Dem einen oder anderen von Ihnen wird es sicherlich so ergehen wie Ronald und Sie werden sich fragen, wie man denn überhaupt an solchen Geschehnissen wachsen kann, zumal sie wirklich sehr traumatisch waren. Doch allein schon darüber, dass Sie sich für diese Möglichkeiten öffnen und somit wissen, dass es sie gibt, entfaltet sich größere Achtsamkeit. Diese Veränderung bewirkt bereits ein gewisses Wachstum und führt zu einer anderen Haltung.

Eben dieses neu gewonnene Bewusstsein kann dazu führen, dass es gar nicht mehr notwendig ist, derartig leidvolle Erfahrungen machen zu müssen. Ob es uns nun gefällt oder nicht, es ist nun einmal so, dass unser irdisches Dasein dazu dient, Erfahrungen zu sammeln, die unserer seelischen Entwicklung dienen. Da wir aber leider so gestrickt sind, dass uns hauptsächlich die vermeintlich negativen Umstände dazu bewegen, die Dinge zu hinterfragen, benötigen wir sie ganz einfach. Ansonsten würde unsere Entwicklung stagnieren. Mein Mann pflegt zu sagen, dass es einfacher für uns wäre, wenn wir es endlich verinnerlichen würden, worum es im Leben geht. Dann wären wir so achtsam, dass uns auch positive Geschehnisse dazu motivieren würden, nach dem Warum zu fragen. Wenn wir aber etwas Schönes erleben, fragen wir uns selten, was eigentlich dahintersteckt. Die meisten von uns fragen sich das erst, wenn sie vom sogenannten „Schicksal" einmal mehr durchgeschüttelt werden. Und Sie werden nicht leugnen können, dass es bei den meisten Menschen tatsächlich so ist, dass insbesondere ein „Schicksalsschlag" dazu führt, dass sie ihr bisheriges Leben überdenken und es in der Folge umstrukturieren. Sie nehmen dadurch eine andere Haltung ein und diese hat ihre Auswirkungen, und zwar auf sämtliche Lebensbereiche. Dies sind die Augenblicke des Lebens, in denen wir eine echte Wahl haben und uns entscheiden können. Die Tiere betonen dies immer und immer wieder, wenn sie auf gewisse Umstände hinweisen. Oftmals sprechen sie davon, dass wir es in der Hand haben und uns einfach nur entscheiden müssten.

Im nachfolgenden Fall geht es in erster Linie darum, dass Moritz seinem Ronald dazu verhelfen wollte, eben nicht auf seinem bisherigen Entwicklungsstand zu verweilen, sondern entsprechend seiner wahren Größe endlich einen Schritt weiterzugehen. Die Auseinandersetzung mit der geistigen Welt fand offenbar zu sehr im Kopf, also über den Verstand statt, sodass Moritz zu anderen Möglichkeiten griff, um Ronald den alles entscheidenden „Schubser" in die richtige Richtung zu geben. Das hört sich furchtbar brutal an, doch nach dem Ermessen der weisen Tierseelen ist die größte Schuld, die wir auf uns laden können, eben die, dass wir in unserer Entwicklung stagnieren.

Ihr Bemühen, uns durch ihre Möglichkeiten, weiter voranzu-
treiben, ist mitunter unerbittlich und für uns Menschen kaum
zu begreifen. Doch sobald wir wirklich verinnerlicht haben,
welchem Sinn und Zweck unser irdisches Dasein dient, werden
wir auch verstehen, warum die Tiere so unbeirrbar die Erfüllung ihrer Aufgaben anstreben.

An dieser Stelle spricht nun wieder Carmen zu mir und übermittelt dazu Folgendes:

*„Es ist nicht so, dass es uns Vergnügen bereitet, unsere Liebsten lei-
den zu sehen! Dies gilt für uns Menschenseelen ebenso wie für die
Tierseelen. Doch manchmal müssen Dinge geschehen. Und sie sind
meist von langer Hand geplant. Und zwar aus einer Weisheit heraus, die den Menschen abhandenkommt, sobald sie auf der Erde
sind. Doch es ist mir wichtig, euch zu sagen, dass es dabei nicht allein um diejenigen geht, die noch auf der Erde ihre Erfahrungen
machen.*
*Auch wir in der geistigen Welt erfüllen wichtige Aufgaben, und
zwar für unsere eigene Entwicklung. Ich selbst entwickle mich derzeit wesentlich stärker, als ich es auf der Erde hätte tun können. So
ergeht es vielen, auch den Tieren. Wir sind daher nicht streng mit
euch, sondern blicken voller Liebe und Verständnis auf jene, um die
wir uns bei Tag und auch bei Nacht kümmern.*
*Viele von uns haben das Bedürfnis, euch viel mehr von dem zu
verraten, was wir schon wissen. Vor allem über kommende Geschehnisse. Doch es ist uns nicht erlaubt, alles preiszugeben. Diese
Ereignisse sind mitunter schmerzhaft. Und dennoch ist es hilfreich,
wenn ihr die Erfahrungen macht, ohne dass sie zuvor angekündigt
werden. Unsere Aufgabe ist es dann, euch zu halten und zu trösten,*

damit ihr spürt, dass ihr nicht allein seid und getragen werdet von einer größeren Macht, als die meisten von euch erahnen können.

Wir lieben und achten die Tierseelen sehr. Ich habe hier Menschenseelen angetroffen, die zeitlebens angenommen hatten, Tiere seien nicht beseelt. Die hier erlangte Erkenntnis über diesen Irrtum führt oftmals dazu, dass sie dafür Sorge tragen wollen, dass die Hinterbliebenen sich für eine Tierseele öffnen, damit sie Einzug halten kann. Über diese Tierseele kommunizieren und zeigen sich die Toten dann gern und kämpfen erst einmal gegen ihre eigene Haltung an, die sie nun in den Hinterbliebenen als nicht förderlich und sogar als falsch empfinden. Ich bin hier jemandem begegnet, der im Laufe seines irdischen Daseins Tiere nicht nur missachtet, sondern auch gequält hatte. Die Erkenntnis in der hiesigen Begegnung mit all diesen Tierseelen veranlasste ihn, nun dafür zu sorgen, dass die Menschen, die er kennt, eine andere Haltung den Tieren gegenüber entwickeln. Es ist eine große Aufgabe für ihn und er leistet einen weitaus größeren Beitrag für weltliche Entwicklungen, als er es zu Lebzeiten vermocht hätte. Ich achte ihn sehr dafür und daher erzähle ich euch von ihm, denn es ist mir wichtig, euch zu sagen, dass eure Haltung gegenüber sogenannten Tätern hier nicht existiert. Wir begegnen dieser Seele mit allergrößter Liebe und Achtung, denn nur durch seine zuvor gelebte menschliche Haltung konnte er eine so tiefgreifende Erkenntnis gewinnen und in der Folge diesbezüglich große Aufgaben übernehmen.

Die Rechtschaffenheit, die ihr Menschen glaubt zu kennen und vorzeigen zu müssen, ist nicht das, worum es bei der seelischen Entwicklung geht. Es sind die tiefen Erkenntnisse, die dazu führen, dass sich ein anderes Bewusstsein auf der Erde durchsetzen kann. Und manchmal ist dazu ein irdisches Dasein notwendig, das ihr aus eurer menschlichen Sicht zunächst einmal verurteilt. Doch so wie ein

Feuer einen ganzen Wald niederbrennen und vernichten kann, so birgt auch dieses Geschehnis eine große Chance auf neue Fruchtbarkeit. Dies gilt gleichermaßen für die Erfahrungen, die wir als Menschenseelen machen dürfen. Meine Familie ist das beste Beispiel dafür, denn aus all dem, was sterben musste, durfte sich eine vollkommen neue Lebenseinstellung entwickeln. Die Sicht der Dinge hat sich dadurch völlig geändert und dies ist eine große Chance für weitere Entwicklungsschritte. Ich bin sehr stolz darauf, Teil dieser Entwicklung sein zu dürfen. Und gleichzeitig ist es auch für mich eine überaus willkommene Möglichkeit, mich weiterzuentwickeln. Wir bleiben niemals stehen, sondern bewegen uns immer weiter voran. Euch mitzunehmen ist unser Ziel, daher scheuen wir keine Mühe, es zu meistern."

In diesem Sinne möchte ich Ihnen nun die Kommunikation mit dem verstorbenen Hund Moritz ans Herz legen. Es ist bei dieser Geschichte überaus wichtig, dass sie mehr mit dem Herzen als mit dem Verstand gelesen wird. Und ich danke Carmen, dass sie mit ihrer Botschaft den Weg dazu geebnet hat.

Noch bevor ich richtig mit der Kommunikation beginnen kann, schießen mir Tränen der Verzweiflung in die Augen und Moritz fleht mich sogleich auf folgende Art und Weise an:

„Bitte, bitte, bitte, Pina, hilf mir! Ich habe trotz meiner eingeschränkten Möglichkeiten dafür gesorgt, dass mein geliebter Ronald dein Buch erhält und habe es Gott sei Dank geschafft, dass er dich – entgegen seiner unterschwelligen Zweifel – um Hilfe bittet. Wir beide brauchen deine Hilfe! Und auch wenn es mich schmerzt zu wissen, dass es Ronalds Zustand zusätzlich verschlechtern wird,

so ist es dennoch notwendig, dich wissen zu lassen, was los ist. Denn nur so kann das Leid endlich ein Ende finden!"

Ich verstehe überhaupt nicht, wovon Moritz spricht, spüre aber dennoch, dass das keineswegs eine normale Kommunikation mit einem verstorbenen Tier ist. Irgendetwas stimmt hier nicht. Ich bitte ihn daher, mir zu erklären, was los sei und wie ich ihnen beiden helfen könne. Er antwortet:

„Bitte gehe vorsichtig und achtsam bei meinem Ronald vor, denn das hier wird seine schlimmsten Befürchtungen bestätigen. Aber wenn ich es ihm nicht sage, bleiben wir ewig in diesem Horrorszenario hängen. Das will ich nicht! Weder für mich selbst noch für ihn!"

Moritz sammelt sich daraufhin kurz und ich nehme deutlich wahr, wie sehr er sich wünschen würde, Ronald das nicht auch noch antun zu müssen. Aber offenbar bleibt ihm keine andere Wahl. Ich ermuntere ihn daher erneut, uns die Wahrheit zu offenbaren, denn nur so könnten wir für Abhilfe sorgen. Es zerreißt ihn förmlich, doch dann gibt er sich einen Ruck und sagt:

„Ich habe nicht ins Licht gehen können! Ich bin gefangen in dieser Situation, die für uns beide so traumatisch war. Daher kommt es auch, dass es sich – für uns beide! – so anfühlt, als würden wir diesen Höllentrip immer und immer wieder aufs Neue erleben. Pina, es ist so furchtbar! Obwohl ich tot bin, bin ich in diesen Qualen gefangen. Wenn es aber zuvor für mich nur körperliches Leid war, weil ich in der Lage war, mich davon zu lösen und daraus zu erheben, so erlebt meine Seele nun diese Höllenqualen. Es ist, als würde

ich ständig im lodernden Feuer stehen und bei lebendigem Leib ver-
brennen. Und durch unsere starke Liebe und tiefe Verbundenheit
brennt auch Ronald fortwährend mit. Bitte hol mich hier heraus!
Wenn Ronald mir vertraut und bereit ist, mir erneut ein schönes
Leben bei ihm zu ermöglichen, wird auch er seinerseits Hilfe erfah-
ren. Aber selbst wenn ich ihn zeitlebens an die erste Stelle gestellt
habe, so flehe ich dich an, hilf zunächst mir und hol mich hier her-
aus! Das allein wird Ronald bereits einen gewissen inneren Frieden
bringen. Dann soll er selbst entscheiden, was er für sich benötigt. Ich
aber möchte hier nicht bleiben müssen. Das hier ist die Hölle – das
habe ich nicht verdient. Und Ronald auch nicht.“

Ich bin völlig perplex und entsetzt, verspreche ihm aber, sofort mit
Ronald zu reden. Doch aufgrund der von Moritz erwähnten Zwei-
fel, könne ich nur zusichern, seinem Ronald von den Möglichkei-
ten zu berichten, die es gäbe. Mehr jedoch nicht. Es sei nicht meine
Aufgabe, jemanden zu etwas zu überreden, wozu er innerlich nicht
bereit sei. Moritz wird daraufhin ganz ruhig und sagt sehr sanft:

„Pina, vertraue mir, denn Ronald liebt mich mit seiner ganzen See-
le. Er wird mich hier nicht schmoren lassen. Du musst mir nur ver-
sprechen, sanft und achtsam mit ihm zu sein.“

Mein erster Impuls nach dieser Kommunikation war es, zu
Ronald zu fahren und ihm die Nachricht persönlich zu überbringen. Doch ein Blick auf sein Anschreiben verriet mir, dass
wir räumlich zu weit auseinander wohnten, um diesem Impuls
zu folgen. Es fiel mir ausgesprochen schwer, diesem leidenden
Mann auch noch eine solche Botschaft zu übermitteln. Zum
Glück hatte aber Moritz dafür gesorgt, dass Ronald mein Buch

„Botschafter des Himmels" kannte und somit die schamanische Arbeit zumindest theoretisch bereits kennengelernt hatte. Wir entschieden uns also für eine schamanische Sitzung mit Moritz, die ich auch sogleich durchführte, denn es war uns beiden gleichermaßen ein großes Bedürfnis, Moritz aus dieser schrecklichen Szene zu befreien.

Ich werde von den Spirits in Empfang genommen und in die fragliche Situation geführt. Obwohl ich von Ronald inzwischen weiß, dass noch Gäste anwesend waren, als es für Moritz soweit war zu gehen, nehme ich aber nur Ronald wahr.

Ich bin (als Moritz) in freudiger Erwartung an Ronalds Seite. Ich bin auch total einverstanden mit dem, was jetzt geschieht. Und vor allem bin ich so außerordentlich dankbar.
Je mehr ich (als Pina) in sein Empfinden eintauche, umso dankbarer werde ich, denn ich fühle, dass ich eine meiner wichtigsten und schwersten Aufgaben mit Ronald erfüllen durfte. Selbst wenn es beschwerlich war, so ist meine Mission erfüllt. Ich weiß, dass es in seiner Entwicklung unter anderem um Opferbereitschaft ging, so als habe es dahingehend in seiner Vergangenheit (frühere Inkarnationen) Probleme gegeben. Ronald hat diese Opferbereitschaft aber im Zusammensein mit mir nicht nur entwickelt, sondern auch bewiesen. Das macht mich sehr glücklich. Und nun bin ich bereit zu gehen und freue mich auf neue gemeinsame Aufgaben. Irgendwie habe ich ständig das Gefühl, dass wir schon oft Abschied voneinander genommen haben, sprich schon häufig zusammen auf der Welt unterwegs waren.
Ich (als Pina) frage mich derweil verwundert, wo hier eigentlich das Trauma sein soll, von dem Moritz während unserer

Kommunikation gesprochen hatte. Plötzlich erscheint der Tierarzt. Schlagartig ändert sich das Empfinden und mir wird auf einmal ganz kalt. Eisig kalt sogar. Ich möchte (als Moritz) am liebsten fortlaufen, bin aber irgendwie gefangen in meinem Körper. Den Mann umgibt eine dunkle Aura und mir fällt auf, dass diese stetig dunkler wird. Ich mag ihn nicht hier haben, denn er versteht überhaupt nicht, worum es gerade wirklich geht. Und zudem ist er unfähig zu fühlen, was mich und Ronald verbindet. Dieser Mensch kann es nicht einmal erahnen, geschweige denn nachempfinden. Ich fühle mich dieser Aura ausgeliefert, aber ich kann mich irgendwie auch nicht äußern. Es war doch alles so friedlich!

Ich sehe, wie dieser Mann unaufhaltsam sein Programm abspulen will und nicht erkennt, dass mein Organismus bereits dabei ist, die einzelnen Funktionen einzustellen. Ich spüre nämlich, wie mein Blut nicht mehr pulsierend fließt, sondern eher wie ein zäh fließender Strom. Ich bekomme nun eine Spritze gesetzt, die sich für mich wie Lava anfühlt. Nicht einmal laut aufschreien kann ich – nur innerlich. Es ist furchtbar, denn ich bin für den bevorstehenden Schritt ganz in meinen Körper gegangen, damit Ronald spürt, welche Leichtigkeit sich verbreitet, wenn ich meine physische Hülle verlasse. Und nun bin ich gefangen in diesem grausamen Gefühl des Verglühens. Ich halte es kaum noch aus. Es ist ein nicht enden wollendes, verzweifeltes Nein in mir.

Endlich holen mich die Spirits aus dieser Situation heraus, sodass ich Moritz in die Obere Welt bringen kann. Dort kümmern sie sich um die Ausheilung dieser traumatischen Todeserfahrung. Damit aber nicht genug, denn Moritz selbst besteht darauf, dass meine Helfer so lange mit ihm arbeiten, bis aus ihm ein gesunder Welpe geworden sei. Ich verstehe zunächst nicht, was damit gemeint ist, vermute aber, dass es eine symbolische Bedeutung haben könnte. Doch die Spirits weisen mich darauf hin, dass es gleich zwei Bedeutungen habe: Zum einen wolle er damit zum Ausdruck bringen, dass er als Welpe zu Ronald zurückkehren möchte, und zum anderen wolle er sicherstellen, dass er frei von sämtlichen negativen Prägungen durch diesen traumatischen Tod sei, wenn er sein neues Leben beginne. An dieser Stelle wendet sich Moritz ganz unvermittelt an mich:

„Es ist wichtig für mich und auch für Ronald, dass ich völlig unbekümmert und frei von alten Traumata meine neuen Aufgaben bei ihm angehen kann. Sage ihm, dass die einzige Schuld, die er auf sich geladen hat, die ist, dass er auf seinen Kopf statt auf seine innere Weisheit gehört hat. Diese Art von Schuld soll und darf aber nicht unser Zusammensein belasten. Er kann sie daher an den beiden anderen Gefährten abtragen, niemals aber an mir, denn dies würde der Reinheit unserer Verbindung schaden. Und sage ihm noch etwas: Ich habe nie auf seine Kommandos gehört, wenn sie nur seinem Kopf entsprangen. Ich bin immer nur seinem Herzen gefolgt. Wenn Ronald etwas mit dem Herzen wollte, brauchte ich keine Kommandos, denn wir haben uns blind und auch stumm verstanden. Dies ist aber nur möglich, wenn man sich über Epochen hinweg eine Ebene erarbeitet hat, die nicht greifbar ist und dennoch mehr Bestand hat als alles Messbare dieser Welt. Genau darauf soll er vertrauen und weiterhin aufbauen. Ich bin noch nicht fertig mit ihm. Ich werde ihn rufen, wenn ich soweit bin. Er soll mir vertrauen. Ich habe ihn noch nie im Stich gelassen, und er mich auch nicht – also warum sollten wir ausgerechnet jetzt damit beginnen?! Aber: Er soll mir noch ein wenig Zeit lassen, damit ich die bestmögliche Wahl treffen kann."

Moritz dreht sich damit um und geht langsam ins Licht. Dieses Bild würde ich gern fotografieren, denn es birgt so viel Friedliches und Heilsames in sich, dass ich es am liebsten genau so festhalten und meinem Klienten übergeben möchte. Mir ist schwer und gleichzeitig leicht ums Herz, und so nehme ich stumm Abschied von Moritz. Doch plötzlich hält er inne, wendet sich noch einmal an mich und sagt:

„Ich will einen königlichen Namen tragen! Einen, der meinem ganzen Sein entspricht."

Ein Vierteljahr später führte ich erneut eine Kommunikation mit Moritz durch, denn Ronald konnte immer noch nicht begreifen, wie und warum das alles eigentlich passieren konnte. Es ließ ihn nicht los, sodass wir vereinbarten, Moritz danach zu befragen, da er meines Erachtens der Einzige war, der es uns mit absoluter Bestimmtheit sagen könnte.

Ich besprach mit Ronald die Kernfragen für diese Kommunikation, nicht wissend, dass mir Moritz die Zügel aus der Hand reißen würde. Dennoch muss ich im Nachhinein zugeben, dass es das Beste war, was er in dieser Situation hatte tun können, denn sowohl Ronald als auch ich waren gedanklich in einer ganz anderen Richtung unterwegs als Moritz.

Er ist sofort präsent und begrüßt mich überaus fröhlich:

„Wie schön, Pina, dass ich endlich zu Wort kommen kann! Ich habe sehnsüchtig darauf gewartet. Nicht etwa aus Ungeduld oder aus eigennützigen Motiven heraus, sondern weil es inzwischen sogar überlebenswichtig für Ronald geworden ist, Antworten auf seine

dringendsten Fragen zu erhalten. Da ich von allen Wesen am besten weiß, was er braucht und wie ich ihn am sichersten zu dem Punkt führen kann, zu dem wir nun gelangen müssen, möchte ich dich bitten, mich frei sprechen zu lassen. Denn nur so bin ich nicht eingeschränkt durch deine bzw. seine Vorgaben. Dies ist wichtig, denn um alles verstehen zu können – und genau darum geht es hier – wird mir Ronald gut zuhören müssen. Dazu ist eines unbedingt erforderlich: Er muss sich frei machen von seinen Gedanken und wirklich wissen wollen, was dem ganzen Geschehen zugrunde liegt. Denn auch wenn es ihm schwerfallen mag, es geht hierbei weniger um mich als um ihn. Daher werde ich nun zu ihm selbst sprechen und möchte auch dich bitten, mich nicht zu unterbrechen, selbst wenn du das eine oder andere nicht gleich verstehen solltest. Lausche einfach meiner Botschaft, denn auch für dich birgt sie eine große Lektion. Doch meine Aufmerksamkeit liegt allein bei Ronald und dem Dienst, den ich ihm erwiesen habe. Bist du bereit?"

Ich bin ehrlich gesagt sprachlos, und daher bringe ich nicht mehr als ein Nicken zustande. Doch Moritz nimmt natürlich meine innere Zustimmung deutlicher wahr als jedwedes gesprochene Wort und sagt dann:

„Gut. Genau diese Bereitschaft benötige ich auch bei meinem Ronald. Ich verlasse mich auf dich, denn du hast bereits sein Vertrauen, was nicht einfach ist – das kannst du mir glauben. Also, von nun an spreche ich zu Ronald.

Mein werter Freund, zunächst einmal möchte ich mich bei dir bedanken. Ich weiß ja, wie schwer es dir fällt, dich derartig zu öffnen; erst recht, wenn es um so persönliche Dinge geht, und du eigentlich nichts lieber tun würdest, als dich im tiefsten und dunkelsten Loch zu verkriechen. Nun aber sehe ich, wie sehr du nach Antworten strebst. Genau das öffnet dich für mehr; was von Anfang an mein Ziel war.

Dass du dich eingelassen hast auf diese Ebene war gleichfalls ein ebenso mutiger wie kraftvoller Schritt. Dafür danke ich dir aus tiefster Seele. Doch eines vermisse ich dabei, mein Freund – deinen Dank an mich. Nicht für all die schönen gemeinsamen Jahre, sondern insbesondere für das Geschenk, das ich dir zuletzt gemacht habe.

Ich muss zugeben, ich wusste nicht wirklich, wie schlimm es tatsächlich sein würde, als ich mich darauf einließ, doch ich bereue trotzdem nichts! Hörst du? Ich bereue absolut nichts. Nur dadurch, dass ich mich für diese wichtige Erfahrung in deinem Leben zur Verfügung gestellt habe, konnten sich in dir alte Schleusen öffnen, die sonst verschlossen geblieben wären. Ich möchte daher nicht, dass du weiterhin mit deiner Aufmerksamkeit bei diesem Tierarzt verweilst, denn er war letztendlich nur ein Erfüllungsgehilfe. Ich wünsche mir von dir – und zwar mehr als alles andere –, dass du in dich hineinblickst und erkennst, wie sehr dich diese Erfahrung vorangetrieben hat, selbst wenn der Prozess überaus schmerzvoll war.

Ja, Ronald, ich wähle absichtlich die Vergangenheitsform, denn dein heutiger Schmerz resultiert aus deiner selbstkasteienden Haltung und nicht aus dem, was gewesen ist. Diese Haltung aber macht alles zunichte, was ich so mühsam aufgebaut habe. Denn ich habe bereits mit allem, was ich bis dahin für dich ermöglicht habe, dein Herz nach und nach geöffnet, und zwar für die wahrhaft wichtigen Dinge des Lebens. Nichts davon lässt sich mit dem Verstand plausibel erklären, nicht wahr? Wie willst du diese große Liebe zu mir erklären? Oder sogar beweisen? Wer muss das eigentlich?! Ich jedenfalls

278

nicht! Doch ich musste sehr wohl dafür sorgen, dass es endlich fließt, dieses alte Wissen um größere Zusammenhänge im Universum. Du trägst es in dir, und du weißt selbst, dass es zu mehr bestimmt ist. Es wurde also Zeit, den alten Panzer zu knacken, doch dies ging nur durch großes Leid. Ansonsten hättest du dich dem großen Ganzen weiterhin verschlossen. Ich habe also darum gebeten, dir dabei zu helfen, und man hat es mir gewährt. Ich bin sehr, sehr stolz auf dich. Du hast dich, ohne zu zögern, auf alles eingelassen, was ich in Gang gesetzt habe.

Sei ehrlich, mein Freund, so intensiv hast du schon lange nicht mehr gefühlt, nicht wahr? Dies ist auch eine Facette unseres Zusammenseins. Alles ist intensiv, was wir beide miteinander teilen. So auch diese bedeutsame Erkenntnis! Dies zu verinnerlichen und ohne Groll auf irgendein Wesen – im Diesseits oder Jenseits – die Situation als das zu begreifen, was sie tatsächlich war, ist dein nächster Schritt.

Du fragst dich sicherlich, warum das alles nötig ist. Nun ja, dass ich eine alte, weise Seele und zu Großem bestimmt bin, fällt dir nicht schwer zu spüren und zu glauben. Doch was ist mit dir, Ronald? Glaubst du, ich wär an deiner Seite, wenn du klein und unbedeutend für diese Welt wärest? Begreife doch endlich, dass du dich nur selbst limitiert hast, weil dich eine andere leidvolle Erfahrung vom Ausleben deines wahren Potenzials abhält. Wir sind seinerzeit auf grausame Art und Weise ums Leben gekommen. Und auch damals hast du dir die Schuld dafür gegeben, obwohl es nicht so war. Diese Haltung wird dich auf ewig ausbremsen. Dabei gibt es noch so viel zu tun für uns beide! Ich möchte, dass du dich von diesen falschen Schuldgefühlen endlich löst und die gemachten Erfahrungen als das betrachtest, was sie sind: notwendige Lektionen auf unserem Weg in die Vollkommenheit.

Ob es Dir nun gefällt oder nicht, mein alter Freund, ich habe es gern getan und würde es immer wieder tun, wenn es erforderlich wäre. Ganz einfach deshalb, weil es einem höheren Zweck dienen würde. Ich für meinen Teil habe diesen Zweck erfüllt, doch nun liegt es an dir zu entscheiden, wie es weitergehen soll. Willst du also in dieser Starre verbleiben? Dann wäre alles umsonst gewesen. Oder willst du mit mir weiter hinaufsteigen? Dorthin, auf diese andere Ebene, wo alles leichter, verständlicher, so unglaublich kraftvoll und vor allem durchtränkt von Sinnhaftigkeit ist? All das fehlt dir, mein geliebter Bruder, um endlich Frieden schließen zu können. Mit dir und mit dem Leben als solchem."

Plötzlich schweigt Moritz. Ich brauche einen kurzen Moment des Sammelns, denn er hat mich mit seiner langen und tiefsinnigen Botschaft an meine eigenen Grenzen gebracht. Dann will ich ihm Ronalds Fragen stellen, doch Moritz wehrt sofort ab und sagt:

„Wen interessiert jetzt noch all das andere, Pina, wenn ich ihm das Allerwichtigste für die Vergangenheit, Gegenwart und Zukunft offenbart habe?! Nein, damit hat er erst einmal genug, denn wenn er nicht bereit ist, sich dieser übergeordneten Betrachtungsweise zu öffnen, spielen alle anderen Antworten keine Rolle mehr!"

Damit lässt mich Moritz sozusagen im Regen stehen. Doch trotz aller Irritation spüre ich, dass er durchaus recht hat mit dem, was er sagt.

Es ist offenbar wichtig für Ronald, erst einmal zu verinnerlichen, dass alle diese Geschehnisse erforderlich waren, damit überhaupt eine Basis für weitere Entwicklungsschritte geschaffen werden konnte. Nur so ist es Moritz möglich, seinen Menschenfreund weiterhin auf seinem ureigenen Pfad zu begleiten und mit all seiner Weisheit zu führen. Und auch wenn seine Botschaft überaus klare Worte beinhaltet, so steckt in jeder Silbe sowohl seine Liebe wie auch seine Güte und Nachsicht. Ich nehme wahr, dass Moritz um die Bedeutsamkeit dieser Situation, in der Ronald sich befindet, weiß und demzufolge weise reagieren muss. Es würde Ronald tatsächlich nichts bringen, wenn Moritz die Dinge beschönigen würde, denn sein ganzer Fokus ist darauf ausgerichtet, seinen Menschengefährten auf eine höhere Ebene zu führen, damit dieser sich aus dem Sumpf lösen kann. Dort, auf dieser anderen Ebene, die er auf so wundervolle Art und Weise beschrieben hat, ist Moritz zu Hause. Und wenn ich ihn richtig verstanden habe, auch sein Ronald. Allerdings muss etwas geschehen sein, weshalb sich Ronald davon abgewandt hat. Und dieses Abwenden hat wohl dazu geführt, dass er sein ganzes altes Wissen im Verborgenen verkümmern lässt. Selbst wenn Moritz es nicht explizit sagt, so lässt er mich die ganze Zeit deutlich spüren, dass dieser Schritt, von dem er spricht, entscheidend für ihre gemeinsame Zukunft ist – und diese ist nicht auf die jetzige Inkarnation beschränkt.

Ronald und ich waren uns sofort einig darin, dass es unsinnig sei, diese Geschichte von mir kommentieren zu lassen. Niemand anderer als Ronald sollte an dieser Stelle zu Wort kommen. Daher lesen Sie nun den Brief, den mir Ronald kurz nach der letzten Kommunikation mit Moritz zusandte.

Moritz Arco von Schleimünde

Auf diesem Wege danke ich Pina und allen Mitwirkenden noch-
mals sehr herzlich für die vollbrachte Arbeit. Bevor Pinas Buch
„Botschafter des Himmels" zu mir gefunden hatte, war ich davon
überzeugt, dass kein anderer Mensch auf diesem Planeten eine dermaßen tiefe Trauer um seinen Tierfreund durchleben würde. Dann
las ich von ähnlichen Schicksalen, aber auch von dem bislang stets
erhofften Leben nach dem Leben. Nach vielen Monaten war ein
erster Trost geboren, die Gewissheit wuchs, und ich fühlte mich von
Moritz anhaltend gedrängt, einen persönlichen Kontakt zu Pina
herzustellen.

Mein über alles geliebter Moritz, mein Bruder, dieser selbstbewuss-
te wie kluge, mit allen Wassern gewaschene kleine Münsterländer,
ein leidenschaftlicher Lebensgenießer mit wesensstarkem Charakter edelster Schöpfung, hatte – beinahe sechzehnjährig – nach fast
neunwöchigem Martyrium die Sphären gewechselt. Vorgenommen
hatten wir uns 17 plus. Sein physischer Tod und unzählige aus seiner Leidenszeit eingebrannte Momentaufnahmen überschatten
mein Leben nach nun einem Jahr weiterhin. Ich weine täglich. Meine Seele schreit mitunter vor Schmerz. Das ist keine metaphorische
Variante; es gibt Ereignisse und Empfindungen, die nicht oder nur
schwer vermittelbar sind. Diese emotionalen Erschütterungen sind
kausal wechselnd, neben stark ausgeprägten Schuldgefühlen dominieren vor allem meine andauernde Liebe und meine unbeschreibliche Sehnsucht.

Dieser Prolog kann dem interessierten Leser einen kleinen Einblick
geben, um meine nachfolgenden Erkenntnisse aus dem Geschehen,

einschließlich meiner Verbindung zu Pina, nachempfinden zu können:

Moritz erhielt über acht Wochen meine intensive Betreuung. Die hatte er sich nicht selbst ausgesucht, 24 Stunden rund um die Uhr, nahezu bewegungsunfähig, nebst Zwangsernährung, mehrfachen ärztlichen Fehldiagnosen, ebenso vielen Fehlmedikationen, diversen falschen Prognosen und unterlassenen Hilfeleistungen tierärztlicherseits. Ich kam von Beginn dieser Phase an nicht mehr aus dem Haus, organisierte alles um uns herum. Für unser menschliches Umfeld war natürlich ich verantwortlich. Eine positive Tierbezogenheit, eigene Tiere und ein Intellekt, der mit einer ethischen Kompetenz korrelierte; das sollte es immer sein. Auch eine fachkompetente tierärztliche Versorgung meinte ich sichergestellt zu haben. Dennoch, ich war zu oberflächlich, zu gutgläubig gewesen. Bereits anfangs die ersten Ausfälle: zu anstrengend, zu belastend. Schnell waren Moritz und ich auf uns allein gestellt. Ich geriet an sämtliche Grenzen, an die man geraten kann: massivster Schlafentzug und Todesängste um meinen geliebten Moritz – und der kämpfte!

Die Erkenntnisse, die aus der vorstehenden Schilderung abgeleitet werden können, müssten sich jedem erschließen. Ich bedauere in allerhöchstem Maße, dass ich Pinas obige Lektüre nicht rechtzeitig gelesen habe und mir zudem bis dahin auch nicht bekannt war, dass mittels seriöser wie kompetenter schamanischer Arbeit diese unschätzbar wertvollen Kommunikationen realisierbar sind. Moritz hätte sämtliche Entscheidungen selbst treffen und mir mitteilen lassen können. Ich hätte diese natürlich umgesetzt und bin nach heutiger Einschätzung davon überzeugt, dass ihm viel physisches und auch paraphysisches Leid erspart geblieben wäre.

Zeitlebens wurde ich von Moritz mit einer wahren Fülle seines subtilen emotionalen Reichtums beschenkt, auch Traurigkeit war darunter. In den letzten Tagen unseres gemeinsamen Liegens und Leidens erklärte ich ausdrücklich, dass ich nun bereit sei, ihn gehen zu lassen und erlebte, miteinander verschlungen, dass auch Moritz weinte. Meine Seelenverfassung lässt sich hier nicht wiedergeben; es waren Momente, die sich ebenfalls einbrannten. Ich schließe hier übrigens nicht aus, dass Moritz aus meinem Unterbewusstsein eine andere Information als die der vorstehenden Bereitschaft erhielt.

Ich wünsche allen Tieren von ganzem Herzen, dass sie im Fall der Fälle leidlos, sanft und würdevoll ins Licht gehen können; jedenfalls ganz nach ihrem Gusto. Und ich wünsche jedem dazugehörigen Menschen ebenfalls von ganzem Herzen, dass er es seinem Tiergefährten eben auch durch ein kompetentes menschliches Umfeld jederzeit ermöglichen kann, denn richtiges Sterbenlassen will gelernt sein und eine würdevolle Sterbebegleitung ebenso.

Meine Selbstvorwürfe sind in subjektiver Kenntnis der Ereignisse vielfältig; erklärende Argumente werden noch unter Ausreden subsumiert. Auch wenn ich alles Erdenkliche mobilisiert hatte, blieben subjektiv wie objektiv Ereignisse, die ich mir in dieser Inkarnation nicht mehr nachsehe. Ein physischer Verlust musste eines Tages hingenommen werden, aber das Wie und der unablässige Gedanke, dass Moritz auch anlässlich meines Unvermögens und meiner Erkenntnisunfähigkeit leiden musste, wiegt sehr schwer.

Auch auf die viel zitierte Barmherzigkeit hinsichtlich eines rechtzeitigen und leidlosen Erlösens hatte ich natürlich gehofft. Mein Glaube war perdu; ein zusätzlicher epochaler Einschnitt. Mein von Konventionen und Fabulanten losgelöster Glaube war stets Orientierung und regulativ. Für Moritz habe ich jeden Tag gebetet. Jetzt auch, nur anders. Schutz- und Dankgebete aller Orten. Moritz' Heilungen nach Verletzungen und sein Wohlergehen habe ich niemals als selbstverständlich angesehen. Für den Fall der Fälle habe ich um eben diese Barmherzigkeit gebeten. Wenn jemand leiden sollte, sollte ich es sein, aber nicht mein Moritz, dieses reine und wundervolle Wesen.

Nun erfuhr ich beim Lesen von Pinas Buch auch noch, dass Moritz dieses unermessliche Leid auf sich genommen haben könnte, um mich zu schützen oder mich auf eine bessere – spirituelle – Bewusstseinsebene zu führen. Auch dieser Gedanke war anfangs nahezu unerträglich.

Die Kommunikationen zwischen Moritz und Pina, unsere langen Gespräche und schließlich die Kenntnisse aus der mittlerweile umfangreichen Lektüre haben nicht nur weiteren Trost gespendet und richtungsweisende Perspektiven aufgezeigt, sondern auch konkreten Einfluss auf mein Denken und Handeln genommen. Mein zurückliegendes Zufallsdenken ist inexistent. Ich denke, man sollte versuchen, sein Karma als solches zu erkennen, es akzeptieren und sich mit ihm arrangieren. Das kann vieles erleichtern, denn jeder noch so mühsame Fluchtversuch führt schließlich doch wieder in den Status quo ante, früher oder später.
Eine weitere Erkenntnis liegt darin, dass die Anwendung vieler oder alter sinnvoll erscheinender Lebenserhaltungsmaßnahmen nicht immer der richtige Weg sein muss. Insbesondere in Kenntnis der Möglichkeit, tierkommunikative Hilfsdienste in Anspruch nehmen zu können.

Nun habe ich die jüngste Botschaft aus dem Juli diesen Jahres zur Kenntnis erhalten, derzufolge Moritz seine mit den März-Botschaften nur ansatzweise dargestellten, für mich unvorstellbar schrecklichen Qualen eben doch für meine spirituelle Entwicklung und Rückbesinnung auf sich genommen hat. Mein Gemütszustand unmittelbar nach dieser Erfahrung lässt sich mit ohnmächtiger und tiefer Verzweiflung nur annähernd beschreiben. Warum gab es hier keine andere Lösung? Freiwillig hätte ich das niemals akzeptiert oder angenommen, wobei diese Bemerkung meinem geliebten Gefährten ein „Na, siehste" geradezu suggerieren wird.

Gleichwohl, ich fühle mich Moritz gegenüber in einer ewigen Schuld, auch wenn er das anders sieht. Aber ich werde bestrebt sein, eine umfassende Kenntnis dessen zu erlangen, was in welcher Weise von mir erwartet wird und umzusetzen ist, entwolken und sublimieren, damit ich das in mich gesetzte Vertrauen erfüllen kann. Meine aus tiefstem Herzen erfolgte Danksagung an Moritz kann nur ein bescheidener Anfang sein und ich empfinde es als beschämend, dass ich derzeit nicht mehr zu bieten habe.

Wenn ich die Juli-Botschaft richtig interpretiere, hätte ich in wesentlichen Belangen nicht viel ändern können. Es fällt mir ausgesprochen schwer, auch das als kosmische Fügung zu akzeptieren, zumal sich die zahllosen dramatischen Sequenzen vor meinem geistigen Auge real und unauslöschlich fortwährend verselbstständigen, selbst wenn ich mich bemühe zu berücksichtigen, dass meine eigene Wahrnehmung, meine subjektive Wahrheit, möglicherweise nicht der objektiven Wirklichkeit entsprechen muss.

Auch wenn ich Trost und Perspektiven durch die Gewissheit der spirituellen Präsenz von Moritz erhalten habe, die Dimensionen dessen, über das ich hier schreibe, sind mir nicht wirklich bewusst. Mein rastloser Verstand, die Grübeleien, meine Zweifel und Sorgen lavieren mich immer wieder in emotionale Konfusionen. Ich hoffe, dass meine Gedankenarbeit mich auf eine übergeordnete Betrachtungsweise führt und hoffe zudem, dass alles möglich ist.

Mein geliebter Moritz, du weißt, was ich schreiben will; ich muss es trotzdem tun, denn die Welt soll es ebenfalls wissen. Ich nutze auch diese Gelegenheit, um dir aus allertiefster Seele zu danken. Für deine Liebe. Für deine Nachsicht. Für deine Geduld. Für deine Hilfe, um die ich dich auch weiterhin bitte. Für unsere vielen gemeinsamen Leben. Für dieses Leben, in dem du einmal mehr Lebensinhalt wie Lebenselixier und meine tägliche Glücksnahrung warst, und mich allein durch deine Anwesenheit mit unermesslichem Reichtum beschenkt hast. Und ich danke dir für deine Botschaften, für das, was du mich gelehrt hast und auch künftig lehren wirst. Auch wenn du dessen überdrüssig bist, bitte ich dich erneut um Vergebung.

Deine spirituelle Glückseligkeit ist wichtiger als alles, ich vermisse dich jedoch unentwegt. Ich freue mich unbeschreiblich auf unser Wiedersehen und hoffe, dass wir bald wieder vereint sein werden.

In ewiger Liebe, mein Schatz,

dein sehr demütiger Freund und Bruder Ronald

August 2013

Carmen meldet sich erneut zu Wort und lässt mich wissen, dass sie zusammen mit Simon abschließend noch etwas zu der Geschichte von Moritz und Ronald beisteuern möchte. Sie besteht zudem darauf, das Buch mit diesem Beitrag zu beenden.

„Simon und ich haben dafür gesorgt, dass diese besondere Geschichte am Ende unseres Buches erscheint, weil sie so immens bedeutsam ist. Für Moritz und Ronald ohnehin, aber auch für jeden, der davon erfährt. Sie beinhaltet so viele wichtige Aspekte, die es gilt zu begreifen, damit sie ihren wahren Sinn und Zweck entfalten können. So wie Ronald sich im Kreis dreht mit der Frage, warum ein solches Leid überhaupt nötig sei und wie es die geistige Welt auch noch zulassen könne, ergeht es den meisten Menschen, die subjektiv betrachtet schwere Zeiten durchleben. Doch all diese Gedanken laufen ins Leere, wenn nicht das Wichtigste beachtet wird: Ihr lernt am meisten über genau solche Erfahrungen. Sie sind notwendig und zudem bereichernd. Auch wenn sie mitunter sehr, sehr schmerzvoll sind, erlauben sie dennoch, dass sich Ebenen eröffnen, die sonst verschlossen blieben. Das ist der Grund, warum ich und damit auch die geistige Welt meiner Mama dabei helfen, ihre eigenen Erfahrungen niederzuschreiben, damit anderen Betroffenen geholfen werden kann.

Dieses Buch hier lässt die Menschen bereits erkennen, wie wichtig derartige Erlebnisse und ‚emotionale Tsunamis‘ sind. Doch die geistige Welt braucht mehr Menschen auf der Erde, die ihren Blick nicht nur auf die leidvolle Seite solcher Geschehnisse richten, sondern ihre Aufmerksamkeit insbesondere den daraus resultierenden Erkenntnissen widmen.

Es sind eben diese Erkenntnisse, die euch Menschen aus der Dunkelheit ins Licht führen. Die Tierseelen und wir Verstorbenen dürfen euch mit unserem strahlenden Sternenstaub den Weg etwas erleuchten, doch gehen müsst ihr immer selbst.

Wir spenden euch gern dieses Licht. Es ist kein gewöhnliches Licht. Wer es sehen möchte – und das ist die Voraussetzung –, der erkennt es auch in all seiner Schönheit und spürt den Frieden und das Glück darin. Ihr müsst es nur wollen!

Und du, Ronald, bist ein ganz besonderes Wesen, für das hier viele von uns gern Sternenglanz streuen, damit dein Weg dich dorthin führt, wo du hingehörst. Wir sind stolz auf dich. Alle, nicht nur dein Moritz. Du bist nicht allein, denn es sind wahrlich viele um dich herum. Einfach nur deshalb, weil du etwas Besonderes bist. Und auch, weil du dich stets bemühst. Was dich seit jeher antreibt, ist deine Sehnsucht nach diesem Seelenstaub, der dich umhüllt und dich wärmt wie die warmen und liebenden Arme einer echten Mutter.

Wir wollen euch Trost und Geborgenheit spenden, damit ihr uns vertraut und euch nicht mehr so einsam und verloren fühlt. Das ist gerade unser wichtigstes Werk mit der Menschheit. Viele von euch wundern sich nun, wie es sein kann, dass wir uns alle kennen, nicht wahr? Nun, es ist ganz einfach, denn wir sind tatsächlich alle miteinander verbunden. Es gibt keinerlei Grenzen. Ihr Menschen strebt innerlich nach dieser Verbundenheit, doch ihr habt vergessen, wie das wirklich geht. Deshalb sucht ihr Möglichkeiten, dieses Bedürfnis auszuleben. Schaut doch mal, was ihr mit dem Internet macht: Ihr sucht die grenzenlose Verbundenheit und den ungehinderten Austausch. Es ist nicht die Rede von denen, die diese Möglichkeit missbrauchen. Und auch nicht von denen, die nicht mehr davon loskommen. Wobei Letztere dadurch nur offenbaren, wie einsam und verloren sie sich fühlen. Sie suchen daher die Lösung im Außen. Wir haben Verständnis für sie, denn auch sie sind letztendlich nur auf der Suche. Wir weisen ihnen ebenso den Weg, wenn sie uns lassen.

Wir wissen, dass wir mit diesem Buch viel von unserem Sternenglanz materialisiert haben. Und wir wünschen uns, dass jeder diesen Glanz in sich bewahrt, denn er ist dazu da, in jeder Lebenssituation zu helfen. Erinnert euch daran, denn nun wisst ihr, dass ihr niemals allein seid und immer jemand um euch herum ist, der euch liebt, tröstet, wärmt und führt. Ihr könnt es gern als unsichtbare Hand betrachten, die euch niemals loslässt. Sie ist immerzu da. Ihr müsst sie lediglich ergreifen."

Carmen Stephani mit Simon

Lieber Leser, ich wage es kaum, selbst noch ein Schlusswort hinzuzufügen, aber ich möchte nicht, dass Sie dieses Buch zuschlagen, ohne dass ich mich mit einem persönlichen Gruß von Ihnen verabschiede.

Ich danke Ihnen sehr für Ihr Interesse und ebenso für Ihre Offenheit. Und ich hoffe, Sie sind wirklich in der Lage, in jeder Lebenssituation diese Hand zu ergreifen, von der Carmen spricht. Gerade in der heutigen Zeit ist ein solcher Halt wichtiger denn je. Inzwischen bin ich absolut überzeugt davon, dass sie uns nicht nur aus schwierigen Situationen führt, sondern es dieselbe Hand ist, die uns immer den Weg weist; auch dann, wenn wir schöne und damit erfreuliche Erlebnisse haben. Sie ist immer für uns da. Ich ergreife sie gern, denn ich weiß – vor allem durch das Niederschreiben all dieser Botschaften in diesem Buch – ganz bestimmt, dass wir es nicht nur dürfen, sondern sogar sollen!

Dank der vielen Tiere, mit denen ich das Vergnügen hatte, kommunizieren zu dürfen, und dank aller Helfer in der geistigen Welt, weiß ich auch, dass sie uns dabei behilflich sind, unser wahres Sein zu verstehen und dem Leben zu vertrauen, denn allein dadurch werden wir uns stärker fühlen. Und indem wir eben diese Hand ergreifen, werden wir die Verbundenheit spüren, die wir in Wahrheit suchen. Auch das kann ein neues Bewusstsein unter den Menschen schaffen. Wenn wir endlich begriffen haben, wie sehr alles miteinander verbunden ist und warum wir hier auf dieser Erde sind, brauchen sich all diese Tierengel nicht mehr auf so heftige Art und Weise für uns zur Verfügung zu stellen. Sie tun es nur, weil wir uns leider immer noch ziemlich dumm anstellen und so einige von uns auch noch nicht bereit sind, ihr bequemes und unreflektiertes Dasein aufzugeben. Und trotzdem lieben uns diese engelhaften Wesen! Für mich persönlich jedenfalls ist es ein Ansporn, weiterhin mein Bestes zu geben, damit all diese Botschafter des Himmels ihre Mission erfüllen können. Denn das, was sie für uns tun, ist „lediglich" das, was auf dem Weg zum Ziel zu tun ist. Diese hohe Bewusstseinsebene zu erreichen, das ist in Wahrheit das, wo der Weg hinführen soll. Und offenbar ist ihnen dabei jedes Mittel recht, sodass wir annehmen dürfen, dass sie überzeugt davon sind, eines Tages ihre Mission erfolgreich abschließen zu können. Ich gebe auch nicht auf, daran zu glauben. Solange es die Tiere tun, folge ich ihrem Beispiel gern. Sehr gern sogar!

Ich wünsche Ihnen weiterhin viel Freude mit Ihrem Tiergefährten und vor allem mit allen Erfahrungen, die Sie mit ihm zusammen machen werden. Vielleicht hilft Ihnen dieses Buch auch dabei, ihn anders zu betrachten und besser zu verstehen. Aber eines ist gewiss: Sie hätten nicht zu diesem Buch gegriffen, wenn Sie Ihren kleinen Engel nicht so sehr lieben würden – und genau das ist die Basis für alles Weitere!

Devil, unser Leithund, den wir während der Entstehung dieses Buches von seinen Leiden erlösen mussten bzw. durften, hat mich vor und auch nach seinem Tod mit weisen Ratschlägen begleitet. Er ist allerdings zu bescheiden, um darauf zu bestehen, namentlich genannt zu werden. Genau an dieser Stelle hier aber fordert er mich auf, sein Fazit zu dem Buch auf den Umschlag drucken zu lassen. Das werde ich tun, folge aber auch einem starken Impuls in mir und schließe genau damit dieses Werk ab:

Das Leben ist nicht schwarz-weiß, es ist bunt.
Diese Vielfalt zu genießen, ist unser aller Aufgabe.

Devil, 14.05.1999-11.07.2013

In diesem Sinne verabschiede ich mich von Ihnen und von denen, die um Sie herumliegen, -sitzen, -fliegen oder -schwimmen und im Geiste mitgelesen haben!

Herzlichst,

Ihre Pina

Danksagung

Ich danke dem lieben Herrgott jeden Tag für diesen wundervollen Mann an meiner Seite, denn ohne ihn würden Sie dieses Buch nicht in Ihren Händen halten können. Abgesehen davon, dass mein Schatzi stets für einen reibungslosen Ablauf sorgt, weiß ich es mehr als nur zu schätzen, dass er mich mit diesem unbeschreiblich großen Verständnis und mit dieser selbstverständlichen Gewissheit, dass es genau so sein muss, immer und immer wieder mit anderen teilt. Mit unserer großen Tierfamilie. Mit all den fremden Tieren, denen ich meine ungeteilte Aufmerksamkeit schenke, wenn ich mit ihnen arbeite. Mit all meinen Klienten, für die ich immer versuche, ein offenes Ohr zu haben. Mit der geistigen Welt, die einen Raum in meinem Leben einnimmt, aus dem Jörg meist ausgeschlossen bleibt. Und dennoch ist er da – immer!!! Er glaubt an mich und steht wie ein Fels in der Brandung neben mir. Wenn es nötig ist, auch gern vor mir, um mich zu schützen. Ich weiß wirklich nicht, womit ich eine so großherzige und weise Seele verdient habe, aber ich weiß eines ganz gewiss: Ich liebe Dich über alles, mein Schatzi!

Und all meinen tierischen Schätzchen möchte ich an dieser Stelle auch danken, denn auch sie sind immer für mich da. Ich erspare es Ihnen aber, hier wieder alle Namen aufzuführen, denn inzwischen sind es noch mehr geworden.

Mein Dank gilt auch allen anderen Tieren, die mich mindestens ebenso viel lehren, wie es meine Lieblinge daheim tun. Und selbstverständlich möchte ich mich hier auch bei meinen Helfern in der geistigen Welt, den Spirits bedanken; vor allem dafür, dass sie mir trotz meiner Bockigkeit und Dickköpfigkeit dennoch bisher nicht die rote Karte gezeigt haben. Ich gelobe Besserung ...

Ich danke Ihnen, lieber Leser, und allen anderen Lesern meiner vorherigen Bücher ebenso, denn Sie sind diejenigen – neben den Tieren und den Spirits –, die mich dazu ermutigen, die Erfahrungen, die ich im Rahmen meiner wundervollen Berufung machen darf, für andere niederzuschreiben. Allen Klienten, die sich vertrauensvoll auf diese meist unbekannte Welt eingelassen haben, möchte ich an dieser Stelle ebenso danken!

Ein ganz besonderer Dank aber gilt dieser überaus charmanten, immer liebevollen, unbeschreiblich warmherzigen, stets fröhlichen und wunderschönen Seele, die uns alle durch dieses Buch geführt hat:
Liebste Carmen, ich wünschte, ich hätte dich vor deinem Tod kennengelernt; ich weiß, wir hätten uns ebenso sehr geliebt wie wir es jetzt tun! Andererseits, bist du für mich so lebendig, wie es kaum ein Lebender um mich herum sein könnte! Deine Lebensfreude ist ansteckend – und dafür liebe ich dich umso mehr. Ich danke dir sehr für deine weise Führung. Ich war mir beim Schreiben stets deiner Anwesenheit bewusst, sodass ich weiß, wie sehr es dir am Herzen lag, dass dieses Werk in eurem Sinne entsteht.
Wann immer dieser Zeitpunkt sein wird, ich freue mich jedenfalls auf unsere Umarmung da oben – und natürlich auf unsere Party!

Ein besonderer Dank an „meine Crew"

Ich möchte gern meinen emsigen Helfern gesondert danken, damit sie einen ganz eigenen Platz in diesem Buch erhalten, so wie es ihnen meines Erachtens zusteht, denn ohne diese Crew gäbe es dieses Buch in der Form, in der Sie es gerade in den Händen halten, überhaupt nicht.

An erster Stelle gilt mein Dank natürlich erneut meinem Grafikdesigner und Lektor Michael Seiler, der entgegen all meiner ehrlich gemeinten Ankündigungen, dass ich ihm mit diesem Werk keinen Stress bereiten würde, einen noch größeren Druck als beim letzten mit absoluter Professionalität und ebenso großem Verständnis bewältigt hat! Da hat die Pina mal wieder in ihrem Drang nach Selbstbestimmung ihre Pläne gemacht, aber die geistige Welt hatte ganz anderes im Sinn! Und dass Sie sich so leidenschaftlich darauf eingelassen haben, lieber Michael Seiler, ist für mich definitiv keine Selbstverständlichkeit! Ich danke Ihnen für Ihr Verständnis, Ihr Einfühlungsvermögen, Ihre Kreativität, die mich ein weiteres Mal staunen ließ, und vor allem für Ihre kompetente und gleichermaßen liebevolle Gestaltung meines Buches. Sie sind der Beste und ich freue mich auf unsere weiteren gemeinsamen Projekte!

Alle Illustrationen, die Sie hier bestaunen dürfen, stammen von meiner überaus begabten Nichte, Christina Lopez Ferreiro. Ich danke Dir sehr dafür, dass Du mit Deiner Gabe dieses Buch auf so wundervolle Art und Weise bereichert hast! Auch Du hast ganz selbstverständlich prompt reagiert, als es am Ende ein wenig eng wurde. Auch dafür danke ich Dir, denn ich weiß, wie begehrt Dein Talent ist und dass es sicherlich nicht einfach war, Dich zudem auch noch um meine außergewöhnlichen Wünsche zu kümmern. Aber genau das macht Deine Genialität aus, denn Du kannst ganz individuelle Aspekte auf bemerkenswerte Weise umsetzen und machst damit viele Menschen sehr glücklich! Auch dies ist ein wichtiger Dienst an der Menschheit, denn Freude ist ein großes Thema ...

Und auch wenn es nicht üblich ist, möchte ich mich aber auch bei Herrn Romuald Siwek und seinen Kollegen von der Druckerei FINIDR bedanken, denn abgesehen davon, dass auch Sie wie selbstverständlich auf den plötzlich aufkommenden Zeitdruck mit Verständnis und Engagement reagiert haben, hat es mich auch zutiefst bewegt, dass Sie sich die Zeit genommen haben, uns einen Besuch abzustatten und wir uns persönlich kennenlernen durften. Ich freue mich sehr, dass Sie mir Mut gemacht haben, geduldig alle meine Fragen beantwortet haben und sich so sehr für meine doch ungewöhnliche Arbeit interessieren.

Alle diese Menschen sorgen dafür, dass das vom Verfasser Geschriebene eine lebendige Form erhält, sodass sie zwar im Hintergrund ihr Werk vollbringen, aber zumindest von mir Standing Ovations erhalten! Vielen, herzlichen Dank an diese besondere Crew!!!

Bloodline Tattoo Aachen • Christina Lopez Ferreiro
E-Mail: christinalopez@hotmail.de

Ergreifende Himmelsbotschaften

Pina Ferreiro
Botschafter des
Himmels
296 Seiten
Taschenbuch, broschiert
ISBN 978-3-9815-0880-2

In „Botschafter des Himmels" gelingt es der Autorin, dem Leser anhand von ausgewählten Tierbotschaften zu vermitteln, wie sehr sich die Tiere mit ihrem Menschengefährten verbunden fühlen.
Darüber hinaus gewährt sie durch die Wiedergabe zahlreicher Sitzungsprotokolle einen tiefen Einblick in ihre schamanische Arbeit mit Tieren, wodurch der Leser in eine völlig neue Welt der Heilungsmöglichkeiten geführt wird.

Tunkashila
VERLAG